쓰레기 기억상실증

인사이트 문화총서 05
쓰레기 기억상실증
버려진 것들로 읽는 문학과 기억의 문화사

초판 1쇄 발행 2025년 10월 31일

지은이 임태훈
펴낸이 주혜숙

펴낸곳 역사공간
등록 2003년 7월 22일 제6-510호
주소 04000 서울특별시 마포구 동교로 19길 52-7 PS빌딩 4층
전화 02-725-8806 팩스 02-725-8801
이메일 jhs8807@hanmail.net 블로그 blog.naver.com/jgonggan

ISBN 979-11-5707-662-8 94810
   979-11-5707-620-8 (세트)

이 저서는 2021년 대한민국 교육부와 한국학중앙연구원(한국학진흥사업단)
한국학대형기획총서사업의 지원을 받아 수행된 연구임(AKS-2021-KSS-1120005).

쓰레기 기억상실증

버려진 것들로 읽는 문학과 기억의 문화사

임태훈 지음

차례

여는 글 우리는 기억상실증을 앓고 있다 7

제1장 '쓰레기 기억상실증'과 대항 기억으로서의 문학 35

제2장 '난지도 쓰레기 매립장'이 가리키는 미래 73
　　　보론 63빌딩과 난지도 107

제3장 쓰레기 처리 제도의 변화와 소비 대중의 기억 문화 125
　　　보론 반투명 종량제 봉투의 제도화 과정 163

제4장 '살처분'이 말해주는 것들 177

제5장 죽은 자의 빈집에서, '특수청소'와 사회적 기억의 관리 211
　　　보론 저장 공존자의 생활 우주 259

제6장 하수도는 도시의 배면을 어떻게 기억하는가 277

닫는 글 쓰레기 풍선의 기억 308

미주 328
참고문헌 369
찾아보기 382

여는 글
우리는 기억상실증을 앓고 있다

쓰레기 산을 바라보며

수도권 쓰레기 매립지의 사용은 2025년 8월에 공식적으로 종료될 예정이었다. 지난 반세기 가까이 한국 도시의 물질대사(material metabolism)를 지탱해 온 직매립 시대의 종언을 고하는 상징적 전환점이 될 수 있었으나, 반복해서 그래왔듯 연장, 연기, 보류를 되풀이하고 있다.[1]

수도권 2,600만 인구가 매일 쏟아내는 폐기물을 감당해 온 좀비 공간의 포화는 이미 오래전부터 예고됐다. 전문가들은 대체 부지를 찾지 못한다면 쓰레기 대란이 불가피하다고 재차 경고했다. 하지만 명백한 파국의 징후 앞에서도 우리 사회는 기묘하리만큼 평온하다. 당장 내 집 문 앞에 쓰레기봉투가 수거되지 않은 채 쌓일 수 있음에도, 이 문제를 해결하기 위한 사회적 논의나 정치적 의제는 좀처럼 진도를 내지 못하고 있다. 2024년 12·3 내란 이후로는 이런 이슈가 모두의 기억에서 흔적도 없이 사라진 듯싶다.

대체 매립지를 앞으로 언제쯤 확보할 수 있을지 전망이 불투명한 상황이다. 일단 인천시는 2025년 종료를 약속한 바 없다고 밝히며 기존 계획에서 후퇴하는 모습을 보이긴 했다. 하지만 수도권 대체 매립지 공모는 세 차례 연속 실패로 끝났다.[2] 아무도 관심을 두지 않는 소동이었다.

현실감을 느끼려면 구체적인 숫자가 필요한 시대다. 우리가 외면하고 있는 위기의 규모를 셈해보자. 2023년 기준, 대한민국에서 한 해 동안 발생한 폐기물의 총량은 1억 7,619만 톤에 달하며, 이것은 전년 대비 5.5% 감소한 수치이지만 여전히 국민 1인당 연간 3.6톤의 폐기물을 배출하고 있음을 의미한다. 폐기물 종류별 구성비를 보면 사업장 배출 시설계 폐기물이 47.3%, 건설폐기물이 36.5%, 생활폐기물이 9.5%를 차지한다.[3] 이 중 5%는 여전히 땅에 묻히는 방식으로 처리되고 있다.

쓰레기의 거대한 흐름이 국토를 잠식하고 있다. 관리의 통제를 벗어나 불법적으로 방치된 '쓰레기 산'은 공식적으로 확인된 것만 327곳이 넘었다. 이 순간에도 쓰레기 산이 해마다 100곳씩 늘어나고 있다. 그나마 언론의 주목을 받은 사례가 경북 의성의 쓰레기 산 사건이다.[4] 폐기물 재활용업체가 허용 보관량의 수십 배에 달하는 20만 8,000톤의 폐기물을 불법적으로 방치했고, 이를 처리하는 데 국비 185억 원을 포함한 총 282억 원의 막대한 세금이 투입되었다.

이 모든 수치가 재앙의 규모를 입증하지만, 통계적 진실이 감각적 현실로 이어지지는 않는다. 명백한 수치적 증거에도 우리 사회가 위기를 체감하지 못하는 이유는 무엇일까? 숫자가 현실을 설명하지 못해서가 아니다. 우리 주변의 모든 것이 그 숫자를 잊도록 정교하게 설계되었기 때문이다. 식사를 마친 뒤 남은 음식물과 포장재의 행방을 기억하지 못하는 것처럼, 쓰레기와의 관계는 의식의 표면에서 신속하게 단절된다. 개인에게는 무해한 습관처럼 보이지만, 이 망각이 수십 년간 사회적 규모로 축적된 현상을 이 책은 '쓰레기 기억상실증(Waste Amnesia)'으로 진단한다.

이 현상은 계몽과 개도로 해결할 수 있는 단계를 아득히 넘어섰다. 그렇기에 정밀히 따져봐야 할 것은 무능 무익한 정신 승리 치료법이 아니라, 증상 그 자체일 것이다. 쓰레기는 우리로부터 배제되어야 마땅한 오염원이 아니라 우리 자신의 외설적 실체다. 지금 이 시대의 인간이 무엇인지 정의할 가장 적나라한 척도 역시 쓰레기다.

한 인간의 신체와 정동에는 거주 공간과 에너지, 생산과 소비, 그리고 폐기물 배출로 이어지는 도시 물질대사의 구조적 변화가 반영되어 있다. 무엇인가를 쉽게 잊을 수 있다는 것은 개개인의 의지나 기질의 문제가 아니다. 우리 주변의 모든 것이 망각을 유도하도록 정교하게 설계된 결과다. 광역 쓰레기 매립장과 하수종말처리장, 종량제 봉투와 분리수거장, 화장실 배수구와 정화조는 집단적 기억상실증과 사유의 중단을 활성화하는 거대한 장치들이다. 이 책은 장치들의 배치와 구성이 기억과 망각의 회로를 이루고 한 시대의 인간형 구성에 개입하는 양상에 초점을 맞춘다.

지난 역사를 되짚어 쓰레기 처리 제도의 변화를 추적하고, 소비 대중의 기억 문화가 재구성되는 원리를 드러내보고자 했다. 생활 개선론에 머무는 계몽적 담론은 목표가 아니다. 불성실한 분리수거를 탓하거나 무단 투기를 비판하는 일보다, 쓰레기 버리기가 주는 일상의 안도감을 먼저 이해하려 한다.

쓰레기는 더럽다는 이유만으로 버려지지 않는다. 쓰레기는 사생활의 가장 내밀한 기록인 동시에, 누구도 기억하지 않아도 될 것으로 사회 전체의 법률적 합의하에 구별된다. 공공 폐기물 처리 시스템은 배출자의 '외부화된 기억'을 익명화하고 눈에 띄지 않도록 처리하여, 일상적 망각이 반복적으로 완수되도록 돕는다. 이 거대한 '망각의 인프라'는 하루아침에 저절로 구축되지 않았다. 그 설계도를 추적하기 위해서는, 국가 주도로 '청결'의 개념이 특정한 정치적 가치와 결합하며 사회 전체를 재편하던 역사의 순간으로 거슬러 올라갈 필요가 있다. 그 실마리를 유신 독재로 치달았던 박정희 정부의 1970년대 청결 이데올로기에서 찾을 수 있다.

법과 이데올로기가 설정한 망각의 틀

현재 폐기물관리법 제1조가 명시하는 환경보전과 국민생활의 질적 향상은 보편적이고 중립적인 공공선의 목표처럼 보인다.[5] 그러나 이 언어의 뿌리를 거슬러 올라가면 국가주의와 결합한 청결 이데올로기와 마주하게 된다.

 1970년 4월 22일 박정희 대통령이 전국지방장관회의에서 처음 '새마을'이라는 명칭을 언급하며 시작된 새마을운동은, 근면·자조·협동이라는 구호 아래 농촌의 주거 환경 개선을 핵심 과제로 삼았다. 1970년 10월부터 1971년 6월까지의 겨울철 농한기를 이용하여 전국 33,267개 마을에 시멘트를 335부대씩 무상으로 지원하고 각 마을의 주민이 협동하여 환경 개선 사업을 추진하도록 했다. 마을에서는 길을 확장하거나 공동 빨래터 혹은 우물을 설치하는 등 주로 환경미화 사업에 착수했다. 그 외에도 지붕을 볏짚 대신 슬레이트 또는 함석으로 대체 개량하고, 담장 바로잡기 사업, 마을 안길 정비 사업 등을 전개했다.

 낙후되고 비위생적인 과거를 지우고 근대화된 조국의 질서 정연한 모습을 구현하려 한 이 운동은 농촌만이 아니라 도시, 공장, 학교로 빠르게 확산했다. 특히 도시 새마을운동은 '환경질서'를 '정신질서', '행동질서'와 함께 3대 중점 과제로 설정하고 폐품 수집과 환경 정비 활동을 전국적으로 이어갔다.[6]

 군사독재 정권에서 문민정권으로 바뀌어도 환경질서를 강조하는 정책 기조는 중단되지 않았다. 매년 정부는 국토청결운동

도시 새마을운동은 '정신', '행동', '환경'의 3대 질서를 중점 과제로 삼고, 전국적인 폐품 수집 및 환경정비에 나섰다.

출처: 민주화운동기념사업회 오픈아카이브

새마을운동 당시 청소 활동은 국민의 생활환경 개선을 목표로 진행됐다. 박정희 대통령은 환경 정화 현장을 순시했고, 이 장면은 대한뉴스를 포함해 여러 언론매체에 보도되었다. 청소는 환경 개선만이 아니라, 지도자의 이상이 투영된 공간으로 국가 환경을 조성하는 활동이었다.
출처: 대한뉴스 제873호 〈우리 모두 새마을 대열에〉(1972. 4. 1)

1970년대 새마을운동에서 마을 개천과 도로를 청소하는 사람들의 사진이다. 청결이라는 가시적 성과는 국민 개개인의 자율성과 비판 의식을 억압하며 획득된다. 국민들을 통치 이데올로기에 순응하는 주체로 길들이는 정치적 도구가 청소였다.

출처: 민주화운동기념사업회 오픈아카이브

등의 대규모 국민 동원 캠페인을 열었고, 쓰레기 줍기를 국가적 정화 의례로 격상시켰다. 청결의 달성이 국가적 성취임을 과시하는 이벤트였다.[7] 깨끗함을 선(善)으로, 더러움을 악(惡)으로 규정하는 이분법적 세계관을 강화해온 과정이기도 했다.

폐기물관리법 조문에 담긴 삶의 질 향상과 환경보전이라는 언어 역시 1970년대 국가동원체제가 구축한 청결 이데올로기의 유산이다. 폐기물관리법은 권위주의 시대의 정치적 수사를 제거하고, 기술적이고 보편적인 가치의 언어로 청결 이데올로기를 문맥에 감춘다. 특정 시기에 정치적 목적으로 구성된 청결의 가치가 시대를 초월한 보편적 상식으로 자연화되었다. 이 과정에서 더러움과 불편함을 제거해야 할 대상으로 인식하며 심리적 부담을 외부 시스템으로 떠넘기는 것에 한층 더 익숙해졌다.

법의 언어를 통해 망각의 인프라는 작동한다. 폐기물관리법 제2조는 폐기물을 사람의 생활이나 사업 활동에 필요하지 아니하게 된 물질로 정의한다. 이것은 사물에 대한 가치 판단의 종결을 선언하는 강력한 언어적 낙인이다. 하나의 사물이 법적으로 폐기물로 규정되는 순간, 유용성의 세계에서 추방되고 그 안에 축적된 고유한 역사와 서사를 박탈당한 채 제거되어야 할 대상으로 전락한다.

이 법적 범주화가 지닌 폭력성은 원진레이온 사태에서도 극명하게 드러났다. 1966년부터 1993년까지 비스코스 인견사를 생산했던 원진레이온 공장에서 수백 명의 노동자가 이황화탄소(CS_2)에 중독됐다. 공장에서 배출된 산업폐기물은 노동자들의 고통과 죽음, 기업과 국가가 외면했던 책임의 기억과 분리될 수 없는 물질적 증거였다. 하지만 1993년 공장이 폐쇄된 후 이 기억을 영구히 삭제하려는 시도가 발각된다. 1994년 공장 부지 내에 다량의 산업폐기물이 불법적으로 매립된 사실이 알려진 것이다. 생산 과정의 유해성과 그로 인한 희생의 물리적 증거를 땅속에 묻어 은폐하려 한 행위였다. 그런데 법이 폐기물이라는 중립적 언어로 이 물질을 규정하게 되면, 그 안에 깃든 수백 명의 삶과 고통의 서사는 익명의 대상이 되고 만다.[8]

폐기물관리법을 행정적 편의를 위한 매뉴얼로 읽는 것에도 반대한다. 이 법은 폐기물을 생활폐기물, 사업장폐기물, 지정폐기물 등으로 세분화하는데, 이 분류 체계는 망각의 시급성과 강도를 결정하는 위계질서로 기능하고 있다. 특히 질병, 오염, 죽음과 같이 사회의 상징적 질서를 위협하는 기억과 직접 연결된 석면 등의 지정폐기물은 가장 신속하고 철저한 격리와 철거의 대상이 된다. 법의 언어는 사물의 상태를 단속하는 권력으로 작동한다.

법과 이데올로기가 설정한 망각의 틀은 구체적인 기술 제도와 결합할 때, 비로소 개인의 일상에 스며들어 내면화된다. 망각의 자동화를 이끈 가장 결정적인 기술적 전환점이 1995년 1월 1일 전국적으로 시행된 쓰레기 종량제였다. 이 시스템의 핵심에는 비인간 행위자인 폐기물 종량제 봉투가 있다.[9] 종량제 봉투는 쓰레기를 담는 포장재에 불과한 것이 아니었다. 개개인이 폐기물에 얽힌 기억과 감정적·윤리적 부담을 봉인하고, 그 처리 책임을 보이지 않는 외부 시스템으로 위탁하는 도구이기도 하다. 우리는 봉투에 쓰레기를 담아 문밖으로 내놓는 행위를 통해 그 사물들과의 관계를 의식 속에서 쉽게 단절한다. 폐기물관리법이 기억의 정치학과 무관할 수 없는 이유가 여기에 있다.

'의도된 무지'의 대량 생산

이 시스템이 처음부터 순조롭게 정착한 것은 아니었다. 제도 도입 초기에는 사회적 혼란이 극심했다. 쓰레기 버리는 데 돈을 내야 한다는 것은 물론이거니와 아파트 각 층의 쓰레기 투입구에 버리던 편리한 습관을 바꾸는 것마저 큰 저항에 부딪혔다. 봉툿값을 아끼기 위한 불법 투기가 만연해서 공원이나 골목길이 더러워졌다는 비판이 쏟아졌고, 쉽게 찢어지는 봉투나 위조 봉투 유통 등의 기술적 문제도 속출했다. 1995년 전국 시행 직전에는 집에 있는 쓰레기를 모두 버리고 심지어 멀쩡한 물건까지 버리는 사태가 벌어지기도 했다. 모든 물건은 언젠가 쓰레기가 될 테니, 비용을 물기 전에 서둘러 처리하는 것이 생활의 지혜처럼 여겨졌다.

 그럼에도 종량제 시스템은 놀라운 속도로 사회를 재편했다. 시행 첫해인 1995년, 전년 대비 생활폐기물 발생량은 18.7% 감소했고 재활용 수거량은 31% 급증했다. 재활용 처리량은 종량제 실시 이전인 1994년 1,153,035톤에서 1995년 1,509,967톤으로 전년 대비 30.95%가 증가했으며, 생활폐기물 발생량 대비 재활용 처리량은 1994년 20.5%에서 1995년 29.3%로 약 8.8% 증가했다.[10] 종량제 봉투라는 기술적 매개가 시민들의 행동 양식을 바꾸고, 망각의 관성을 개인 내면으로 성공적으로 이식했음을 보여주는 증거다.

정부 예산과 행정 집행의 정교한 설계의 산물이 종량제 봉투다. 종량제 봉투는 자원 재생 산업의 선순환 구조를 위해 분리배출된 폐비닐을 모아 만든 원료가 40% 비율로 들어가도록 제작된다. 그래도 실제 봉투 제작 비용은 봉툿값보다 비싸다고 한다. 위조를 방지하기 위해 지자체에서 인쇄에 사용하는 동판을 직접 관리하면서 비용이 추가되고, 봉투 제작비와 판매수수료, 쓰레기의 수집·운반 및 처리 비용 등이 모두 봉투 가격에 포함된다. 그런데도 종량제 봉투 가격은 쓰레기 처리 비용의 28% 정도밖에 되지 않아서, 나머지는 지자체 또는 생활폐기물 수집 운반 업체의 부담으로 처리된다.

생활폐기물의 망각이 개인의 일상적 실천을 통해 이루어진다면, 대규모로 발생하는 사업장 폐기물의 망각은 데이터화를 통해 산업적으로 관리된다. 폐기물관리법 제45조에 근거한 전자정보처리 프로그램인 '올바로(Allbaro) 시스템'은 폐기물의 물리적 실체와 그에 따르는 책임을 관리 가능한 디지털 데이터로 전환한다. 이론적으로는 폐기물의 전 과정을 투명하게 추적하여 불법 처리를 막는 감시 장치이지만, 현실에서는 복잡한 물질적 현실을 은폐하고 '의도된 무지(intended ignorance)'를 생산하는 구조로 작용할 수 있다.

그 어처구니없는 결과가 경북 의성의 쓰레기 산이었다. 폐기물 재활용업체가 허용 보관량의 수십 배에 달하는 폐기물을 불법적으로 방치하는 동안, 올바로 시스템의 데이터는 정상적으로 처리된 것처럼 조작되었다. 배출자, 운반자, 처리자가 공모하면 허위 정보 입력이 가능하다는 시스템의 구조적 허점은, 디지털 데이터가 어떻게 현실을 가리고 책임을 증발시키는지를 명확히 보여주었다.[11] 결국 실체가 확인된 쓰레기를 삭제하는 과정에 막대한 세금이 투입되었다. 기술은 망각을 효율화하는 동시에, 그 실패의 대가를 사회 전체에 전가하는 방식으로 작동한다.

'망각의 인프라'는 최종적으로 공간의 분리를 통해 완성된다. 매립지와 소각장 등의 폐기물처리시설은 망각이 물리적 공간으로 구현된 장소다. 법은 이 시설들을 사회의 중심에서 보이지 않는 주변부로 체계적으로 밀어낸다. 수도권 매립지 사례는 이러한 사회 공간적 배제의 정치를 선명하게 보여준다. 2021년 기준으로 서울·인천·경기지역의 2,600만 명이 배출하는 290만 톤(휴일 제외 1일 평균 약 1만 2,000톤)의 생활 및 사업장 폐기물이 반입되어 매립되었다. 2014년 전체 폐기물 반입량 가운데 서울시가 37%, 인천시가 20%, 경기도가 34%를 차지했지만, 그로 인한 악취, 소음, 환경오염의 부담은 온전히 인천 서구 지역 주민들이 감당해야 하는 구조였다. 망각의 혜택(깨끗한 도시)을 누리는 주체와 망각의 부담(환경적 위험)을 감내해야 하는 주체가 공간적으로 분리되는 것이다.[12]

이 분리된 공간에서 사회 전체의 망각을 집행하는 이들이 환경미화원과 폐기물 선별 노동자다. 법이 공인한 '망각 전문가'인 그들의 노동 현실은, 사회 전체의 청결이라는 목표가 사회적으로 가장 취약한 특정 계층의 희생 위에서 유지되고 있음을 드러낸다. 환경미화원들은 청소 차량의 위험한 탑승 설비에 매달려 이동하고, 반복적인 중량물 취급으로 인해 심각한 근골격계 질환에 시달린다. 특히 재활용 선별장의 노동자 다수는 50대 이상의 여성들로, 열악한 작업 환경 속에서 각종 산업재해에 무방비로 노출되어 있다.[13] 그들의 보이지 않는 노동과 산업재해는 시스템이 은폐하려는 폭력성의 증거다.

서울의 공식 쓰레기 매립지였던 난지도가 생태공원으로 재탄생한 과정 역시, 땅속에 묻힌 기억을 기술적으로 봉인하고 망각의 부담을 다음 세대로 전가하는 과정을 압축적으로 보여준다. 1978년부터 15년간 1억 1,050만 톤의 쓰레기가 매립되었던 난지도는 악취와 해충, 화재와 침출수로 뒤덮인 거대한 쓰레기 산이었다. 하루에 트럭 3,000대 분량의 쓰레기가 쏟아져 들어왔고, 분리수거도 없었던 시절이라 종류도 생활 쓰레기, 건설 폐자재, 하수 슬러지, 산업폐기물 등으로 다양했다. 폐기물 매립 시 발생되는 메탄가스로 인해 15년 동안 총 1,390여 회의 화재가 발생했고, 먼지, 악취, 파리가 많아 '삼다도(三多島)'라고 불렸다.

1993년 매립이 종료된 후, 서울시는 2002년 월드컵 개최를 계기로 대대적인 안정화 사업에 착수했다. 침출수가 새어 나가지 않도록 매립지 외곽 6,017미터에 풍화암층 1미터까지 차수

1993년 시기 난지도 쓰레기장이 폐쇄된 모습

출처: 건축공간연구원(aurum.re.kr)

1980년대로 추정되는 난지도 쓰레기 언덕에서 고물을 찾는 난지도 주민의 모습이다.

출처: 월드컵공원관리사무소

1980년대 급속한 도시 발전은 난지도에 거대한 쓰레기 산을 쌓아 올렸다. 이 폐기물 더미는 도시 성장의 이면에 은폐된 사회적 비용과 집단적 망각을 드러낸다.

출처: 월드컵공원관리사무소

벽을 설치하고, 106공(깊이 40~60미터)의 가스 추출공을 설치하여 12.8킬로미터의 매립가스 이송관을 통해 매립가스(LFG)를 포집했다. 이 가스는 월드컵경기장과 인근지역 난방 에너지원으로 사용되고 있다. 그리고 산 전체를 흙으로 덮는 공학적 개입을 통해 땅속에 묻힌 15년의 기억을 기술적으로 봉인했다. 그 위에 '월드컵공원'이라는 새로운 이름을 부여함으로써 과거의 오염된 기억을 삭제하고 성공적인 환경 재생의 서사도 덧씌웠다. 그러나 아름다운 공원의 잔디 아래, 억만 톤의 기억은 사라지지 않은 채 잠들어 있으며, 그 잠재적 위험을 관리하는 책임은 미래 세대에게 고스란히 전가되었다.

'대항 기억'의 거처를 짓기

한 사회가 무엇을 버리고 기억하는가의 문제는, 그 시대의 가치체계와 인간형의 특징이 고스란히 새겨지는 지층과 같다. 이 책은 우리가 쓰레기를 쉽게 잊는 현상과 집단적 무관심의 기제를 진단하며, 문제의 원인을 개인의 도덕적 해이에서 찾지 않고, 우리 시대 기억 정치가 낳은 '망각의 인프라'에서 파악한다는 것을 분명히 하고 싶다. 거대한 매립지부터 집 앞의 종량제 봉투에 이르기까지, 사회 구성원이 망각을 자연스럽게 학습하도록 정교하게 구축한 시스템이다.

  이 책이 주목하는 시간은 1978년부터 2025년까지다. 거대한 쓰레기 산을 쌓아 올린 직매립 방식이 한국 사회를 지배하다 마침내 한계에 봉착한 시대다. 이 망각의 구조를 법률이나 통계 같은 공식 기록만으로 온전히 이해하기는 어렵다. 이런 식의 공식 기록은 시스템이 남긴 상처와 그 속에서 신음한 사람들의 목소리를 지워버리기 때문이다. 그래서 이 책은 공식 역사에 맞서는 '대항 기억(Counter-memory)'의 저장소인 문학을 핵심 분석 대상으로 삼았다.

이 책의 논의는 다음과 같은 순서로 전개된다. 1장은 이 책의 핵심 개념인 '쓰레기 기억상실증'과 '망각의 인프라'의 이론적 토대를 정립한다. '쓰레기 기억상실증'은 사물에 집적(集積)된 기억이 체계적으로 제거되는 사회·제도적 현상이다. 그 구조적 원인인 '망각의 인프라'는 기술, 사회, 문화가 얽혀 기억의 폐기를 관성적으로 만드는 복합 체계다. 이 장은 다양한 이론적 자원을 통해 망각이 의도적으로 생산되는 과정임을 논증하고, 이 시스템에 맞서는 대항 기억으로 문학의 역할을 제시한다. 1장에 위치하지만 마지막 순서로 읽어도 좋겠다. 이 장이 책 전체로 뻗어가는 개념들의 지도를 그려주고 있기 때문이다.

2장은 '쓰레기 기억상실증'의 상징적 기원인 난지도 쓰레기 매립장을 탐사한다. 정연희의 『난지도』, 유재순의 『난지도 사람들』, 황석영의 『낯익은 세상』을 통해, 국가 시스템 외부에 버려진 듯 보였던 난지도가 실은 고유한 경제 생태계와 감각 질서를 구축한 대안적 도시 공간이었음을 증언한다. 또 한편으로 이 작품들은 모든 것이 쓰레기가 되는 우리 세계의 적나라한 민낯을 보여준다. 이어지는 보론 「63빌딩과 난지도」는 1980년대 한국 사회의 모순을 압축적으로 드러낸다. 경제 성장의 상징인 63빌딩과 그 성장의 부산물을 감당한 쓰레기 섬 난지도의 극단적 대비를 통해, 김기영과 장선우의 영화가 공식 역사에 가려진 배제의 현실을 스크린에 어떻게 기록했는지 분석한다.

3장은 쓰레기 처리 제도의 변화가 소비 대중의 기억 문화를 재구성한 과정을 추적한다. 하성란의 소설을 통해, 1995년 종량제 시행과 아파트의 확산이 '종량제 봉투'라는 매개체를 통해 어떤 방식으로 우리의 일상적 망각을 자동화했는지 살펴봤다. 보론 「반투명 종량제 봉투의 제도화 과정」은 현재의 봉투 디자인이 국가의 감시 필요성과 시민의 사생활 보호 요구 사이에서 이루어진 사회적, 기술적 타협의 산물임을 밝힌다.

4장은 생명을 폐기물로 전환하는 극단적 사례인 살처분 현장을 들여다본다. 강영숙, 김숨, 이상권의 작품을 통해 구제역과 조류 인플루엔자 방역 과정에서 수천만 생명이 폐기물로 분류되고 기억에서 삭제되는 과정의 폭력성과 그 안에 내재한 계급 격차를 질문한다.

5장은 고독사 현장을 정리하는 특수청소를 통해 사회적 기억이 관리되는 방식을 살핀다. 김새별, 김완 등의 논픽션과 김민정, 염기원, 김인숙의 소설을 통해, 죽은 자의 빈집에 남은 쓰레기 더미 속에서 가장 취약한 존재들의 삶과 죽음이 어떻게 기록되고 또 지워나가는지를 묻는다. 보론 「저장 공존자의 생활 우주」에서는 저장강박증 진단을 자본주의적 폐기 규범을 이탈한 이들을 통제하는 장치로 비판한다. 이 증상은 과도한 인지 노동에 저항하는 뇌의 신경학적 파업 전략으로 읽혀야 한다. 이들을 환자가 아닌 사물과 교감하는 '저장 공존자'로 바라볼 때, 그들의 공간은 공식 역사가 망각한 사물들의 시간을 보존하는 미시적 아카이브인 '생활 우주'로 새롭게 드러난다.

6장은 하수도가 도시의 보이지 않는 역사를 기억하는 방식을 탐색한다. 박화성의 「하수도 공사」부터 편혜영의 「맨홀」에 이르기까지, 하수도라는 망각의 인프라가 식민지 시대의 노동 착취부터 현대 도시의 소외된 생명에 이르기까지 기억을 통제하고 폭력을 은폐한 역사를 추적한다. 이어 홍재희의 에세이를 통해 그 단방향의 흐름을 거슬러 잃어버린 기억을 되찾으려는 응전의 가능성을 모색한다.

마지막 닫는 글에선 동시대의 첨예한 정치적 현실과 마주한다. 분단 체제가 수십 년간 생산해 온 '쓰레기 풍선'이 국가의 존망을 위협하는 안보 문제로 귀결된 현실을 통해, 결국 무엇을 쓰레기로 규정하고 폐기할 것인가의 선택이 한 사회의 민주적 가치와 공동체의 운명을 결정하는 근본적인 정치의 문제임을 이야기한다.

역설적이게도 가장 정교한 망각의 시스템이야말로, 가장 집요한 기억을 남긴다는 결론에 이르렀다. 억압된 기억은 처리되지 못한 폐기물처럼, 매립지의 침출수처럼 예기치 않은 모습으로 귀환한다. 공식 기록이 은폐한 진실, 폐기물에 얽힌 서사, 보이지 않는 노동의 고통이 직매립 패러다임의 시대가 끝내 제거하지 못한 기억의 끈질긴 점성이다. 이 책은 그 귀환하는 기억들을 기록하고 분석해서 망각의 인프라를 해부한다. 이 과정은 잊힌 것들을 위한 단단한 기억의 거처를 짓는 일이기도 하다.

이 어둡고 불편한 주제를 포기하지 않고 탐구할 수 있었던 것은, 성균관대학교 국어국문학과의 정우택, 권인한, 노명희, 정희창, 한영규, 이지하, 정인숙, 박진영, 황호덕, 이금희, 강남욱 선생님들께서 만들어주신 단단한 지적 연대, 진취적 학풍 덕분이었다. 은사님들의 깊은 학문적 통찰과 인간적 온기가 아니었다면, 세상에 책을 내보낼 용기를 내기 어려웠을 것 같다.

모든 것을 포기하고 주저앉고 싶던 때도 있었다. 나에 대한 믿음을 끝까지 지켜주시며 응원과 기대를 아끼지 않으신 천정환 선생님께 깊은 존경과 사랑의 마음을 전한다.

오랜 인연들이 떠오른다. 가르쳐주시고 이끌어주신 스승들과 선후배님들, 친애하는 미정 누나, 인문학협동조합과 문화/과학의 동지들과 이광석 선생님, 글로 세상을 만날 수 있도록 기회를 베풀어 주신 출판계의 귀한 인연들, 푸른역사, 갈무리, 알마, 반비, 워크룸프레스, 프시케의숲 그리고 역사공간에 감사드린다. 연구와 집필에 집중할 수 있도록 지원해 주신 한국학진흥사업단에도 고마운 마음을 전한다.

책을 낸 것이 처음이 아님에도 이번만큼은 감회가 각별하다. 대구와 광주에서 함께해주셨던 정겨웠던 학교 선생님들, 마음이 어두워질 때마다 안부를 물어주신 고영란 선생님과 오영진 선생님께 우정과 감사의 마음을 전한다. 이분들이 건네주신 작은 도움과 격려 하나하나가 다음 숨을 쉴 수 있었던 소중하고 결정적인 순간이었다. 휘청거릴 때마다 누군가 다가와서 잡아줬다. 그래서 많은 이름이 계속 떠오른다. 기계비평가 이영준 선생님, 서울과기대 최형섭 선생님, 제주대 장인수 선생님, 경상국립대 최병구 선생님 그리고 내 친구 동재의 이름도 빼놓을 수 없다. 혜연, 은혜, 세화 삼둥이 박사에게도 고마운 마음뿐이다. 어디에 어떻게 다 적고 정을 담을 수 있을까. 원고를 묶는 일보다 더 어렵다. 잊지 않고 다 기억해야 마땅하다.

어떤 책이든 세상에 나갈 운명의 때가 있다는 생각이 든다. 그 시간이 과연 지금이 맞는지 확신할 수 없지만 머뭇거릴 이유도 없다. 나는 계속 공부하고 써나가야 하기 때문이다. 우리 사회가 애써 외면하고 망각의 어둠 속으로 밀어 넣으려는 목소리들, 시대의 소음에 묻혀 사라지는 기억을 붙잡고 기록하는 일을 계속 이어가야 한다. 불길하기 짝이 없는 이 시대에 인문학자가 해야 할 소명이라고 믿는다. 이 길을 감당하려면 날마다 더 건강해져야 한다는 사실도 잘 알고 있다. 그래서 나의 어머니 박혜숙 님, 아버지 임삼수 님, 아내 지영이와 유경화 장모님, 그리고 내 딸 태리에게 약속한다. 더 많이 사랑하고 건강해지겠다.

제1장

'쓰레기 기억상실증'과 대항 기억으로서의 문학

왜 '쓰레기 기억상실증'을 문제 삼아야 하는가

쓰레기 처리는 소비 대중이 외부화한 기억이 사물과 함께 폐기되는 과정을 내포한다. 이것은 개인의 무작위적 행위가 아니라, 폐기물관리법과 자원순환기본법을 통해 관리되는 시스템의 영역이다.[1] 폐기물의 정의부터 수집, 재활용, 최종 처분에 이르는 전 과정이 법률 체계 아래 규율된다. 국가, 지방자치단체, 배출자에게 각기 다른 책임을 부여하는 것은 폐기물 관리 위계질서의 작동 방식이다. 표면적으로는 쓰레기를 효율적으로 처리하기 위해 형성된 질서이지만, 그로부터 파생된 결과는 사물에 축적된 감각과 기억의 흔적을 일상의 가시권 밖으로 밀어낸다. 각종 물질의 위생적 관리를 표방하는 법령 체계는 무엇이 기억되고 잊혀야 하는지를 구획하는 사회적 기억의 분류 장치로 가동되고 있다.

제도적 분류가 남긴 침묵과 공백은 사회 시스템 분석만으로 온전히 포착되지 않는다. 폐기된 사물에 깃든 비공식적 서사와 소거된 기억의 흔적을 해독하는 과제는 문학 창작과 연구의 개입이 필요하다. 잊힌 감각과 목소리를 현재로 소환하여 대항 기억을 구축할 방법이다.

기억과 망각의 경계는 사회적으로 구획된다. 사물에 축적된 기억은 법적, 행정적 질서에 따라 폐기물로 분류되는 순간 서사화될 기회를 박탈당한다. 그 결과 기록되지 못한 기억은 사물과 함께 처분되고, 기록된 기억만 선택적으로 남는다. 기록과 폐기라는 이분법적 관리는 사회 시스템을 통해 지속해서 작동하며 기억의 층위를 체계적으로 재구성한다. 이 책에서는 폐기물 처리 과정에서 사물에 내재한 기억이 체계적으로 처분되는 반복적인 사회·제도적 작동을 '쓰레기 기억상실증'이라 정의한다.

'쓰레기 기억상실증' 현상은 기억의 외부화를 구조적으로 유도하는 더 깊은 토대 위에서 발생한다. 사회 구조, 기술적 매개, 문화적 리듬이 얽혀 기억의 투기를 관성적으로 만드는 복합 체계를 '망각의 인프라(infrastructure of forgetting)'로 규정한다. '망각의 인프라'를 기억 상실의 구조적 원인으로, '쓰레기 기억상실증'을 그로 인해 발생하는 집단적 증상으로 설정하고, 이 둘의 관계를 분석하는 작업은 현대 기억 정치의 작동 방식을 탐문하는 길잡이가 된다.

망각의 인프라

'망각의 인프라'는 동시대 기술 환경뿐만 아니라 소비문화와 밀접한 관련이 있다. 현대 소비문화는 폐기해야 할 사물과 함께, 필터링하고 삭제해야 할 막대한 양의 정보를 동시에 생산한다. 그래서 폐기물을 관리하는 시스템과 대량의 디지털 정보를 처리하는 환경은 작동 원리가 유사하다. 두 체계는 불필요하다고 판단된 대상을 효율적으로 처분하여 망각을 촉진한다.

그런데 폐기, 처분 속도보다 생산과 소비 속도가 훨씬 빠르고 광범위하기 때문에, 정보 과잉에서 비롯되는 주의력 분산은 보편적인 일상이 되었다. 『인포메이션』의 저자 제임스 글릭(James Gleick)은 정보 과잉이 집중력 저하, 피로, 불안을 유발한다고 분석했다.[2] 주의력 분산은 낮은 정보 밀도와 일회성을 전제로 하는 소비문화 속에서 기억의 내면화를 가로막는다. 자극의 빠른 교체 주기는 모든 감각을 표피 수준에 머무르게 만드는데, 그 결과 숙고의 과정은 다음 자극에 의해 곧바로 대체된다. 개개인의 반응은 즉흥적 소비로 수렴되고, 기억은 내면에 정착할 기회를 잃는다.[3]

정보 과잉은 소비 시장의 가속화와 직접적으로 연결된 현상이기도 하다. 정보가 상품이 되는 체계의 등장은 망각을 소비의 전제 조건으로 만든다. '쓰레기 기억상실증'은 이러한 조건에서 나타나는 집단적 망각의 증상이기도 하다. 동시에 기억력 감퇴의 메커니즘을 드러내는 사회적 징후이다.

기억을 체계적으로 비가시화하는 폐기 시스템의 작동 조건을 규명하는 것은 '쓰레기 기억상실증' 연구의 핵심 과제다. 이 시스템은 사회적 논리와 기술적 설계를 바탕으로 특정 기억의 제거를 전제로 가동된다. 이것들을 분석하기 위해선 기억의 저해 상도화와 후경화가 어떻게 제도적으로 구현되는지를 살펴봐야 한다.

'망각의 인프라'는 폐기 대상이 된 사물과 그 사물에 얽힌 기억을 완전히 소거하려는 경향을 지닌다. 하지만 기술적 한계와 비용 대비 효율성의 제약 때문에 완전한 소거는 언제나 지연될 수밖에 없다. 그래서 현실에선 완전한 제거가 불가능함에도 '소멸에 가까운 상태'를 연출하여 심리적 효과를 극대화한다. 완전한 소거라는 실현 불가능한 이상을 전제함으로써 작동하는 기만적인 구조인 것이다. 도달할 수 없는 목표를 통해 현재의 질서를 유지한다는 점에서 그 작동 방식은 이데올로기와 같다.

이 기제는 근현대 정보 사회가 특권화해 온 시각과 청각 중심의 감각 체계와 기술 기반 위에서 가장 강력하게 작동한다. 기억의 해상도 저하(解像度 低下)와 후경화(後景化)는 영상과 음향 기반의 시청각 정보에 효과적으로 적용된다. 반면 후각이나 촉각처럼 잡음에 비해 신호가 매우 강력해서 노이즈 대비 시그널(S/N) 비율이 높은 감각 영역에서는, 신호를 흐릿하게 만드는 작동 범위가 제한된다.[4] 이때 외부로 밀려난 기억은 기술적 삭제를 벗어나 통제되지 않는 감각 자극을 통해 불현듯 되돌아오는 양상을 보인다. 기억을 소거하려는 기술적 시도가 오히려 회귀의 통로가 되는 아이러니는 '망각의 인프라'가 결코 완결될 수 없는 체계임을 방증한다.

대량 생산과 대량 소비의 악순환은 막대한 양의 폐기물 배출로 이어진다. 소비의 최종 잔재인 쓰레기는 일상에서 신속히 제거되고 그 존재는 차례로 희미해진다. 쓰레기 처리 시스템이 안정적으로 작동할수록 사회는 선진성의 지표로 판단한다. 반대로 그 기능이 미흡할 경우 사회적 기반과 행정력의 결함으로 비판받는다. 하지만 처리 과정의 얼개와 귀결, 과정에 수반되는 다층적 의미는 의식적으로 회피되거나 무의식적으로 배제된다. 쓰레기에 대해 생각해야 하는 상황은 되도록 짧거나 간결하길 바라는 것이 소비 대중의 일반적 습속이다.

'망각의 인프라'는 물리적 폐기물 처리 체계일 뿐만 아니라, 특정 기억의 후경화를 조장하는 사회·기술적 네트워크까지 포괄한다. 개인과 공동체의 기억 감쇠를 유도하는 제도, 기술, 법제의 구조적 조건 역시 아우른다. 이는 사물에 응축된 역사적 맥락을 흐려 '쓰레기 기억상실증'을 심화한다.

현상(쓰레기 기억상실증)과 기제(망각의 인프라)는 서로를 강화하는 순환 관계를 이룬다는 점을 강조하고 싶다. '망각의 인프라'가 특정 기억을 누락하거나 왜곡할 때, 그 결과로 발생하는 무관심과 기억 저감은 다시 인프라의 작동을 공고하게 만들고 체제의 재생산으로 환류한다.

로버트 프록터(Robert N. Proctor)와 론다 쉬빙어(Londa Schiebinger)가 제안한 '아그노톨로지(agnotology)' 개념은 이 문제를 이해할 유용한 이론적 준거다. 아그노톨로지는 무지를 지식의 결핍 상태로 간주하지 않는다. 특정한 문화적 배경과 정치적 이해관계 속에서 의도적으로 생산되고 조직되는 결과물로 무지를 파악한다. 그래서 이 개념은 "어떤 지식이 알려지지 않는 이유는 무엇인가?"라는 질문을 통해, 지식이 제거되거나 흐려지는 과정을 권력의 시야에서 재구성한다.

여기서 초점은 특정 기술과 과학을 통해 만들어지고, 유지되며, 조작되는 대상으로서의 무지, 의심, 또는 불확실성이다. 이 생각은 편집증으로 이어지기 쉬운 측면이 있다. 어떤 사람들은 당신이 특정 사안을 알기를 원하지 않거나, 당신의 무지를 유지하기 위해 의심, 불확실성, 혹은 허위 정보를 적극적으로 조직하려 한다는 것이다. 그들은 알고 있으며, 당신이 그들이 안다는 사실을 알기를 원할 수도 있고 원하지 않을 수도 있지만, 당신은 그 비밀을 공유할 수 없다. 철학자들이 충분히 탐구하지 않은 이 생각은 무지가 단순한 누락이나 공백이 아니라, 능동적인 생산물로 간주되어야 한다는 점이다. 무지는 의도적인 계획의 일부로서 적극적으로 설계될 수 있다.[5]

기억 저감은 무지를 구성하는 동일한 논리 안에서 가능하다. 정보 제거는 일시적 누락이 아니라 혼란을 유도하고 불확실성을 전략화함으로써 수행된다. 아그노톨로지의 시각은 폐기물 문제를 물리적 처리나 환경 관리의 차원에 제한하지 않는다. 여기에는 기억의 작동 방식, 공동체의 윤리, 정보 접근성의 위계에 이르는 복잡한 맥락이 얽혀 있다.

그래서 기억과 망각은 개인 내부에서 자발적으로 발생하는 심리 현상으로 환원될 수 없다. 기억을 매개하고 제한하는 요소들이 도시 기반 시설 사방에 산재한다. 이 시스템에서 유독 집요하게 삭제되는 정보의 영역은 기억 정치의 최전선이기도 하다. 가령, 소비 사회의 위생을 유지하는 과정에서 발생하는 청소 노동자의 건강권 문제나 소각장 인근 주민의 생존권 위협부터, 특정 지역을 영구적으로 오염시킨 산업 폐기물의 역사와 지도에도 없는 비공식 처리 구역의 존재에 이르기까지, 사회의 공식적 기억에서 집요하게 삭제되거나 체계적인 무관심 속에 방치되는 세계가 있다.

하지만 문학은 망각된 존재의 감각을 마주하게 할 수 있는 대항 기억의 장소가 될 수 있다. 김성달의 소설「아무도 모른다」(2021)는 정화조에서 유독가스로 질식사한 청소 노동자 종학의 죽음을 다룬다. 배지영의「삿갓조개」(2019)는 발전소 도수관의 삿갓조개를 제거하던 비정규직 노동자가 겪는 절망을 그린다. 두 작품이 주목하는 청소 노동의 장소는 소비 대중의 시야 밖에 존재하기에 그만큼 쉽게 잊힌다.

종학은 가파르고 비좁은 계단을 타고 내려가 정화조 뚜껑을 열었다. 눈앞에 노란 가스가 층을 이루고 있었다. 아주 노란색이었다. 순간 메탄과 암모니아가 섞인 가스가 콧속으로 들어와 바로 폐를 찔렀다. 머리가 띵했다. 정화조 속에 들어 있던 온갖 날벌레들이 한꺼번에 얼굴을 공격했다. 종학은 얼른 고개를 들어 숨을 가쁘게 내뿜었지만 방독면 없이 무방비 상태인 폐가 찢어지는 듯이 아팠다. 거칠게 숨을 내쉬던 종학은 다시 정화조 속으로 얼굴을 밀어 넣었다.[6]

서른 명의 시설 관리인이 365개의 도수관을 관리하기란 쉽지 않았다. 아무리 노련한 관리인일지라도 몇 시간이고 도수관 안에서 일할 수는 없었다. 작업은 밀물이 오기 전 열 시간여 동안 진행됐다. 그동안 작업이 진행되는 15개의 도수관은 철저하게 차단된 상태였기에 익사할 염려는 없었지만 질식할 경우의 수는 고려하지 않을 수 없었다. 300미터 길이의 도수관 안 산소량은 희박했다. 사실 그들 노동 규칙 매뉴얼엔 45분 노동에 15분 휴식이 기본이었다. 하지만 그렇게 일해서는 하루 열 시간 작업 시간을 도저히 채워나갈 수 없었다.[7]

세련된 일상의 풍경은 그 이면 세계를 은폐함으로써 유지된다. 두 소설은 대중의 시야에서 차단된 청소 노동의 장소를 드러내 보인다. 정화조의 유독가스와 도수관의 산소 부족은 구조적 폭력의 구체적인 양상이다. 표면의 안락을 위해 보이지 않는 곳의 위험을 외면하는 사회 시스템 자체가 거대한 망각의 인프라로 작동한다.

기억과 망각은 고정된 이항 대립 관계가 아니다. 권력의 그물망과 사회적 실천이 교차하는 다층적 장 속에서 두 항은 충돌하고 규징되며 재편된다. 이 역동성 속에서 무지는 부재나 결핍이 아닌, 권력의 전략으로 작동한다. 단언컨대, 망각은 생산된다. 그 과정에는 무엇을 기억에서 소거하고 남길지 결정하는 설계의 주체와 의제가 혼탁하게 뒤섞여 있다.

기억의 위탁과 부담 경감의 시스템

현대 소비 사회에서 기억은 인간의 몸과 마음에 국한되지 않는다. 기억은 장치에 이식되고 망각은 시스템에 내장된다. 이 구조는 특정 기억을 과잉 보존하는 한편, 다른 기억은 애초에 형성되지 못하도록 차단한다. 철학자 베르나르 스티글러(Bernard Stiegler)는 기억의 기술적 전이와 '망각의 인프라'가 맞물리는 방식을 분석한 바 있다.

 기억이 기술을 매개로 외부로 이전되고 객관화되는 과정을 설명하는 개념이 스티글러가 정리한 '제3차 파지(tertiary retention)'다.[8] 인간의 기억은 문자, 그림, 사진, 디지털 데이터베이스 등 다양한 기술적 매체를 통해 외부에 각인된다. 이 지점은 에드문트 후설(Edmund Husserl)이 정의한 제1차 파지(현재 의식에 직접 주어지는 지각)나 제2차 파지(과거 경험의 의식적 회상)와 구별된다. 스티글러는 제3차 파지를 인간 기억의 가능 조건으로 인식하면서도, 동시에 기억을 왜곡하고 통제할 수 있는 '파르마콘(pharmakon)'으로 규정한다.[9] '쓰레기 기억상실증' 역시 기억 정보를 과잉 생산하는 동시에 체계적 망각을 유도하는 파르마콘의 이중성이 특징이다.

 스티글러가 기억과 감각의 외부화를 주체 붕괴의 징후로 진단했다면, 앤디 클라크와 데이비드 찰머스는 동일한 현상을 다른 시각에서 해석한다. 그들은 외부 자원이 인간의 인지 과정에 깊숙이 통합될 수 있다고 주장하며, 이를 '확장된 마음

(Extended Mind)' 이론으로 정식화한다.[10] 이 이론은 사고와 기억이 생물학적 신체의 경계를 넘어, 도구와 환경에 분산되어 구성될 수 있음을 전제한다. 특정 외부 장치가 사용자의 인지 체계에 지속적으로 통합되고 안정된 방식으로 반복 호출되며, 그 활용 이력이 일관성을 갖출 때, 해당 설비는 생물학적 뇌와 기능적으로 구별되지 않는 사유 체계의 일부로 판단된다. 이런 관점에서 기억의 외부화는 인간 주체의 해체가 아니라, 기억의 저장과 폐기 방식을 결정하는 인지적 경계의 재구성으로 이해된다.

뇌 구속 관점과 가장 상반되는 견해는 사고와 인지가 (때때로) 신체 또는 유기체 외부의 환경에서 진행 중인 작업에 도구 없이 직접적으로 의존할 수 있다고 보는 견해다. 이 모형을 확장(extended) 관점이라고 부르자. 확장 관점에 따르면, 특정 형태의 인간 인지 활동을 실현하는 실제적인 국지적 작용에는 서로 불가분하게 얽혀 있는 피드백, 피드-포워드 및 피드-어라운드 고리들이 포함된다. 이 고리들은 두뇌, 신체 및 외부 세계 간의 경계와 복잡하게 얽혀 있다. 이 견해가 맞는다면, 마음의 지역적 메커니즘은 모두 머릿속에만 존재하는 것이 아니다. 인지는 신체와 외부 세계로 새어 나온다.[11]

알라이다 아스만(Aleida Assmann)이 강조한 문화 기억의 매체 의존성과 깊이 공명하는 관점이기도 하다. 아스만은 문화 기억이 추상적 관념이 아니라, 언어적·조형적·제의적 반복을 통해 구체적 매체 안에서 구성되고 전승된다고 보았다. 그에 따르면 인간은 신체 밖의 저장 매체와 문화적 행위의 도움으로 기억을 유기적으로 엮어 간다.[12]

기억은 두개골이라는 생물학적 경계 안에 국한되지 않는다. 기억의 작동 범위는 주변 환경으로 확장되고, 핵심 기능은 다양한 외부 장치로 이전된다. 그 결과 특정 정보의 회상은 외부 자원에 대한 의존성을 심화시킨다.

클라크는 기억의 외주화 과정을 설명하기 위해 '인지적 적소 구축(cognitive niche construction)' 개념을 제시한다.[13] 이 개념은 인간이 자신의 인지적 한계를 보완하고 문제 해결 능력을 강화할 목적으로 주변 환경을 적극적으로 구조화하는 행위를 지칭한다.

개인이 인지 적소의 일부로 신뢰하고 의존하게 된 기술 장치는 점차 그 사고 체계의 핵심 구성 요소로 자리 잡는다. 하지만 이때의 환경 구성은 고도의 기술 의존성을 전제로 하며, 특정 매체에 대한 접근이 차단되면 인지 공백과 기능 장애를 초래할 수 있다. 또한 사용되지 않는 인지 능력은 점차 약화한다. 효율성을 중심으로 구축된 적소는 결과적으로 체계적인 망각을 유도하고 고착하는 조건이 된다. 인지 적소에 의해 유발되는 체계적 망각은 '쓰레기 기억상실증' 현상과 밀접한 관계가 있다.

개별 인지 주체의 기술 의존은 개인적 차원의 적응 전략에 머무르지 않는다. 기억의 외부화는 역사적으로 반복되어 온 문화 기술적 전환의 핵심축을 형성해 왔다. 문자의 발명에서 디지털 기술에 이르기까지, 기억의 기술적 전이는 인류의 인지 방식을 지속적으로 재편했다. 일찍이 플라톤에서 글릭에 이르기까지, 기억의 외부화가 기억력 자체의 약화를 초래할 수 있다는 경고가 계속됐다. 이 양면성은 기술이 기억을 보조하는 동시에, 인지 주체의 자율성을 잠식할 수 있음을 드러낸다.[14]

스티글러는 디지털 기술이 기억을 산업 자원으로 전환하는 과정을 심층적으로 분석했다. 외부화된 기억인 제3차 파지는 디지털 환경에서 선택적 기록과 유통의 메커니즘으로 기능한다. 디지털 네트워크와 알고리즘은 개인의 행동을 데이터로 변환하여 기억, 의사결정, 감각까지 예측할 수 있는 통제 대상으로 만든다. 스티글러는 이 과정을 개인의 자율성과 비판적 사유를 약화하는 '알고리즘적 통치성(algorithmic governmentality)'으로 규정한다.[15] 이 통치성의 작동 원리는 디지털 기술에만 국한되지 않는다. 대량의 폐기물을 효율적으로 분류하고 처리하는 물리적 시스템에서도 동일한 논리가 발견된다.

그는 『자동화 사회 1』에서 기술의 외부화와 자동화가 인간의 노동뿐 아니라 지식과 존재 방식 자체를 근본적으로 변화시킨다고 주장한다. 자동화는 일자리를 대체하는 데 그치지 않고, 인간의 노하우와 삶의 기술마저 프롤레타리아화하며, 주체의 판단 능력과 실천적 감수성을 점차 약화한다.[16] 알고리즘과 자동화 시스템에 대한 의존이 심화할수록, 인간은 자신이 지녔던 기술과 판단력을 상실하고, 스티글러가 말하는 '기술적 망각'의 상태에 이르게 된다.

알고리즘적 통치성에서는 기계적 무의식과 그것을 통해 이루어지는 예속화에서와 마찬가지로 "모든 것이 마치 의미작용화는 절대 필요치 않은 것처럼 일어난다"는 것을 강조하면서 이 점을 상기시킨다. 의미작용화(signification), 즉 기호(sign)를 낳는 것으로서의 세미오시스(semiosis)는, 의미작용화와 의미화(significance)는 정신 체계, 기술 체계, 사회 체계 사이에, 즉 심리적 개체화, 기술적 개체화 그리고 집단적 개체화 사이에 짜이는 포월 개체화 과정에 의해 가능해지는 포월 개체적인 것이다. 디지털의 기술 체계에 의한 의미 작용화의 파괴는 24/7 자본주의의 알고리즘적 통치성이 행사하는 권력의 테크놀로지로부터 유래한다. 그리고 그것은 불균등화 과정의 제거에 기반하고 있다.[17]

기억의 외부화는 인지적 확장을 넘어, 망각을 촉진하는 메커니즘으로 작동한다. '망각의 인프라'는 특정 기억을 비가시화하고, 해상도를 낮추며, 후경화하는 방식으로 구성된다. 쓰레기 수거 시스템이 폐기물의 흔적을 지우듯, 기억의 흔적 또한 흐리게 처분되는 것이다.

그러나 이 망각이 완전한 소거를 의미하는 것은 아니다. 아스만은 '보존적 망각(archival forgetting)' 개념을 통해, 특정 기억이 당장은 배제되지만 향후 소환될 수 있는 잠재성을 지닌다고 설명한다.[18] 기록물 보관소와 쓰레기의 차이는 상당히 유동적이라는 그의 언급은 크시슈토프 포미안(Krzysztof Pomian)의 논의를 인용하며 더 분명해진다.

크시슈토프 포미안은 쓰레기가 어떤 사물의 변천사를 말하는 데 있어서 꼭 최종단계일 필요는 없으며 그저 어떤 대상이 이용 가치를 잃어버린 탈기능화의 한 단계일 뿐이라고 말한다. 이런 중립화된 개념을 통해서 보면 쓰레기란 개념이 새로운 의미를 얻게 된다. 더 정확하게 말하자면 그것은 새로운 의미를 지닌 기호의 새로운 영역으로 진입하는 것이다. 이런 과정에서 별 가치가 없어 보이는 이 잔재는 하나의 '기호소'가 된다. 다시 말하자면, 예를 들어 한 개인의 과거나 정체성처럼 보이지 않고 파악할 수도 없는 가시적 기호가 된다는 뜻이다.[19]

쓰레기는 기능을 상실한 사물일 뿐, 반드시 의미의 최종단계를 뜻하지 않는다. 탈기능화된 대상은 새로운 의미를 지닌 기호의 새로운 영역으로 진입하며, 하나의 기호소(記號素)로 재편될 수 있다. 외부 장치에 저장된 기억은 향후 특정 계기나 맥락에 따라 재소환될 가능성을 내포한다. 다시 말해 망각은 단순한 소기기 아니라 잠재적 보존의 한 형식으로 작동한다.

청소기도 기록물 보관소가 될 수 있다. 배지영의 소설 「청소기의 혁명」에는 환불 청소기의 먼지 통을 '개인이 남긴 개별적인 자취'로 여기며 비우지 않는 판촉사원 길 씨가 등장한다. 그는 세월호 참사로 희생된 아이의 어머니에게 아이의 흔적이 담긴 청소기를 전달한다. 희생된 학생이 마지막으로 남긴 머리카락, 손톱 조각 등 신체의 미세한 흔적이 담긴 먼지 통을 보존함으로써, 비극적 죽음의 기억을 보존하고 애도한다.

아이는 결국 바다에서 나오지 못했다. 커다란 선체가 들려지고 마침내 똑바로 세워졌으며 그 안을 수색하는 동안에도 그는 자신이 그것을 전해주게 되는 일만은 일어나지 않기를 바랄 뿐이었다. 고작 먼지 통 속에 섞인 먼지들, 머리카락 뭉치, 하얗고 작은 손톱 조각뿐인 것을 전할 필요가 없었으면 하고 바라고 또 바랐다. 혹여 아이를 찾지 못하게 된다 하더라도, 그는 그것을 여인에게 전하는 일만은 피하고 싶었다.[20]

기억의 소거와 보존이라는 이중성이 교차하는 또 하나의 일상적 장치가 종량제 봉투다. 사용자는 폐기물을 봉투에 담아 배출함으로써 물리적 제거를 수행하지만, 동시에 이 과정은 감정적·윤리적 부담을 덜어내는 심리적 메커니즘으로 작동한다. 아스만이 구분한 '기능 기억'과 '저장 기억'의 관점에서 보자면, 종량제 봉투는 기능 기억으로부터 불편하거나 부적절하다고 여겨진 내용을 저장 기억의 영역으로, 나아가 망각의 차원으로 이전시키는 사회 기술적 매개체다.

하성란의 소설 「곰팡이 꽃」의 주인공은 기억의 전환 과정을 거꾸로 수행한다. 그는 타인의 쓰레기를 다시 꺼내어 그 안의 정보를 자신의 기능 기억으로 편입시킨다. 주인공이 자신의 행위에 윤리적 부담을 느끼지 않는 지점은 역설적으로 쓰레기 처리 과정에 있다. 타인의 사적 정보를 확인한 후 쓰레기를 다시 종량제 봉투에 넣어 폐기하는 행위는, 그 정보를 자신의 기능 기억에서 분리하여 저장 기억의 영역으로 되돌리는 심리적 기제의 회전이다.

남자는 욕조 안에 흐트러진 쓰레기를 다시 봉투 안에 쓸어 담는다. 물기가 빠진 쓰레기는 그사이 더욱 부피가 줄어 있다. 매듭을 묶은 쓰레기봉투를 들고 다시 일 층으로 내려가 쓰레기통 안에 집어넣는다. 바지 주머니에서 담배를 꺼내 문다. 그 여자의 쓰레기를 볼 수만 있었다면 남자는 그 여자의 성격에 대해서 알 수도 있었을 것이다. 그랬다면 그 여자가 까닭 없이 코발트색에 약하고 입심이 좋고 단정한 옷차림의 남자에게 끌린다는 것을 알아낼 수도 있었을 것이다.[21]

이러한 쓰레기 처리 시스템과 심리의 연동은 페터 슬로터다이크(Peter Sloterdijk)가 제시한 '부담 경감(Entlastung/relief)' 개념과 깊이 연관된다.

20세기 인류학에서, 항상 가용한 것들에 대한 긍정적 평범화는 '부담 경감(relief)' 혹은 '배경적 충족'으로 공식화되었을 것이다. 부담이 경감된다는 것은 수많은 비개연성들이 자명한 사실로 재구성되는 상태를 지칭하며, 이는 훗날 '제도'가 될 것의 토대를 마련한다. 따라서 부담 경감은 일종의 긴축 메커니즘이다. 그것은 과도한 노력을 기울이려는 유혹을 중단시키는 방법이다. 그 주요 효과는 즉각성(immediacy)에 대한 면역화로부터 발생한다. 이 즉각성이란 자발적 행위에서 비롯되는 잉여 에너지의 소비일 수도 있고,

위험할 정도로 탈자동화된 지각의 범람일 수도 있다.[22]

슬로터다이크에 따르면, 인간은 외부 세계의 복잡성에서 자신을 보호하고 안정된 환경을 유지하기 위해 면역학적으로 조율된 내부 공간인 '구체(Sphäre)'를 창조한다.[23] 이 '구체'의 형성과 유지는 외부로부터의 부담을 제거하고 통제하려는 지속적 실천을 전제로 한다. 종량제 봉투와 같은 쓰레기 처리 시스템은 이러한 부담 경감의 대표적인 사회 기술 장치다.

감각의 제거와 기억의 선택적 소거를 매개하는 기술적 조건은 프리드리히 키틀러(Friedrich Kittler)가 논의한 미디어의 작동 방식과 맞닿아 있다. 키틀러는 미디어를 인간의 지각과 인식을 선험적으로 구성하는 '기록 체계(Aufschreibesysteme)'로 파악한다. 기록 체계는 특정 유형의 감각 데이터를 선택적으로 포착하고 처리하는 과정에서 다른 감각 채널들을 필연적으로 배제하거나 억제한다.

1880년경 구텐베르크의 정보 저장 독점권을 폭파시켰던, 시각, 청각, 문자의 기술적 분화와 함께 소위 인간은 조작 가능한 것이 된다. 인간 존재는 기술적 장치로 변질된다. 기계들은 이전 시기처럼 근육만을 장악하는 것이 아니라, 중추신경계의 기능을 장악하게 된다.[24]

쓰레기 처리 시스템은 우리가 무엇을 느끼지 않아도 되는지를 미묘하게 조정하는 사회 미디어로 기능하며, 망각의 인프라를 기술적으로 정교하게 구성한다. 동일한 원리는 도시 인프라 전반에서 반복적으로 구현된다. 하수도 시스템은 도시 공간에서 불쾌한 감각과 인지 대상을 자동적으로 제거하는 대표적인 예다.

하수도는 폐기물을 보이지 않는 곳으로 흘려보내는 망각의 인프라다. 이 체계는 사적인 공간에서 발생한 불필요한 물질을 공적이고 비가시적인 영역으로 이전시켜 체계적으로 망각을 유도한다. 배출에서 소멸로 향하는 하수도의 단방향적 흐름은 기억의 보존이 아닌 제거를 목표로 설계되었다.

그런데 홍재희 감독 아버지의 일화는 하수도의 단방향적 논리를 거스르는 역설적 상황을 제시한다. 그는 분실된 틀니를 회수하기 위해 망각의 공간으로 직접 진입한다. 그 결과, 하수도는 폐기물의 이동 통로가 아니라, 60여 년 전의 생존 기억을 현재로 소환하는 심리적 지형도로 변모한다. 그리고 틀니는 잃어버린 과거와 생존의 환희를 압축하는 외부화된 기억의 매개체로 기능한다. 망각을 위해 설계된 장치가 기억을 복원하는 통로로 역전되는 순간, 하수도는 외부화된 기억을 보존하는 아카이브의 성격을 띤다.

반드시 틀니를 찾고야 말겠다는 일념으로 깜깜한 하수도 바닥을 기어가면서 어쩌면 아버지는 60여 년 전 38선을 넘겠다며 파랏 강을 건넌 어린 소년으로 돌아갔을지도 모른다. 오물로 뒤덮인 하수도 터널은 어린 소년 아버지가 살아남겠다는 각오로 이를 악물고 기어갔던 진흙탕 갈대밭이었는지도 모른다.[25]

이 사례는 망각을 유도하는 도시 인프라가 개인의 특수한 기억과 충돌하며 예기치 않은 방식으로 작동할 수 있음을 보여준다. 하수도라는 물리적 공간의 구조는 아버지의 심리적 퇴행을 이끄는 통로이자, 과거의 기억을 재구성하는 틀로 작용했다.

'쓰레기'의 경계 설정

사회 질서는 가치 있는 기억을 선택하고, 불편한 기억을 질서 밖으로 배제하는 경계 설정을 통해 유지된다. 폐기물 처리 시스템은 이러한 경계 설정이 기술 실천과 맞물려 작동한다.
  현대 사회에서 소비는 물질적 충족의 수단을 넘어선다. 소비 행위는 개인의 정체성을 구성하고, 때로는 불안정한 감정을 조절하는 장치로 기능한다. 특정 브랜드나 상품은 자신을 표현하는 기호가 되며, 감정적 공백은 구매를 통해 봉합된다. 광고와 마케팅은 감각적 이미지와 서사를 덧입혀 긍정적 감정과 기억을 유도한다. 하성란의 소설 「옆집 여자」는 소비가 기억의 빈자리를 메우고 정체성을 보완하는 수단으로 작동하는 양상을 관찰한다.

난 여주인에게서 토마토 이 킬로그램을 샀습니다. 그러고는 아이에게 줄 과자를 고르기 위해 과자 코너 쪽으로 왔어요. 칼슘과 비타민이 함유된 과자를 찾자니 이것저것 들었다 놓았다 할 수밖에 없었죠. 그런데 과일 코너에 앉아 있던 여주인은 성급히 과일 코너 쪽으로 걸음을 옮겼습니다. 세제 코너에서 빨랫비누를 쇼핑카트에 넣다 우연히 뒤를 돌아다보았는데 이번에도 또 여주인과 눈이 마주쳤죠. 여주인은 틀림없이 나를 의심하고 있습니다. 어떻게 나 같은 사람을 의심할 수 있을까요. 나는 서둘러 계산을 하고 허겁지겁 희망 쇼핑을 벗어났습니다. 이제 이만 원어치의 쿠폰만 더 모으면 롤러블레이드를 받을 수 있습니다.

세탁기 앞에 서 있거나 생선을 구울 때면 이제는 세계 각국의 수도를 외웁니다. 벌써 오십 개가 넘는 나라의 수도를 외웠어요. 이 방법이 효과가 있었으면 좋겠어요.[26]

소비 행위는 종종 내면의 결핍을 보상하려는 심리적 기제로 작동한다. 상품의 기능적 효용보다 구매 행위를 통해 얻는 감정적 위안이나 정체성 보완이 더 중요해진다. 그러나 이 보상 회로는 일시적일 수밖에 없다. 감정적 효용이 소진된 사물은 그에 얽힌 기억과 함께 신속하게 폐기되거나 무의미한 잔해로 남는다. 이 과정 전체는 결핍의 생산과 일시적 봉합, 그리고 신속한 폐기를 반복하는 사회적 망각의 의례를 구성한다.

기억을 폐기하는 사회 의례는 '버려지는 것'의 범주를 규정하는 더 근본적인 원리에 기반한다. '쓰레기'로 분류되고 폐기되는 사물을 결정하는 기준은 사물의 내재적 속성이 아니라, 사회가 설정한 질서의 경계에 있다. 소비와 폐기의 순환을 이해하기 위해서는, 특정 사물이나 기억이 어떻게 '더러운 것'으로 규정되어 질서 바깥으로 밀려나는지를 분석해야 한다.

메리 더글러스(Mary Douglas)는 『순수와 위험』에서 '더러움(dirt)'을 고정된 속성이 아닌, 사회적 질서에서 벗어난 상태로 재정의한다.

> 오물에 대한 우리들의 개념으로부터 병인론(病因論)과 위생학(衛生學)을 제거할 수 있다면, 거기에 남는 것은 오물과는 어긋나는 정의이다. 이는 매우 시사적인 접근이다. 바꾸어 말하면 일련의 질서 정연한 제 관계와 그 질서의 위배라는 두 가지 조건을 포함한다. 따라서 오물이라고 하는 것은 결코 절대적으로 유일하고 분리된 결과가 아니다. 오물이 있는 곳에는 반드시 체계가 존재한다. 질서가 부적절한 요소를 거부하는 의미가 있는 한, 오물은 사물의 체계적 질서와 분류들의 부산물이다. 이러한 오물에 대한 사고는 우리를 곧바로 상징 체계의 영역으로 이끌어 가서 오물과 청결의 상징 체계와의 관련을 한층 더 분명하게 할 것으로 예상된다.[27]

쓰레기는 상징 질서를 교란하는 경계의 위반으로 여겨진다. 사회는 다양한 정화 의례를 통해 쓰레기를 가시적 공간으로부터 격리한다. 이를 통해 사회는 자신이 구성한 상징 질서의 안정성을 유지하려 애쓴다.

사회가 특정 대상을 추방하는 이중 배제의 논리는 줄리아 크리스테바(Julia Kristeva)가 『공포의 권력』에서 제시한 '아브젝트(abject)' 개념을 통해 더 깊이 이해할 수 있다.[28] 쓰레기 처리 행위는 아브젝트를 반복적으로 추방하는 일이다. 이 행위는 사회적으로 승인된 실천에 속한다. 오염 물질을 제거하면서, 여기에 결부된 감정과 기억, 육체의 흔적을 밀어내는 정화 의례가 이뤄진다.

아브젝트는 주체와 대상의 경계를 교란하며 주체의 정체성을 위협하는 존재론적 불안정성을 의미한다. 그래서 시체, 배설물, 부패물처럼 경계를 허무는 실체와 연관된다. 이 존재는 피상적인 불쾌감을 넘어 주체의 내부 질서를 뒤흔드는 공포(horror)와 격렬한 추방 반응(abjection)을 유발한다.

심하게 오염된 폐기물을 처리하며 자신과 쓰레기의 경계가 흐려지는 경험은 노동자에게 깊은 심리적 상흔을 남긴다. 한승태는 이 경험을 노동 에세이 3부작에서 구체적으로 서술했다.

평범한 일만 하던 사람들이 옷에 남은 울긋불긋한 얼룩을 바라보며 거기서 풍겨 오는 쓰레기 냄새를 맡으면, 자신이 밑바닥에 떨어졌다는 생각을 떨치기 쉽지 않은 노릇이다. 하지만 놀랍게도 어떤 사람들은 끝끝내 버틴다. 자기 연민에 무너지지 않고 어떻게든 살아남는다. 그렇다면 그다음은?[29]

'그다음은?'이라는 질문에 대한 답은 분뇨와 사체가 뒤섞인 노동 현장의 구체적인 묘사에서 발견된다. 생존을 위해 노동자가 매일 마주해야 하는 현실은 추상적이지 않다.

돈방과 통로 사이에는 깊이 15cm 폭 25cm의 배수로가 파여 있는데 똥은 여기에 떨어뜨렸다. 배수로에는 언제나 오줌이 찰랑였기 때문에 옷에 똥물을 묻히지 않으려면 각별히 조심해야 했다. 똥을 긁어내는 것까지 끝내면 분뇨장에서 외바퀴 수레를 가져와 똥을 실었다. 배수로에는 폐사했거나 사산한 지돈, 탯줄, 출산을 마친 모돈이 배출한 태반도 버려져 있었다. 똥을 치울 때는 이런 것들도 함께 버려야 했다.[30]

폐기물 처리 노동자는 사회가 외면하는 아브젝트를 직접 상대한다. 사회가 위생과 질서 유지를 위해 개인에게 전가하는 존재론적 폭력의 현장에서, 노동자는 쓰레기와의 경계 붕괴를 경험한다.

아스만은 망각이 파괴나 억압뿐만 아니라 무관심과 시스템적 배제를 통해 구조화된다고 지적한다. 사회는 특정 기억이나 사물을 쓸모없다고 판단하여 쓰레기로 분류한다. 이 분류 행위는 복합적인 망각의 과정을 작동시킨다. 아브젝트로 낙인찍힌 기억은 공식 기억의 장에서 제거되며, 기록물 보관소의 저편으로 밀려나 무의식에 불안정한 흔적으로 남는다. 이 배제 과정의 최종 산물이자, 기억되지 못한 이야기들의 잔류물이 바로 '쓰레기'이다.

기억을 배제하고 공간적으로 격리하는 현대의 쓰레기 매립지는 모리스 알박스(Maurice Halbwachs)가 말한 사회적 기억의 '공간적 틀(spatial framework)'로 이해될 수 있다.

우리는 특히 종교적 의식의 전면에 나서는 성스러운 장소와 세속적인 장소 사이의 구분에 민감할 수 있다. 왜냐하면 신자 집단이 선택한 땅의 일부와 공간의 영역들이 존재하기 때문이다. 이 공간들은 다른 모든 이들에게 '금지된' 곳이며, 그들은 그곳에서 자신들의 전통을 세울 수 있는 안식처와 지지대를 동시에 발견한다. 이서럼 각 사회는 자신만의 방식으로 공간을 분할한다. 그러나 이는 한 번에 결정되거나 항상 동일한 선을 따라서 이루어지며, 이를 통해 사회는 자신의 기억을 가두고 또 되찾는 고정된 틀을 구성한다. 이제 마음을 가다듬고, 눈을 감고, 가능한 한 멀리 시간의 흐름을 거슬러 올라가 보자. 우리의 생각이 기억하는 장면이나 사람들에게 고정될 수 있는 한, 우리는 결코 공간을 벗어나지 않는다.[31]

쓰레기 매립지는 시각적 차폐와 접근 제한을 통해 일상의 인식 영역으로부터 분리된다. 이 공간적 격리는 폐기물과 그에 얽힌 기억을 함께 추방하는 이중의 배제를 실행한다. 망각은 이 과정에서 공간적 격리와 언어적 정당화를 통해 제도화된다.

가축 살처분 매립지는 사회적 배제의 과정이 극단적으로 나타나는 사례다. 혐오 시설로 분류되는 축산 시설은 이미 도시 외곽에 자리 잡고 있다. 살처분 매립지는 그 축사 인근에 다시 조성되어 외부의 접근을 이중으로 차단한다. 강영숙의 「문래에서」
와 김숨의 「구덩이」는 군사 작전처럼 진행되는 살처분 현장의
폭력성을 구체적으로 묘사한다.

왼편은 계곡이었다. 차에서 내려 무수한 트럭 바큇자국이 그려진
경사진 길을 걸어올라갔다. 얼마 걷지 않아 언덕배기가 푹 꺼지면
서 지대가 낮아지고 이상하게 생긴 곳이 보였다. 구덩이, 아니 커다
란 덩어리가 꽉 찬 것 같은 평평하고 넓은 그것은 우주에서 내려온
이물질처럼 끝도 없이 크고 넓었다. 그 주변을 빈 트럭들이 에워싸
고 있었다. 마스크를 쓰고 비닐옷을 입은 사람들이 불투명한 천 아
니, 알루미늄 같은 비닐을 그 거대하고 물컹거리는 듯해 보이는 덩
어리 위로 끌고 내려갔다. 빈 트럭들이 계속 지나가고 호루라기 소
리가 들렸고 사방에서 무전기 수신음이 울려댔다. 남편은 어디 있
는지 보이지 않았다. 여기저기서 사람들이 투명한 흰 비닐을 잡고
점점 중앙으로 몰려들었다가 다시 구덩이 가로 걸어나갔다. 그리
고 한참 후에 사람들이 다시 구덩이 아래로 내려갔다 올라갔다 분
주했다. 나는 그 안에서 몸이 섞이고 있을 것들을 생각했다. 마구
엉켜 둥그렇게 녹고 있을 그것들을.[32]

"저곳에 돼지가 몇 마리나 묻혔는지 아는가?"
남 씨가 그렇게 물어 온 것은 읍내를 벗어나 이십 분쯤 달렸을 때
였다.
오백 명씀 될까? 일대를 뒤덮은 파란 비닐이 물결처럼 바람에 일렁

이고 있었다. 삼사천 마리, 중얼거리면서 그는 남 씨를 흘끗 바라 봤다.

"구천 마리."33

소설 속 거대한 매립지는 수천의 생명이 쓰레기로 전환되는 과정을 압축적으로 보여준다. 이 풍경은 특정 산업이 유발하는 막대한 사회적, 생태적 비용을 은폐하고 격리하는 시스템의 결과물이다. 생명을 폐기물로 처리하고 그 비용을 특정 장소에 전가하여 망각하는 방식은 자본주의의 핵심 작동 원리와 연결된다. 라즈 파텔(Raj Patel)과 제이슨 무어(Jason W. Moore)는 자본주의가 비용을 외부화하는 방식으로 유지된다고 분석한다. 그들이 말하는 '저렴함'은 가격만을 의미하지 않는다.

'저렴함'이라는 말이 무엇을 뜻하는지 말할 때가 되었다. 저렴함이란 자본주의의 위기를 일시적으로 수정함으로써 자본주의와 생명망 사이의 관계를 꾸려가려는 전략의 집합을 뜻한다. 저렴하다는 것은 저비용과 같은 말이 아니다. 저비용은 저렴함의 일부일 뿐이다. 저렴함은 전략이자 실행이고 모든 일(인간과 동물, 식물, 지질학적인 모든 것)을 가능한 한 적은 보상을 주고 동원하는 폭력이다. 우리가 말하는 저렴함은 다음 과정을 의미한다. 자본주의는 생명 생성 관계에 값을 매겨 생산과 소비의 회로 속으로 집어넣고, 그 회로 속에서 이들 관계는 가능한 한 낮은 비용으로 떨어진다. 저렴화는 셈해지지 않던 생명 생성 관계가 가능한 한 적은 화폐 가치로 바뀌었음을 뜻한다. 이는 언제나 단기적인 전략이다. … 예를 들어 자본가들은 대양을 곧 잡을 물고기가 저장된 창고이자 뭍에서 만들어진 폐기물을 내다 버리는 싱크홀로 여긴다.34

자본주의는 인간과 자연의 노동에 정당한 가치를 부여하는 대신, 그 비용을 취약한 공동체와 환경에 전가하는 방식으로 작동한다. 비용 외부화의 논리는 사회경제적으로 취약한 지역에 집중적으로 건설되는 폐기물 매립지에서 구체화한다. 그곳에서 발생하는 건강 피해나 환경 악화는 생산의 부산물이지만, 통계와 제도적 언어 속으로 흡수되어 감각적 차원에서 지각되지 않는다.

피해가 감각적 차원에서 지워지는 과정은 의도된 무지의 생산, 아그노톨로지(agnotology)로 이어진다. 폐기물 처리 인프라는 불편한 기억과 감정을 걸러내는 감각 통제 기술로서 아그노톨로지를 수행하는 핵심 장치다.

퇴적된 망각, 배제된 기억

시장 질서의 전면에서 후경으로 밀려난 상품은 '쓰레기'라는 범주로 재편된다. 이 재편은 일상의 가시권으로부터의 체계적 퇴장을 의미한다. 이 과정은 기억을 내면의 심리 작용이 아니라, 사회 기술 시스템이 관리하는 물질적 대상으로 전환한다. 현대의 폐기 인프라는 잉여를 처리하는 기능을 넘어, 기억을 소거하고 책임을 외부로 이전하는 체계적 실천으로 작동한다. 매립지, 하수도와 같은 공간은 억압된 정동과 추방된 기억이 물질의 층위로 퇴적되는 장소가 된다.

    기억이 퇴적되는 방식과 다시 감각의 영역으로 재출현하는 조건을 폐기물의 생산 논리를 통해 살펴보자. 폐기물은 특정 가치를 제거하고 사회적으로 부담스러운 흔적을 은폐하는 과정으로 생산된다. 이것을 파텔과 무어는 자본주의의 '저렴화' 전략으로 설명한다. '저렴함'은 낮은 가격이 아니라, 위기관리를 위해 자연과 노동의 가치를 의도적으로 평가절하하는 착취의 논리다. 그리고 저렴화 전략은 기억과 가치 판단 체계를 물질로 응고시킨 결과물로서 폐기물을 남긴다.[35]

    자본주의의 저렴화 전략은 '저렴한 자연'이라는 개념을 통해 구체화한다. 이 관점은 자연을 효율성과 통제의 논리로 조직되는 자원으로 간주한다. 이런 사고 체계에선 환경 파괴의 책임을 특정 지역이나 미래 세대로 전가하는 행위를 정당화한다. 그리고 책임의 외부화는 기억의 제도적 분산을 동반한다.

    소비 사회의 폐기 체계는 인공 지층을 형성한다.[36] 망각이 집적되는 장소이자, 기억의 물질성이 가장 선명하게 드러나는 공간이다. 사회의 감각적 층위에서 구성되는 기억은 개인의 경험을 넘어 인공 지층에 퇴적된다. 지층에 새겨진 '쓰레기 기억'은 억압된 정동과 배제된 서사를 물리적 잔재로 품고 있기에 온전히 제거되지 않는다.

서울 난지도와 도쿄 유메노시마는 외부화 구조가 도시 공간에 구현된 대표적인 사례다.[37] 두 장소는 감당하기 어려운 폐기물과 사회적 책임을 도시 외곽으로 전가한 결과로 형성되었다. 이후 공원화 전략을 통해 쓰레기 매립의 시간을 은폐하고 사회는 망각의 질서에 편입되었다. 하지만 미학적 은폐는 퇴적된 기억을 완전히 소거하지 못했고, 문학은 은폐된 지층을 파고들어 삭제된 기억을 호출하는 장치로 개입했다.

서울 난지도를 배경으로 한 정연희의 『난지도』(1984), 유재순의 『난지도 사람들』(1985), 황석영의 『낯익은 세상』(2011)은 폐기물 위에 축적된 삶의 층위를 탐사한다.

정연희의 『난지도』는 쓰레기 매립장에서 살아가는 이들의 일상을 추적한다. 소설 속 난지도는 감각이 소거된 공간이 아니라, 새로운 생존 기술과 공동체의 질서가 구성되는 실존적 지층이다. 도시 경계 밖으로 밀려난 폐기 공간의 삶을 기록함으로써 소비 사회의 외부화 전략을 폭로한다.

새벽부터 나온 사람 중에는 점심때를 맞추어 아주 집으로 돌아간 사람들도 있고 점심을 먹고 다시 나올 사람들도 한낮의 뜨거움에 질려 머뭇거리고 있는지 이른 아침보다는 작업하는 사람들이 적었다. 쓰레기산 언덕 여기저기에서 무어라고 외마디 소리를 질러대는 소리와 함께 덤프트럭이 슬금슬금 뒷걸음질 쳐 언덕 끝에 이르면 트럭의 뒤꽁무니 두꺼운 쇠문이 입을 쩍 벌리고, 트럭의 중허리가 끼익 들리어 척 꺾어지며 허리를 치켜 대면, 그 일대는 뿌연 먼지바람과 함께 트럭에서 쏟아져 나오는 쓰레기 더미가 마음 놓고 굴러떨어져 내리는 것이다. 소독저가 허연 가시처럼 비죽비죽 박혀 있는 온갖 음식 찌꺼기·연탄재·배추 시래기·걸레 조각·라면 봉지 갖가지 과자 껍데기·찌그러진 구두 짝·운동화 짝·양말짝들·비닐 망 자루·종잇조각·상자갑·우그러진 냄비·꿰어진 이불·은박 입힌 종이·깡통·유리병·플라스틱병·우유갑·쇳조각·문틀 판때기 등 사람 손이 닿아 못 쓰게 된 물건이란 게 그 가짓수를 헤아릴 수가 없을 정도였다.38

인용문에 쓰레기 목록이 자세히 나열되어 있다. 쓰레기로 다져진 인공 지층은 역설적으로 새로운 삶의 조건이 되는 물질적 기반이 된다.

유재순의 『난지도 사람들』은 르포르타주 형식을 통해 난지도에 내재한 대안적 도시 질서를 드러낸다. 이 소설은 쓰레기 시세부터 움막촌의 공간 구조까지 촘촘히 묘사하여, 난지도가 국가 시스템 외부가 아닌 그 안에 존재하는 잔여 공간임을 이야기한다. 이곳에서 폐기물은 난지도의 독특한 경제 생태계를 이루는 활성화된 구성 요소로 거듭난다.

비닐과 종이는 서너 평의 큰 나무상자에다 비닐이나 종이를 넣고 발로 꽉꽉 묶은 다음, 겉에 붙인 나무상자만 살짝 떼어내는 식으로 계산하여 1kg당 1천 2백 원을 받았다. 이것도 여름에는 8백 원 선으로 값이 하락하는 것이었다. 게다가 쓰레기 하치장의 물가는 묘한 것이어서 시내 물가의 유통구조가 경기를 타면 그대로 난지도 물건 시세도 덩달아 움직였다. 말하자면 쓰레기 물건값도 사회 구조의 인플레에 따라서 올라가고 내려가는 것이었다.[39]

버려진 사물에 구체적인 가격이 부여되는 과정을 알 수 있는 장면이다. 폐기물을 생산 자원으로 전환하는 과정에서 난지도 사람들은 쓰레기의 가치를 재설정하는 경제적 행위자가 된다.

황석영의 『낯익은 세상』은 한 걸음 더 나아가 폐기물과 인간, 기억과 정동이 뒤섞인 공간의 내면을 탐사한다. 소설 속 꽃섬(난지도)은 국가의 개발 계획에 위협받는 공간으로 그려진다. 표면적으로 도시 발전을 내세우지만, 폭력적인 현실을 은폐하려는 의도가 노골적이다. 이 소설이 폭로하는 서울의 민낯은, 한국 자본주의의 후진성과 하층 계급에 대한 착취로 점철된 공간이다. 꽃섬 주민들은 도시의 치부를 가리려는 은폐 시도의 직접적인 희생양이 된다. 매립지 붕괴에 맞서는 그들의 저항은, 도시의 일방적 기억 삭제에 맞서는 생존 투쟁의 성격을 띤다.

거대한 언덕은 온통 갖가지 쓰레기 더미로 이루어졌다. 사람들이 대충 골라내고 나면 뒤이어 중장비차가 달려들어 평평하게 밀어냈다. 걷는 동안에도 발이 푹푹 빠지거나 걸리기도 했고, 뭔가 붙어서 따라오다가 발을 흔들면 떨어져 나갔다. 언덕 위에 올라서자, 강변도로가 보였고 꽃섬으로 휘어드는 다릿목에는 전조등을 켠 트럭들이 줄지어 움직이고 있었다. 불빛 속으로 먼지가 구름처럼 일어

나는 게 보였다. 각 구청 소속의 구역장들이 자기 패거리들을 불러내는 소리로 떠들썩했다.⁴⁰

도시 이면에 감춰진 폐기물 처리 과정과 그곳에서 살아가는 이들의 불안정한 노동 현실을 구체적으로 포착한 장면이다. 발이 푹푹 빠지는 쓰레기 언덕은 꽃섬 주민들이 딛고 선 위태로운 생존 기반을 대표한다.

앞에서 살펴본 소설들은 난지도를 억압된 기억이 겹겹이 쌓인 지층으로 인식하고 있다. 폐기된 공간을 기억의 저장소로 바꾸는 문학과 예술의 힘이다.

폐기물의 잠재성이란, 기능을 상실한 사물의 상징적 전환 가능성을 통해 새로운 의미를 지닌 기호의 영역으로 진입할 수 있음을 의미한다. 의미와 가치의 생산 구조에서 밀려났다가 다시 귀환하는 대상을 니콜라 부리오(Nicolas Bourriaud)는 '엑스폼(exform)'이라 이름 붙였다.⁴¹ 엑스폼은 상품과 쓰레기, 인정과 배제의 경계에서 협상이 이루어지는 장(場)이 될 수 있다. 부리오에 따르면 예술은 엑스폼을 새로운 의미망 속에 재배치할 수 있으나, 대상을 심미적 대상으로 승인하는 데 그칠 한계를 경계하지 않을 수 없다. 기억의 복원은 감각의 재구성을 넘어, 정치적 맥락에서 대상을 다시 불러내고, 새로운 관계를 맺는 실천을 요청하기 때문이다.⁴²

기억을 복원하는 실천이란 그것을 가로막는 은폐 장치를 해부하는 작업부터 선행되어야 한다. 헤더 로저스(Heather

Rogers)는 『사라진 내일』에서 현대 폐기물 처리 시스템을 정치경제학적 은폐 장치로 분석한다.[43] 그에 따르면 매립지는 설계 단계에서부터 감각을 차단하고 책임을 분산시키는 이중의 역할을 부여받는다. 시각적 정화, 기술적 위장, 법적 지연 전술이 교차하는 복합 메커니즘이 작동하는 장치가 쓰레기 매립지다.

매립지는 시지각 체계로부터 정교하게 배제된 구역이다. 폐기물의 존재와 의미는 도시의 감각 질서에서 차단되고, 이러한 시각적 배제는 정돈된 풍경을 통해 미학적으로 은폐된다. 난지도 모델에서 보듯, 도시 재생과 환경 미학, 공원화는 지정된 기억만을 선택적으로 남기고 나머지를 삭제하는 사회적 기억의 공간 기획 전략으로 기능한다.

더 나아가 현대의 쓰레기장은 버려진 것들의 종착지가 아니라, 자원을 회수하는 산업 전초기지로 재정의된다.[44] 재활용과 에너지 전환 기술은 폐기물을 제거하면서 새로운 가치를 추출하는 수단으로 작동한다. 이러한 회수 기술은 파괴의 흔적을 복원하지 않고, 오히려 기억의 서사를 정제하고 재분류할 뿐이다. 가장 효율적인 자원화는 가장 정교한 망각을 동반하기 때문이다. 이 과정에서 소멸하는 것은 기억을 가능하게 하는 조건 자체다. 회수는 보존이 아닌 삭제의 다른 이름이며, 남겨지는 것은 권력에 의해 승인된 감각의 잔여물이다.

그럼에도 기억은 완전하게 지워지지 않는다. 가장 철저히 제거된 장소에 가장 선명한 형태로 퇴적되는 역설을 직시해야 한다. 쓰레기장에서 자원을 남김없이 추출하려는 시도는 정제되지 않은 기억과 감각의 잔여물을 남긴다. '쓰레기 기억상실증'은 이 시스템의 허용치를 넘어서는 잉여 기억이 되돌아오기 직전의 임계 상태다.

　기억의 잔여물이 집요하게 귀환하는 이러한 조건은, 삭제된 감각이 현재의 질서를 어떻게 뒤흔들 수 있는지 묻는 개입의 문제가 된다. 기억은 과거의 소환이 아니라, 지금 여기에서 어떤 윤리와 감각을 구성할 것인가라는 정치적 질문으로 다시 제기되기 때문이다.

대항 기억으로서의 문학

현대 소비 사회에서 쓰레기 처리는 기억을 체계적으로 삭제하는 과정과 분리되지 않는다. 이 책은 그 과정이 낳는 집단적 증상을 '쓰레기 기억상실증'으로 명명하고, 그 원인과 결과를 탐색하는 것을 목표로 삼았다. 쓰레기 처리 제도는 표면적으로 위생과 효율을 위한 기술과 행정의 절차이지만, 그 이면에서는 기억의 흔적까지 배제하는 정치적 기제로 작동한다. 사회는 이 시스템을 통해 불편한 과거를 효율적으로 밀어낸다. 하지만 그 대가는 기억 상실에만 머물지 않고 윤리적 감수성의 둔화로 이어진다.

　이 장에서는 쓰레기 기억상실증을 일으키는 복합적인 동력을 규명하는 데서 논의를 출발했다. 분석의 핵심은 기술, 사회, 자본의 논리가 결합하여 체계적인 망각을 유도하는 '망각의 인프라'를 해부하는 것이었다. 이 인프라는 기억을 외부 장치로 이전하는 기술적 재편을 통해, 특정 기억을 '더러운 것'으로 분류하고 상징적으로 배제하는 사회적 과정을 동반한다. 나아가 아그노톨로지 개념을 통해, 이 과정이 의도된 무지를 생산함으로써 자신의 작동을 정당화함을 보였다. 복합적인 망각의 기제가 현대 폐기물 처리 시스템, 특히 매립지라는 공간에서 어떻게 구체화하는지도 살펴봤다. 특히 로저스의 분석을 바탕으로, 매립지가 기술적·미학적 은폐를 넘어 '자원 회수'라는 명목 아래 가장 정교한 망각의 단계로 진입했음을 살펴보았다.

폐기물 시스템의 작동 원리를 해부하는 작업은, 체계적 망각에 맞서는 문학의 역할을 탐문하고 그 새로운 가능성을 제시하는 단계로 나아가야 한다. 기존의 문학 연구는 폐기물을 주로 사회 비판을 위한 상징이나 소재로 해석했다. 그러나 문학의 역할이 폐기물을 사회 비판의 상징으로만 다룬다면, 망각을 구조화하는 현실에 개입할 힘을 잃게 된다. 오히려 망각의 인프라에 직접 개입하여 그 작동을 교란하는 능동적인 실천이자 비판적 도구로 기능해야 한다.

정연희, 한승태, 강영숙에 이르는 다양한 작가의 작품들은, 문학이 망각의 인프라에 맞서는 비판적 도구로 기능하는 구체적인 방식을 다각도로 보여준다. 난지도와 가축 매립지를 다룬 소설들은 사회가 은폐한 폐기물의 지층을 파헤쳐 그곳에 묻힌 삶의 흔적과 기억의 물질성을 드러냈다. 예컨대 한승태의 에세이는 축산 폐기물 처리 노동의 체험을 통해, 위생이라는 이름 아래 은

폐된 폭력성과 윤리를 드러낸다. 이때 아브젝트의 감각은 지워진 기억의 귀환을 가능케 한다. 나아가 하수구나 청소기처럼 망각을 수행하는 일상 사물과 장치가, 역설적으로 기억의 저장소로 변모하는 순간을 포착하기도 했다.

　망각이 정교한 사회 기술적 시스템의 산물이라면, 그에 맞서는 문학의 실천 역시 과거의 상처를 복원하는 데 머물 수 없다. 은폐된 기억을 현재의 장으로 소환하여, 시스템이 마모시킨 감각의 회로를 복구하고 새로운 윤리적 관계를 설정하려는 시도로 나아가야 한다. 이를 위해 문학 연구의 대상을 텍스트의 내적 구조에서, 텍스트가 개입하는 물질적, 기술적, 감각적 환경으로 확장한다. 무엇을 기억 속으로 되살리고 무엇을 폐기할 것인지 선택하는 문제는, 우리가 함께 감당해야 할 세계의 모습을 결정하는 일과 다르지 않기 때문이다.

제2장

'난지도 쓰레기 매립장'이 가리키는 미래

쓰레기장의 바깥은 어디에 있는가

1978년부터 1993년까지 운영된 난지도 쓰레기 매립장은 서울 시민의 거대한 타임라인이었다. 이 도시에서 아이가 태어나 청소년으로 자라고 성인으로 성장하는 과정에서 가족의 일상을 채웠던 온갖 사물이 난지도로 환류했다. 지금 이곳은 높이 98미터와 100미터의 인공산(하늘공원, 노을공원)과 생태공원으로 탈바꿈했다. 하지만 지하에는 여전히 1억 1,050만 톤의 쓰레기가 묻혀 있다. 서울 한복판의 쓰레기장은 사라지지 않았으나 대중의 기억에선 희미해졌다.

쓰레기 처리에 관련된 제도와 기술 일체는 집단적 기억상실증과 정신 조작의 문화 장치이기도 하다. 쓰레기장은 망각에 맞서 기억을 유지하고 의미를 탐구하는 장소가 아니라, 소비 대중의 기억상실증을 고질화하고 소비주의적 일상에 쉽게 몰입하게끔 면죄부를 주는 장소다. 실내와 거리에 비치된 크고 작은 쓰레기통부터 광역시마다 거느린 거대한 부지의 쓰레기 매립장에 이르기까지 사유의 중단을 활성화하는 장치에 현대인은 에워싸여 있다. 눈에 안 보이면 마음에서 멀어지고, 쉽게 버리면 쉽게 잊을 수 있는 쓰레기 문화는, 자의든 타의에 의해서든 세계를 편집적으로 인식하는 요령이다. 한 인간이 안정감과 존엄을 경험하는 자아의 일관성 역시 묻어버리고 거리를 둔 사물에 대한 망각에서 획득된다.

프리드리히 키틀러는 축음기, 영화, 타자기의 발명이 현대인의 의식과 무의식의 구조화와 불가분의 관계에 있다고 분석한 바 있다.[1] 그의 통찰을 쓰레기 문제에 응용해 보자. 종량제 봉투와 분리수거장, 화장실의 배수구와 정화조, 하수종말처리장과 광역 쓰레기 매립장이 현대인의 사회적 신체와 정신을 구성한다. 생각하기 때문에 존재하는 데카르트식의 근대인이 아니라, 그것과는 정반대 유형의 인간형이다. 이들은 생각하지 않기 위해 온갖 수단을 동원한다.

생각하기를 꺼릴 만큼 더럽고 불결한 쓰레기장이라는 관념의 대칭에는 현대 산업 문명에 오염되지 않은 '자연'이라는 판타지가 있다. 하지만 그런 자연은 어디에도 없다. 쓰레기는 협소한 개념이 아니다. 사실상 세계는 끝없는 쓰레기장이며 가장 청결하고 위생적인 공간조차 잠재적 쓰레기들의 집합체다. 대양의 가장 깊은 곳, 대기의 가장 높은 곳조차 미세 플라스틱과 플루토늄에 오염되어 있다. 지구 밖 우주에서도 인류가 쏘아 올린 무수한 쓰레기가 공전하고 있다. 지구 생태계의 순환 고리에 온갖 오염원이 모여들고, 그 스케일은 근대의 인식틀을 가볍게 압도할 만큼 거대하고 광활하다.[2] 어떤 세계를 마주하고 있는지 정확한 대상화조차 불가능해서, 인류를 중심에 두고 이상화된 생태학적 발언을 할 메타적 위치를 정할 수조차 없다.[3] 인간과 자연을 가르는 이분법은 지난 시대에 상상적으로 구성한 세계관에서나 통용될 인위적 수사에 불과하기 때문이다. 이러한 각성을 통한 탈자연주의 생태학의 모색을 티모시 모턴(Timothy Morton)은 다음과 같이 설명한 바 있다.

'자연'이라는 용어의 생태학적 가치는 위험할 정도로 과대평가되어 있습니다. 왜냐하면 '자연'은 그저 용어가 아니라 인간이 구축한 공간에서 일어난 일로, 인간 체계와 '지구' 체계의 경계를 정하기 때문입니다. '자연' 자체는 만 이천 년 된 인간의 산물이며, 담론적인 만큼 지질학적입니다. … 인류세는 '자연'을 파괴하지 않았습니다. 인류세가 '자연', 그 유독한 악몽 형태에서의 '자연'입니다. '자연'은 재앙으로 출현하기를 기다리고 있는 인류세의 잠재적 형태입니다.[4]

모턴의 이와 같은 인식은, 자연의 순수 사태가 사회적 요소로부터 걸러지거나 형성될 수 없음을 논박한 브뤼노 라투르(Bruno Latour)의 철학을 수용한 것이면서,[5] 자연과 문화의 이분법을 부정하며 생물학을 일종의 은유 체계로 분석한 도나 해러웨이(Donna J. Haraway)의 'Natureculture' 개념의 변용이기도 하다.[6] '자연' 개념이 구체적 역사와 현실 인식을 교란하고 있다는 것이 이들의 공통된 입장이다.

지금보다 아름답고 정결했던 십수 년, 수십 년 전의 풍광에 대한 노스탤지어 역시 조작된 기억에 가깝다. 난지도 쓰레기 매립장에 대해서도 이런 유의 판타지가 유포되어 있지만, 이 지역의 지난 100년 역사는 짧은 예외적 기간을 제외하면 자연재해와 가난, 극심한 환경오염으로 점철돼 있다. 난지도는 서울의 쓰레기 매립장이 되기 전부터 비참한 장소였다.

개발주의자와 생태주의자 모두 침소봉대된 자연의 이미지

를 남용하는 경향이 있다. 전자가 생활 불편과 낙후된 경제의 원인을 개발되지 못한 자연의 상태를 두고 폄훼한다면, 후자는 자연을 원래 그대로 내버려 두는 것이야말로 난개발의 악순환을 시작부터 막을 최선이라고 믿는다. 고정된 결론에 맞춰 '자연'을 사고 중지의 수단으로 쓰는 일은 어느 편이든 비판받아 마땅하다. 이런 식의 '자연' 개념은 편협하고 단순화된 세계 인식을 되풀이한다. 정신 조작 장치로서의 쓰레기통과 동류인 것이다.

우리가 발을 딛고 선 세계를 똑바로 주시하고 탐구하는 일은 만만한 과제가 아니다. 아직 도래하지 않았다고 착각한 파국이 이미 닥친 지 오래임을 알았을 때는 현실을 받아들일 용기를 찾기조차 어렵다. 하지만 파국의 한복판에서도 사유는 멈춰선 안 되고, 부스러기 단서에 불과하더라도 다가올 세계의 가능성을 찾아 나서야 한다. 이 장에서는 난지도 쓰레기 매립장을 소재로 한 소설인 정연희의 『난지도』(1984)와 유재순의 『난지도 사람들』(1985), 황석영의 『낯익은 세상』(2011)을 통해, 온통 쓰레기뿐이고 바깥이라곤 찾을 수 없는 세계의 한복판에서 그 일을 구상한다. 쓰레기 매립장은 우리 세계의 실체를 강렬히 대면할 수 있는 장소다.

성급한 낙관론이나 손쉬운 해결책을 제시하는 대신, 이 글은 문제의 근원에 얽혀 있는 것들이 무엇인가를 파고드는 데 집중한다. 소비주의에 길든 근대적 사고방식에 갇혀 있는 한, 파국의 복잡성을 대면하는 일조차 어렵다는 사실 앞에 겸허해지려는 노력을 우선할 따름이다. 구체적 역사와 힘들의 맥락을 따져 물어서 허황한 자연의 판타지와 계몽 주체의 낙관론에 현혹되지 않는 길을 찾아야 한다.

정크 스페이스 난지도의 역사

어떤 장소가 사람들에게 원래 무엇이었고, 무엇이어야만 하는가에 대한 절대성을 잃어버리게 되면, 언제라도 대체 가능하고 수정할 수 있는 상태로 버려지게 된다. 네덜란드의 건축가 렘 콜하스(Rem Koolhaas)는 이런 장소를 '정크 스페이스(Junkspace)'라고 불렀다. 쓰레기장이나 용도 불명의 공터만이 아니라, 소비자를 훈육하여 생애 전체를 쇼핑에 쏟아붓게 하는 모든 형태의 도시 공간을 비판하는 개념이기도 하다. 이런 장소에선 정크 스페이스의 탈출구를 찾는 대문자 역사가 없다. 모든 게 현재로 환원되고 소비의 희열만이 정크 스페이스의 유일한 정서 구조로 고착된다. 바이러스에 전염되듯 모든 공간이 쇼핑몰로 잠식되는 과정마다 유독 남발되는 언어의 특징을 콜하스는 다음과 같이 정리한다.

> 사물의 원래 용도와 뜻은 제멋대로 오용된다. 복원하다 restore, 재배치하다 rearrange, 재조립하다 reassemble, 개조하다 revamp, 혁신하다 renovate, 수정하다 revise, 회복하다 recover, 재디자인하다 redesign, (파르테논 신전의 조각상을) 반환하다 return, 다시

하다 redo, 존중하다 respect, 임대하다 rent, 접두가 re-로 시작하는 동사는 정크 스페이스를 양산한다. 정크 스페이스는 우리의 무덤이 될 것이다.7

이른바 재자연화(Renaturalization) 사업을 통해 자연생태공원으로 탈바꿈한 난지도는 정크 스페이스에서 예외가 될 수 있을까? 이 장소가 재자연화를 통해 회복할 자연 상태의 역사적 원형이 있을까? 15년에 걸쳐 매립된 쓰레기는 아직도 지하에 그대로 매립되어 있다. 서울 한복판에 솟구친 쓰레기 산의 실체를 은폐하기 위해 인공 자연의 표층을 씌워 관리하는 것이 재자연화의 의미다. 이곳의 사용 목적 역시 소비 관광이 우선이다.

환경 개선 사업과는 다른 차원에서 난지도의 잊힌 역사성을 복원하는 것은 어떤 의미가 있을까? 현재의 상상적 결여를 전제로 역사성의 복원을 꾀하기 쉽다는 것은 이 질문의 가장 큰 문제점이다. 콜하스에 대한 건축 비평이자 포스트모던 사회주의 기획의 실마리를 엿볼 수 있는 「미래 도시」라는 글에서, 프레드릭 제임슨(Fredric Jameson)은 오히려 정크 스페이스의 미래에 내재한 파괴적 성향에 집중할 것을 주장한다.

부재하는 미래 속에 내재된 한 가지 파괴적인 성향을 선택하여 그것에 초점을 맞추고, 이를 극단적인 방식으로 확대하고 확장하는 것이다. 그러면 결국 그것이 그 자체 묵시록적인 것이 되어 우리가 사로잡혀 있는 세계를 폭파시키고 만다. 따라서 이 글이 가지고 있는 디스토피아적인 겉모습은 후기 자본주의라는 솔기조차 보이지 않는 매끈한 뫼비우스의 띠에 균열을 낼 수 있는 날카로운 칼날이며, 일종의 푼크툼 내지는 지각 강박 같은 것이다. 이는 후기 자본주의의 엉킨 실타래 속에서 오직 한 가닥의 실만을 골라 그것의 끝자락까지 집요하게 끈질기게 쫓아가는 것이다.[8]

궁극에 회복하고 복원해야 할 원형은 없다. 보호해야 할 자연과 이를 위협하는 인공의 이분법이란 현실의 복잡성으로부터 동떨어진 상상적 구도에 지나지 않는다. 원래는 근사하고 좋은 세계였으나 갈수록 나빠졌다는 선형적 서사에서도 벗어나야 한다. 세계는 과거에도 재난과 재앙의 한복판이었고, 지금도 마찬가지며, 앞으로도 더 나빠지면 나빠질 뿐 달라지지 않는다. 어떤 장소에서 되풀이되는 파괴적 에너지의 경합 방식, 부서지고 망가진 뒤의 잔여들에서 전개되는 인간과 비인간의 복잡한 얽힘은, '하늘'과 '노을'이라는 팬시한 이름으로 위장한 지금의 난지도 땅 밑에서 벌어지고 있다.

'난지도(蘭芝島)'라는 지명 역시 구한말 이후부터 불리기 시작했다. 정확한 유래는 밝혀진 바 없으나, 김정호의 「경조오부도(京兆五部圖)」, 「수선전도(首善全圖)」에선 이곳을 중초도(中草島)로 기록하고 있다.[9] '꽃섬'이라는 의미가 '난지도'로 이어진 것이다. 이곳의 이름은 난지도가 20세기 내내 겪은 자연재해와 환경오염, 저개발과 가난의 실체적 역사와 달리, 복구되어야 할 생태 환경의 상상적 원형이 되었다.

난지도는 서울의 인구가 폭발적으로 늘기 시작한 1960년대 말에 이미 극심한 환경오염에 직면했다. 천재(天災) 역시 해마다 반복됐다. 해마다 장마가 닥칠 때마다 한강이 범람해 지역이 폐허가 됐다. 쓸모없는 장소, 가치 없는 땅의 전형이었다. 지금의 공원화된 난지도는 정크 스페이스 난지도의 역사를 잊히게 하는 '망각의 인프라'다.

을축년 1925년은 난지도가 겪은 재앙의 역사에서 최악의 한 해였다. 7월 14일부터 18일까지 임진강과 한강 유역에 최고 650밀리미터에 달하는 비가 쏟아졌다. 한강 수위는 뚝섬 13.59미터, 인도교 11.66미터, 구 용산 12.74미터까지 상승했다. 사망자가 647명에 1만 2,000호의 가옥이 유실됐고 서울 전역의 통신과 교통이 마비됐다. 피해액은 당시 조선총독부 1년 예산의 58%인 1억 3,000만 원에 달했다.[10]

용산역 관사가 1층까지 물에 잠기고 지대가 낮은 뚝섬, 송파, 잠실리, 신천리, 풍납리가 초토화되었다. 그중 피해가 가장 심했던 곳은 동부이촌동이었다. 이곳은 조선총독부의 명령으로 폐동(廢洞)이 되어 조선인 거주가 금지됐다. 망원에서 난지도 일대에 터를 잡은 마을들도 무주폐가(無主廢家)가 됐다.[11] 다음은 당시의 참상을 기록한 동아일보 기사다.

포화가 불 지른 전쟁터라고 하더라도 타고 남은 기둥개나 허리 꺾인 나무 그림자는 찾을 수 있을 것이오 가장 심한 지진이 있은 후라도 쓰러진 집의 형태는 남아 있을 것이다. 그러나 망원리에는 아무

것도 없다. 그것 전체 떠갈 기운은 없었던지 이리저리 떨어져 놓인 구들장이 집이 있던 자취를 알려줄 뿐이요 세로 모로 쓰러진 장독 항아리깨가 사람 살던 곳이었음을 가르칠 뿐이다. 이렇게 된 망원리를 무엇이라고 형용할까. 터전이나 남아 있으면 폐허라고나 불렀으련만.[12]

난지도 일대 망원리 사람들은 주변 지역의 합정리로 대거 이주했다. 하지만 새로 이주한 곳에선 가난한 이주민들을 멸시하고 배척했다고 한다.[13]

조선총독부는 홍수 피해를 수습하고 예방 대책을 실행에 옮기면서, 작은 봉우리 섬이었던 선유봉을 폭파해 한강 하류와 지류 일대에 제방을 쌓고 길을 포장했다.[14] 산을 부숴 강변을 다지는 식민지기의 치수 정책은 박정희 시대에도 되풀이되었다. 1977년 난지도 제방 공사에 동원된 흙과 암석은 남산 터널을 뚫어 조달했다.

을축년 대홍수 이후, 난지도에 사람이 다시 돌아와 마을이 생기고 활기를 되찾기까진 십 년 이상의 세월이 필요했다. 난지도는 재건되기 어려운 잔해 지역(debris field)이었다.[15]

수해 대책은 해마다 보류되거나 흐지부지되었다. 1945년 해방 이후에도 상황은 달라지지 않았다. 국고를 가난한 사람들을 위해 쓰기보다는 돈 있는 사람 쪽으로 순환시키는 편을 위정자들은 선호하기 때문이다.[16]

난지도가 돈을 투자할 가치가 있는 땅이라고 생각하는 사람은 드물었지만 없지는 않았다. 1936년에는 농가 수익을 높일 고소득 작물로 박하(薄荷)가 인기를 끌면서, 대규모 재배가 가능한 적합지로 난지도가 관심을 끌었다.[17] 하지만 이마저도 변죽만 울렸을 뿐 본격적인 투자는 이뤄지지 않았다.

1950년부터는 난지도에 왕복 유람선이 운항했다.[18] 접근성이 좋아지면서 난지도는 서울 시민의 인기 관광지가 됐다.[19] 백사장이 고르게 뻗은 난지도 강변은 여름이면 어린아이들이 물놀이하기 좋은 곳이었다. 중고등학생들은 캠프를 즐기러 많이 찾아왔다.[20] 이들을 상대로 장사를 하는 식당도 늘었다.

유동 인구가 늘면서 경제 규모도 커졌다. 덕분에 난지도는 1960년대 중반까지 환경과 경제에서 첫 번째 전성기를 누릴 수 있었다.[21] 그런데 이 시절보다 훨씬 더 많은 인구와 돈이 유입된 전성기는 난지도가 쓰레기 매립장으로 쓰인 1978년에서 1993년 사이의 시기였다.

1950년대와 1960년대를 통틀어 난지도에서 가장 건실한 거주민들은 삼동소년촌(1953년 8월 14일 개소)의 아이들이었다. YMCA가 미군 제5전투연대 공병대의 지원을 받아 난지도에 세운 시설이었다. 이들은 난지도에 박하 농장을 일궈 자활 자립의 기반으로 삼으려 했다. 소문만 요란했던 박하 사업을 소년촌 아이들이 본격적으로 시작한 것이다. 1962년 4월의 일이었다.[22]

서울의 인구가 급격하게 늘어나면서 한강으로 방출되는 분뇨와 폐수가 급증했고 난지도의 환경오염도 가속됐다. 1968년 서울의 인구는 400만 명이었다. 하지만 서울은 그만한 인구를 감당할 분뇨처리 시설을 갖추지 못했다. 1967년에 준공된 방배동 분뇨처리장과 서초동, 망원동의 분뇨 저장 탱크의 처리량을 모두 합쳐도, 연간 배출량의 27% 수준인 100만 명분만을 가까스로 감당할 수 있었다.[23] 서울의 인구는 1953년에 이미 100만 명이었다.[24]

1968년 여름에는 떼죽음을 당한 물고기가 지금의 한강대교와 양화대교 사이에 무수히 떠올랐다. 1976년에 이르면, 난지도에 서식하던 물고기와 조개가 전멸한다. 망원동 분뇨처리장과 난지도 일대 여덟 개 공장에서 흘러나온 폐유와 오물이 문제였다.[25] 오염된 물고기를 먹은 철새가 날지 못하고 시들어 죽어가는 모습도 난지도 곳곳에서 관찰됐다.

서울시는 19억 원의 예산을 들여 1977년 7월에 난지도 제방 공사를 완료했다.[26] 1976년 5월부터 1978년 3월 31일에 걸쳐 진행된 남산3호터널 건설 현장에서 옮겨진 흙과 돌이 난지도 제방을 쌓는 데 동원됐다. 8톤 트럭 17만 3,000대분의 골재가 남산3호터널 공사에서 나왔다.[27]

난지도 일대의 생산녹지가 주거지로 바뀔 수 있다는 소문이 퍼지면서 땅값이 뛰었다. 완공 직후인 7월 한 달 동안에만 평당 1만 원에서 1만 3,000원으로 값이 뛰고, 2만 원까지 상한가를 쳤다. 하지만 8월이 되자 서울시는 난지도를 도시계획법 규정에 따른 쓰레기 처분장으로 결정 고시한다. 땅값은 하루아침에 폭락했다.[28] 난지도에 토지를 소유했던 지주들은 큰 충격에 빠졌다. 그들은 이 지역에 대대로 살던 토박이들이었다. 서울시는

1977년 7월 1일 준공을 앞두고 막바지 공사 중인 난지도 제방의 풍경

출처: 민주화운동기념사업회 오픈아카이브

1977년 8월 3일 서울시는 87만 평의 난지도를 도시계획법 규정에 따른 쓰레기 처분장으로 고시한다. 제방 공사가 끝난 후 평당 2만 원까지 치솟았던 땅값은 고시 직후 폭락하게 된다.

출처: 민주화운동기념사업회 오픈아카이브

헐값에 난지도의 사유지를 빼앗고, 그해 겨울부터 연간 380만 톤이나 되는 쓰레기를 쏟아부었다.

난지도 제방 안과 밖은 7미터 높이 차가 있었다. 제방 안쪽을 흙으로 채우려면 2,000만 세제곱미터의 흙이 필요했다. 흙 대신 쓰레기로 메꾸면 2,300만 톤을 이곳에 처리할 수 있었다.[29] 이런 식의 발상으로 쓰레기 문제를 해결하는 것은 그전부터 계속되던 일이기도 했다. 서울의 현대화 과정에서 쓰레기는 유용한 건축 자재였다. 대표적으로 구의동과 장한평 일대의 저지대는 1980년까지 서울의 생활 쓰레기를 메워 택지조성의 기초를 다진 지역이다.[30]

이 공법은 1930년대에 미국에서 처음 시작됐다. 쓰레기 소각이나 해양 투기의 문제점을 해결할 대안으로 땅에 쓰레기를 파묻는 위생 매립(Sanitary Landfill) 기술이 고안됐다. 이 방식은 습지대를 쓰레기로 메워 건설 부지를 확보하는 개발 정책에 응용됐다. 1930년대 샌프란시스코에서는 위생 매립지로 다달이 2,000평에 가까운 부동산을 만들고, 1939년 세계박람회 개최지인 플러싱 메도스 코로나 파크(Flushing Meadows Corona Park) 역시 습지를 쓰레기로 메운 땅이었다.[31]

쓰레기장 안팎의 경계는 행정 구획만으로 선명히 구분될 수 있는 게 아니다. 소비문화는 청결함과 행복에 대한 한정된 이미지를 반복적으로 유포하며 쓰레기에 대한 개념을 협소화하지만, 모든 사물은 결국 쓰레기이며 모든 장소는 다양한 형태의 쓰레기 저장소다.[32]

지그문트 바우만(Zygmunt Bauman)은 과잉, 잉여, 쓰레기, 그리고 쓰레기 처리의 문명이 유동적 현대성의 비루한 실체라 했다. 영원히 지속하는 것은 고사하고 지속성을 띠는 것조차 없는 보편적 일시성이 세계를 뒤덮고 있다.33 서울의 시공간에서도 수직 수평 종횡으로 쓰레기가 분포하고 유동한다. 난지도가 쓰레기 매립장으로 지정된 1977년은 그 흐름에 거대한 합류점이 구성된 해다. 온갖 공산품, 건축 잔해, 연탄재와 음식물 쓰레기, 건설 폐자재와 산업폐기물이 산과 들, 강에 속한 동식물, 온갖 광물에 섞여 난지도 쓰레기장으로 이동했다. 그리하여 난지도는 근대화와 도시화의 시간이 만든 인공 지층의 거대한 표본이 되었다.

쓰레기에 뒤덮인 세계의 층층(層層)에 내재한 현대적 삶의 민낯을 읽어낼 다양한 독법이 필요하고, 문학이 결정적 역할을 할 수 있다.

문학은 필연적으로 장소에 관한 기록이고, 온갖 시공간에 얽인 인간과 비인간의 관계에 집중하므로, 모든 것이 쓰레기가 되어 흘러가는 세계에 어떤 강도(强度)로든 반복적으로 반응한다. 예를 들어, 장 폴 사르트르(Jean P. Sartre)의 소설 『구토』의 주인공 앙투앙 로카텡이 구토와 퇴행을 일으킨 순간은 사물의 이면(裏面)에 도사린 쓰레기를 인식할 때였다.34 이탈로 칼비노(Italo Calvino)는 『보이지 않는 도시들』에서 쓰레기를 내다 버리는 정화 의식이 인간 자아의 적절한 경계선 유지 과정임을 이야기한 바 있다.35

다분히 환각적인 작풍의 두 작품과 달리, 다음 절에서 설명할 정연희의 『난지도』와 유재순의 『난지도 사람들』, 황석영의 『낯익은 세상』은 르포르타주 형식을 적극적으로 도입한 사실주의 소설이다. 1980년대 난지도 역사에 대한 문학의 기록이면서, 쓰레기 매립장에서 살아가는 사람들에 대한 핍진한 관찰을 담았다. 세 소설을 중심으로 다음 절에서 특별히 주목하고 싶은 것은, 쓰레기로 이뤄진 인공 지층에서 살아가며 난지도 거주민들이 획득한 생존 기술과 대안적 경제 생태계의 형성이다. 그들에게 쓰레기는 매일 반복되는 재앙의 일상이면서, 벗어날 수 없기에 어떻게든 감수해야 할 현실이었다.

문학이 기록한 쓰레기 매립장의 경제 생태계

1980년대 한국은 경제성장률이 최대 13.2%(1983)에 달하고 아시안게임과 올림픽을 유치한 잘나가는 개발도상국이었다. 난지도 쓰레기 매립장은 발전과 풍요를 대내외에 과시하는 정부 선전물에선 찾아볼 수 없는 장소였다. 이곳을 고도 경제 성장의 오점과 구조적 모순으로 여기는 것은 당대의 일반적인 인식이었고, 여기서 살펴보려는 소설들도 기본적으로 그 점을 부정하진 않는다.

하지만 1980년대 운동권의 관성적 언어와 감성을 상투적으로 되풀이하지 않으면서, 난지도 소재 소설에서 '쓰레기 기억상실증'의 문제의식에 접속할 지점을 탐색하려면 그에 알맞은 해석 전략이 필요하다.36 개별 인물의 드라마보다는 난지도 경제 생태계에 교응(交應)하는 집합 단위로서의 난지도 거주민과 이들의 특징적 동선(動線)에 집중하고자 한다. 이를 통해 쓰레기와 인간이 중층으로 엮인 연결망으로 난지도를 주시할 것이다.

우선 인구를 살펴봐야 한다. 난지도 거주 인구는 쓰레기 매립장으로 지정된 뒤부터 급격히 늘었다. 쓰레기 수집은 지속적인 돈벌이를 보장하는 직업이자 일터가 될 수 있었다.37

이 계열의 일자리는 한국만이 아니라 근대 자본주의의 역사와 밀접한 관계가 있다. 쓰레기 더미를 뒤지는 일은 서구 국가에서는 13세기부터 직업으로 조직되었고, 산업 자본주의의 성장과 더불어 쓰레기장에 의존해 살아가는 사람들의 수도 급격히 늘었다. 19세기 말 프랑스에선 넝마주이가 약 10만 명, 쓰레기와 직간접적으로 연관된 직종 종사자가 50만 명에 달했다.38 오늘날엔 중국과 동남아시아 국가들이 전 세계에서 쓰레기를 받아들이고 있다. 쓰레기장이 삶이 터전이 된 이들의 인구는 수천만 명에 달한다.39

1984년 대한민국문학상 수상작인 정연희의 『난지도』에는, 거주 인구가 갈수록 늘어나는 난지도 상황에 난감해하는 마포구 소속 상암동 사무소 공무원이 등장한다. 당시 난지도는 아홉 개의 통으로 구성된 대단위 거주 지역이었고, 땅 넓이는 여의도보다 컸다.

아이구, 나도 못해먹겠시다. 이제 9통이라구는 하지만 우선 땅 넓이가 마포구 전체의 4분의 1이요, 여의도보다도 넓은 터네요. 여기 살고 있는 사람들이 어디 협조나 하려구 합니까? 주거동 수는 720인데 세대 수는 팔십여 세대가 더해서 802세대란 말이에요. 그런데 그 세대가 전부 주민등록이나 제대로 해주는 줄 압니까? 등재된 세대는 452세대뿐이란 말예요. 동회에 올라 있지 않은 세대가 350세대나 된다는 얘기죠. 등재된 452세대 중에서 쓰레기 수집 세대는 362세대로 되어 있고, 나머지 90세대는 비수거 세대로 되어 있기는 하지만 웬걸, 그거라고 정확한 숫자겠어요?[40]

동사무소에서도 난지도 거주 인구와 구성을 정확히 파악할 수 없었다. 등재 세대에 비등재 세대를 비례 추산해서 대략적인 실태를 예상할 뿐이었다. 난지도 안에서 상대적으로 거주 환경이 나쁜 곳에 사는 사람일수록 신원이 불분명했다. 그들 중에는 평생을 쓰레기만 쫓아다닌 사람들도 상당수 있었다. 그들은 난지도 쓰레기 매립장이 지정되기 전에 서울시가 쓰레기를 버렸던, 구의동, 장한평, 개포동, 하일동, 목동 등지에서 생활하던 사람들이었다. 쓰레기장을 도시 광산으로 이용할 줄 알았던 첫 세대였다.[41]

유재순의 난지도 르포르타주 소설인 『난지도 사람들』에는 1985년 무렵의 쓰레기 시세가 기록되어 있다.

쓰레기 더미에서 골라내는 물건은 이른바 물렁이라고 지칭하는 요구르트병, 막걸릿병, 부드러운 플라스틱이나 비닐 등과 고철, 중철, 신철로 나뉘는 쇠붙이종류, 고무와 구리, 양은, 순면은 난지도 사람들에게 있어서는 곧 쌀이나 다름없는 아주 중요한 에너지였다. 서울우유 병은 한 개에 10원, 에프킬라 통은 15원, 전기제품 부속품의 하나인 진공관은 2백 원, 브라운관은 4백 원이었다. 난지도 사람들은 이 같은 물건들을 무더기로 한곳에 모아 종류별로 골라서는 각각 부댓자루에 담아 고물 장수에게 팔았다. 부댓자루 여러 개를 뜯어 하나로 만든 큰 주머니의 물렁이는 2천 5백 원, 여느 부댓자루에 담은 깡통은 8백 원. 구리는 고무가 섞인 것이면 1kg당 5백 원이었고 순구리는 1천 2백 원 선이었다.[42]

1980년대 중반에 짜장면 한 그릇 가격이 700원이었다.[43] 쓰레기장을 뒤져서 자루 하나를 채우면 적어도 하루 한두 끼를 해결할 수 있었다.

쓰레기 매립이 계속되는 한 난지도는 특수한 경제권으로 전성기를 누릴 수 있었다. 골드러시 시대의 금광촌처럼 난지도 전체에 이주민들의 움막촌이 늘어났다. 그들은 난지도를 서울의 축소판으로 만들었다. 쓰레기가 매몰되는 장소는 구획별로 정해져 있었고, 어느 구의 쓰레기에 기생해 살아가느냐에 따라 수익에 큰 차이가 벌어졌다. 그중 용산 주둔 미8군에서 나오는 쓰레기가 가장 큰돈이 됐다.[44] 구청 청소과와 쓰레기 대행업자, 난지도 거주민 사이에 권리금이 오가며 쓰레기 줍는 권리가 돈벌이가 됐다.

1989년 시기 난지도 쓰레기 매립장 풍경

출처: 민주화운동기념사업회 오픈아카이브

1990년 1월 난지도에서 고물 수집을 하는 사람들

출처: 민주화운동기념사업회 오픈아카이브

이제 난지도에 정착한 이주민들의 움막촌은 어색하지 않을 만큼 한 마을을 형성하고 있었다. 마포구에서 나온 쓰레기를 줍는 사람들은 마포구 사람끼리, 종로의 쓰레기를 줍는 사람들은 그들끼리 한 무리를 형성해서 사는 곳까지 골목으로 구분한 채 서로 각기 다른 지역을 만들고 있었다. 용산구 사람들은 그 사람들끼리 일자 형태로 차례차례 집을 지었고, 이들 역시 골목 하나로 각각의 무리들이 일하고 있는 지역의 구분을 정했다. 흡사 탄광촌에 일렬 횡대로 지어 있는 시커먼 광부 사택과도 같은 모습이었다. 몇 발자국 넓이의 골목길 하나로 난지도란 작은 섬녕이에서 또 다른 서울시를 만들어놓고 있었다. 첫 번째 골목을 들어가면 마포구, 둘째 골목을 들어가면 은평구, 셋째 골목을 들어가면 강남구 등 이 같은 형태로 수백 채의 움막집들이 한곳에 모여 난지도 특별시를 탄생시킨 것이었다.[45]

난지도는 소비주의에 덜 물든 빈민들의 채집 공동체이기도 했다. 난지도 사람들은 필요한 물건을 쓰레기 더미에서 찾아 쓰는 일에 익숙했다. 쓰레기 매립장은 만물 시장이었다. 버려졌기 때문에 쓰레기일 뿐, 한때는 엄연한 상품이자 어느 집의 유용한 살림살이였다. 난지도 현장에서 일하는 사람들은 하루의 의식주를 매립 현장에서 모두 해결할 수 있었다.[46]

정부에선 이곳에 전기와 수도 시설을 해주지 않았다. 그러니 난지도 사람으로서도 굳이 전입신고를 해서 세금 내며 살 이유가 없었다. 국가 안에 있으나 국가 밖의 생활권이었고, 국민이지만 인간적 존엄을 보장하는 공공 서비스의 혜택에서 소외된 비국민의 장소였다.

 수돗물은 없어도 땅을 파면 물은 나왔다고 한다. 겉으로 볼 때는 맑은 물로 보이지만, 얼마 동안 놓아두면 새까만 앙금이 생기는 오염된 물이었다. 그래도 난지도 사람들은 이 물로 먹고 씻었다고 한다.[47]

 난지도에선 오염되지 않은 곳이 없었다. 깨끗한 것만 찾는다면 아무 생활도 할 수 없었다. 이곳에서 '오염'에 둔감해지는 것이 불가피한 환경 적응이라면, '소독'이라는 말에 스민 양가적인 뉘앙스에 민감해지는 것도 어쩔 수 없는 일이었다. 소독은 정부가 난지도 환경에 개입하는 대표적인 방식이었다.[48] 쓰레기에서 배출되는 악취와 해충을 저감하는 조치였으나, 난지도에 사람이 살고 있다는 배려를 찾아볼 수는 없었다. 황석영의 『낯익은 세상』에는 난지도 사람들이 '소독'에 대해 갖는 인식을 예리하게 포착한 장면이 나온다.

땜통과 딱부리는 그게 무슨 소린지 잘 알고 있었다. 어서 밥을 먹고 밖으로 나가고 싶어서 안달이 날 지경이었다. 한 달에 두 번 시청 헬리콥터가 날아와 꽃섬 일대를 항공소독하고 있었다. 그리고 매일 두 차례 복토작업 뒤에 경운기로 분무소독을 했다. 그렇게라도 하지 않으면 오두막 동네는 늘 파리떼에 뒤덮여 작업도 제대로 할 수 없을 것이다. 산동네에서는 동사무소에서 나온 1톤 트럭이 연기를 풍기고 다녔지만, 모기도 연기를 피해 달아날 뿐 잘 죽지는 않았다. 그런데 여기서는 헬리콥터로 물기 있는 구충약을 안개처럼 뿌려댔고, 파리가 우박처럼 떨어져 내렸다. 처음엔 소독을 해준다고 좋아라 하던 수집꾼들은 작업할 때 쓰던 방독면이나 마스크를 쓰고 쓰레기장을 벗어나 동네의 자기 오두막 안으로 숨기에 바빴다. 헬리콥터가 부르릉대며 돌아다니고 있는지 냄새가 점점 동네를 뒤덮기 시작했다. 그들은 대강 밥을 먹었고 눈치만 살피던 땜통과 딱부리는 헬리콥터를 가까운 데서 보려고 후다닥 뛰어나갔다. 등 뒤에서 나가지 말라고 아수라가 외쳤지만 그들은 들은 척 만 척 했다. 이미 헬리콥터가 허공에서 빙빙 돌면서 약을 뿌리고 지나간 뒤라 온 동네의 지붕과 길은 떨어져 죽은 파리들로 새카맣게 되었다. 밖으로 나온 건 역시 아이들뿐이었다. 그들은 신이 나서 쓰레기장이 보이는 공터 쪽으로 뛰어갔다. 헬리콥터가 바로 칠팔 층 건물의 높이로 떠서 날아다니며 양쪽으로 약을 뿜어내고 있었다. 조종사와 그 옆에 앉은 사람의 얼굴이 또렷이 보일 정도였다. 헬멧에 방독면까지 쓴 출장소 직원이 아이들에게 내려가라고 두 팔을 저어 보였다. 아이들은 모두 헬리콥터를 향해 손을 흔들며 소리를 질렀고, 어른들은 접근하지 말라고 아이들에게 깡통을 집어 던지기까지 했다. 야, 이놈들아! 니들도 소독되고 싶어?[49]

1993년 쓰레기 매립장 폐쇄 이후로 난지도 소재 소설은 발표되지 않았다. 황석영의 『낯익은 세상』은 정연희와 유재순의 소설과는 20년의 간격을 두고 있지만, 앞선 작품이 포착하지 못했던 난지도 쓰레기 매립장의 면면을 예리하게 포착했다. 인용문에서 보여주듯, 난지도 사람들 특유의 언어 감각과 정동을 묘사한 대목들은 주목이 필요하다.

쓰레기로 쌓아 올려진 난지도 매립장은 안정적인 인공 지층이 아니었고, 이 때문에 발생하는 문제에 대응하는 난지도 사람들의 분투는 정연희, 유재순, 황석영의 작품 모두에서 상당한 비중을 차지하는 사건이다.

우선 쓰레기에서 뿜어져 나오는 메탄가스에 불이 옮겨붙어서 난지도에 큰불이 나는 일이 잦았다. 난지도가 수해만큼이나 화재가 극성인 곳이 된 것이다.[50] 불이 옮겨붙기 시작하면 화마가 마을을 삼키는 것은 순식간이었다. 워낙 자주 벌어지는 일이라서 마포구청의 대응도 무신경하기 그지없었다. 소독이든 소화든 난지도를 보호하기 위해서라기보다는, 난지도를 난지도 안에 포위하는 조치였다. 『난지도 사람들』의 저자인 유재순은 상암동 사람들이 난지도 샛강 반대편에서 구경하는 모습을 다음과 같이 묘사한다.

불이 타고 있는 주변에는 언제 그렇게 사람들이 많이 모였는지 샛강 건너 상암동에서까지 구경꾼들이 몰려와 있었다. 불을 끄는 사람들보다도 구경꾼들이 훨씬 더 많았다. 마포구청에서도 구경꾼들이 나와 팔짱을 낀 채로 구경을 하면서 입으로는 뭐라고 열심히 사람들에게 지시를 내리고 있었다. 하지만 누구 하나 그들의 말에 귀기울이는 이는 한 사람도 없었다. 그저 물과 기름 같은 존재로 불바다 앞에 서 있는 구경꾼이나 다를 바 없었다.[51]

겨울에서 봄으로 넘어가는 사이에 언 땅이 녹을 때도 난지도는 위험해졌다. 연탄재와 얼음이 뒤섞인 쓰레기는 봄이 되면 땅속을 텅 비게 만든다. 이런 공동(空洞)엔 가스가 차서 폭발이나 화재 사고로 이어지기도 한다. 지반이 무너져서 트럭이 전복되는 일도 흔했다. 그래서 쓰레기 층이 서로 단단히 붙어서 빈틈이 생기지 않도록 중기계로 흙과 암석을 붓고 지반을 다져줘야만 했다.[52] 난지도가 쓰레기장을 폐쇄하고 공원화를 추진하려 했을 때도 메탄가스 폭발 위험성은 가장 큰 장애물이었다.[53] 난지도 사람들은 돈 되는 쓰레기를 줍는 일만큼이나 발밑을 안전하게 보호할 돌과 흙이 꼭 필요했다. 공원이 된 오늘날의 난지도를 관리하는 가장 중요한 기술도 지반 유실과 붕괴 방지, 침출수와 메탄가스 관리다.[54]

이번에는 쓰레기 산 위에서 또 난장이 연출되고 있었다. 돌차와 흙차가 다녀간 자리에서 엎치락뒤치락 짓이겨대는 싸움이 계속되고 있었다. 이번에는 흙이나 돌을 서로 받으려고 하는 싸움이었다. 쓰레기만 치쌓이면 발이 빠져서 작업하기가 곤란하다. 돌이나 흙을 적당히 부려주어야 작업하기도 좋고, 또 돌과 흙이 부어져야 쓰레기차들이 드나들 수 있다. 언제나 새 쓰레기를 뒤지고 파낼 수 있는 이점이 있는 것이다.[55]

난지도 사람들은 고물로 생계를 해결하는 동시에 난지도의 지층을 관리해야 했다. 그것은 스스로 발밑의 안전을 챙기는 일이기도 했다. 이곳의 쓰레기 지층은 아무렇게나 쏟아부어서 형성된 게 아니라 인간의 힘으로 다져지고 정리된 땅이었다. 노동 에너지의 흐름을 살핀다면, 난지도의 인간이란 흙과 암석 사이에 혼효(混淆)된 글루(glue)라고 할 수 있다. 쓰레기와 땅, 인간이 군체를 이루는 다이너미즘(dynamism)의 특징적 사례다. 난지도의 경제 생태계는 이런 노동이 지속해서 투입되어야만 기반을 유지할 수 있었다. 그래서 쓰레기를 수집하고 되파는 경제 활동만이 아니라 땅과 인간, 쓰레기를 잇는 생태계의 연속된 그물망에서 분석되어야 한다.

지반을 다지며 쓰레기 산을 쌓아 올리는 일은 지역의 넝마주이를 동원해 주먹구구로 할 일이 아니었다. 1980년대 난지도 쓰레기장의 운영은 후진적이었다. 오늘날의 광역 쓰레기장에선 직육면체 압축 쓰레기 덩어리를 '셀(Cell)'로 불리는 표준화된 단위 구역에 차곡차곡 쌓아 올린다. 셀 단위 간의 수평은 레이저 장치로 정확히 계측된다. 이 작업은 정교한 공학의 결정체다.[56] 그렇게 하지 않으면 한정된 부지에 효과적으로 쓰레기를 처리할 수 없고, 지반 진동을 안정적으로 관리하지 못해 쓰레기 사태(garbage landslide)의 원인이 된다.

세 소설에서 반복적으로 묘사되는 지반 붕괴 사고는 국가 행정이 전문적인 책임을 지지 않았기 때문에 벌어진 참사다. 책임 소재를 물어야 마땅한 일이지만, 당시만 하더라도 이 문제로 난지도 사람들을 도울 전문가는 희소했고, 세월이 지나면서 비극적인 사건과 난지도 사람들의 노동 모두 잊혔다. 지금은 세 소설의 기록만이 사회적 망각에 맞설 보루다.

난지도 쓰레기장의 사용 만료가 다가올수록 이곳 사람들을 겁에 질리게 만든 것은 쓰레기 처리 기술의 자동화였다. 최첨단 기술에 대한 난지도 사람들의 두려움은 AI 대전환과 노동의 위기를 겪고 있는 이 시대의 사람들에게도 기시감을 느끼게 한다.

이제 이곳에 쓰레기 처리 공장이 세워진다는 소식 들었지요? 오는 86년에 공장이 완공되면 쓰레기는 인력, 자력, 풍력에 따라서 종이 따로, 플라스틱 따로, 목재 유리 등이 각가 걸러지고 일부는 비료로 쓰이게 되고 또 일부는 고체 연료로 만들어진다는 게요. 지금까지 사람 손으로 일일이 골라내던 쓰레기를 과학적인 공정으로 처리한다니까 우리들이 하던 일하고는 비교도 할 수 없이 기능적이고 경제적인 결과가 생기는 거지. 이제 우린 어쩔 수 없이 여길 떠나야 하는 거요. 그러니 미리미리 마음의 준비, 현실적인 준비를 해두자는 거지.[57]

난지도 사람들이 두려워했던 쓰레기 공장은 부실 공사와 부패 스캔들로 논란을 겪다가 폐쇄되고 말았다.[58] 하지만 1993년 난지도 매립지 폐쇄 이후, 현재 운영되고 있는 광역 쓰레기장은 각종 쓰레기 처리 공장과 지원 업체로 배치된 거대 산업 단지로 변모했다. 이만한 규모와 시설의 지원 없이는 지난 30여 년 사이에 증가한 쓰레기 배출량을 감당할 수 없는 시대가 됐다. 쓰레기 처리 기술과 규모가 달라지긴 했으나, 눈에 띄지 않게 땅에 감추거나(매립), 형태와 크기를 바꿔 멀리 분산(소각, 재활용)시키는 패러다임은 여전하다. 국경 바깥으로 방출하는 방식도 눈 가리고 아웅 하는 일이다. 지구 스케일에서 보면 쓰레기의 총량은 계속해서 누적되고 있고, 인류가 만든 쓰레기가 되돌아오는 속도는 돌이킬 수 없을 만큼 빨라졌다. 오늘날 전 세계가 겪고 있는 기후 위기와 팬데믹, 온갖 생태학적 위기의 원인이기도 하다.

이런 세계에서도 지속 가능한 경제는 지켜질 수 있을까? 하지만 세계 전체를 정크 스페이스로 뒤바꾼 지금과 같은 경제는 그 자체로 재앙의 총체다. 세 소설에 묘사된 난지도 쓰레기장이야말로 소비주의 경제가 당도한 미래의 풍경이자, 이미 여러 세대의 생애가 시작하고 끝난 공통의 자리다. 그저 난지도를 주소지로 두지 않았다고 부정할 수 있는 사실이 아니다. 모든 게 쓰레기가 되는 세계의 유동성으로부터 예외일 수 있는 장소는 없다. 뫼비우스의 띠를 따라 돌듯 쓰레기는 돌고 돌아 우리와 동행하기 때문이다. 지금과 같은 경제 체제의 지속 가능성은 이 악순환의 연장을 의미한다.

파국을 마주할 용기를 구하기

막대한 데이터를 처리하는 다양한 형태의 외부 기억 장치가 대중화된 사회에 살고 있지만, 우리 시대의 '쓰레기 기억상실증'은 어디에서나 만연하다. 누언가를 쓰레기로 규정하고 버리는 일은, 그 사물을 쉽게 잊어버려도 상관없는 존재로 격하(格下)하는 행동이다. 버리고 또 버리길 반복하며 망각의 목록이 줄줄이 늘어가는 동안에도, 기억과 의식에 끈질기게 붙박여 반복되는 것은 소비다.

그러나 쓰레기는 잊어버릴 순 있어도 사라지지 않는다. 우리가 일상을 영유하는 거주 공간의 표면 아래에도 층층이 쓰레기가 쌓여 있다. 사실상 우리는 끝도 없이 확장된 쓰레기장에서 살아가고 있으며, 쓰레기장 바깥이라고 믿고 싶은 장소조차 집단적 망각과 착각, 환상이 뒤범벅된 정신 교란에서 벗어나 있지 않다.

서울 한복판에 존재하는 기자 피라미드 크기의 쓰레기 산을 녹지로 덮어 겉모습을 바꾸었지만, 이만한 규모의 쓰레기 산을 전국에 끝도 없이 솟아오르게 하는 경제는 회전을 멈출 기미가 없다. 쓰레기 산에 비교할 수 없을 만큼 모두가 두려워하는 것이 경제 위기다. 이 사실에 대한 거부감을 최대한 약화하는 것이 쓰레기 처리에 관련된 제도와 기술 일체의 문화적 기능이다.

쓰레기와 관련된 담론마다 회복해야 할 생태학적 원형으로 '자연'의 이미지를 끌어들이지만, 그런 유의 담론들은 대개 불분명한 정보에 기초한다. 오염도 재앙도 없는 청정 자연 시대의 구체적인 연대(年代), 장소, 상태는 전설처럼 희미하다. 선진 기술로 재자연화되었다는 난지도 역시, 지난 100년 동안 재해와 가난, 오염, 소외에 시달린 정크 스페이스였다. 허황한 판타지를 밀어 넣을 꽃섬(蘭芝島)의 자연사는 사실상 아무도 모른다. 난지도의 역사는 정크 스페이스의 쓰레기 더미로부터 더듬어 볼 수밖에 없다.

난지도 소재 소설에서 쓰레기장은 세상 전부다. 쓰레기와 일상의 장소는 뒤섞여 경계를 잃었고, 공기, 물, 땅을 가리지 않고 어디든 오염돼 있다. 이곳은 특수한 장소가 아니다. 오히려 우리가 거주하고 있는 생태계의 실체가 적나라하게 노출된 '인류외설(anthroobscene)'[59]의 장소다. 자연 없는 정크 스페이스에서 태어나 평생을 정크 스페이스에 사로잡힌 존재라는 점에서 우리는 모두 난지도 사람들이다.

그들이 오염된 물을 마시는 방법, 쓰레기 퇴적층의 밀도와 강도를 관리하고, 발밑에서 뿜어나오는 가연성 가스와 화재에 대응하는 방식은 빈자의 생존술이기만 한 것이 아니다. 물, 바람, 공기, 흙, 풀, 벌레 그리고 모든 것이 쓰레기가 되는 도시 메타볼리즘의 순환을 한데 엮어 사유하는 훈련의 기록이기 때문이다.

금욕과 절제를 실천하는 선한 소비의 미덕을 늘리면 세상을 구할 수 있다는 기획은 아름다운 발상이지만 쉽게 휘발될 정념에 기대고 있다. 임계를 넘어선 최악의 여러 단계를 여러 강도로 경험한들 근본적 해결과는 거리가 멀기 때문이다. 섣불리 희망을 품지 말자. 되돌아갈 수 있다고 믿는 자연의 어떤 원형에 대한 판타지 역시 영화 세트장의 그림판처럼 얇고 부실한 위장에 불과하다.

난지도 소재 소설들이 이런 환상과 다른 점은, 파국의 한복판에서 시작해시, 이곳에서 결코 벗어나지 못한다는 현실을 외면하지 않는다는 것에 있다. 그게 해결책이 아니라는 것을 모르지 않는다. 다만 부질없는 판타지나 공회전을 반복할 뿐인 계몽의 언어에서 위안을 구하지 않고, 울지도 웃지도 않고 파국을 마주할 용기를 찾고 싶다. 그래야만 현실을 직시하고 뭐라도 해볼 수 있다.

보론

63빌딩과 난지도

황금빛 63빌딩

1980년대 서울의 풍경에서 63빌딩은 '한강의 기적'을 과시하는 랜드마크였다. 1985년 5월 31일 완공된 이 마천루는 지상 60층, 지하 3층, 해발고도 264미터에 달했다.[1] 완공 당시 북미를 제외하고 아시아에서 가장 높은 빌딩이었다.[2] 총공사비는 1,800억 원이었다.[3] 1984년을 기준으로 정부 일반 회계 세출 증가분이 5,500억 원이었던 것을 감안하면,[4] 1,800억 원은 국가 예산 증가분의 3분의 1에 해당하는 막대한 금액이었다. 은마 아파트의 1981년 시세가 3,000만 원 미만 수준이었으니, 강남 아파트 수천 채를 살 수 있는 돈이기도 했다.[5]

박정희에 이어 파쇼 2기 정권을 잡은 전두환은 1988년 서울 올림픽을 유치하며 전 세계에 한강의 기적을 과시하고 정권의 정당성을 확보하고 싶였다. 아시아 최고층 빌딩이라는 상징물은 국가 발전상을 보여주는 효과적인 증거가 될 수 있었다. 대한생명은 처음에는 14층 건물을 계획했다고 한다. 그러나 정권의 의지에 따라 계획이 변경되면서, 민간 기업 프로젝트가 사실상 국가적 프로젝트로 규모가 커졌다.[6]

전두환 정권의 지원은 파격적이었다. 당시 기술로 60층이 넘는 초고층 빌딩을 짓는 것은 수많은 건축 허가와 규제를 통과해야 하는 지난한 과정이었다. 하지만 63빌딩은 착공부터 완공까지 큰 차질 없이 빠르게 진행되었다. 모든 행정적 절차가 일사천리로 진행됐다. 올림픽 선에 완공까지 모두 마쳐야 대대적인 홍보의 그림이 나오기 때문이었다. 국가적 사업에 동원된 기업 입장에서도 얻는 게 많은 장사였다. 각종 금융 혜택과 세금 감면, 파격적인 규제 완화를 받았다. 63빌딩 프로젝트는 정권의 필요와 기업의 이해관계가 맞아떨어진 정경유착의 대표적인 사례였다.[7]

건물이 완공된 1985년 한국의 1인당 국민총소득(GNI)은 2,355달러에 불과했으나,[8] 해마다 기록적인 성장을 거듭했다. 63빌딩의 건물주였던 대한생명의 성장 역시 경제발전의 기세를 압축적으로 보여준다. 1985년 5,357억 원이었던 연간 수입보험료는 30년 후 25배 이상 증가했으며, 총자산은 63빌딩 완공 이듬해인 1986년 12월에 이미 1조 원을 돌파했다.[9]

63빌딩은 햇빛의 각도에 따라 시시각각 변하는 황금빛 반사유리로 외장을 둘렀다. 번영하는 서울의 이미지를 시민들에게 되비춰주는 거대한 거울이라는 콘셉트였다. 1986년 서울 아시안게임 입장권 뒷면에 63빌딩이 인쇄되고, 1988년 서울 올림픽 성화가 이곳에 자리했다.[10] 국가가 공인한 '성공 서사'의 가장 빛나는 아이콘이었다.

하지만 빛나는 기념비의 그림자 속에는, 성장의 부산물을 묵묵히 집어삼키는 거대한 쓰레기 섬 난지도가 있었다. 63빌딩이 압축 성장의 눈부신 성공을 전시했다면, 난지도는 그 과정에서 필연적으로 발생한 어두운 이면을 감당하는 공간이었다. 이 극단적인 공간적 대비가 1980년대 한국 영화에 기록되어 있다.

난지도와 마천루의 시차로부터, 김기영의 〈바보사냥〉(1984)

김기영 감독의 〈바보사냥〉은 정신병원을 탈출한 김강식과 이용익의 여정을 그린다. 꽃과 나비, 토끼와 꿀벌이 가득한 자급자족의 유토피아 '꽃섬'을 찾아 서울을 헤매는 순수한 청년이 주인공인 영화다. 하지만 강식과 용익의 눈에 비친 1980년대 서울은 기만과 폭력으로 가득한 장소다. 〈바보사냥〉은 이들이 겪는 부조리한 노동 현장을 고발하며, 당대 사회의 어두운 단면을 파고든다.

애초에 제작 동기는 대단한 영화적 야심에서 비롯된 것이 아니었다. 제작사가 외화 수입권을 얻기 위해 단기간에 만든 영화였기 때문이다.[11] 당시 관객들 역시 이장호 감독의 〈바보선

〈바보사냥〉(1984)에 담긴 63빌딩과 난지도의 풍경

언〉(1984)이나 배창호 감독의 〈고래사냥〉(1984)을 따라한 아류 작쯤으로 인식했다.[12]

〈바보사냥〉은 당시 완공을 향해가던 63빌딩의 풍경을 어떤 다큐멘터리보다 생생하게 촬영했다는 점에서 역사적 기록물로서의 가치가 있는 영화다. 무엇보다도 강식과 용익의 눈을 빌려 63빌딩을 냉소적으로 바라보는 장면은 서울 올림픽 홍보물과 결정적 차이가 있다.

김강식: 저 건물은 왜 멋없이 높이, 높이만 쳐다보지?
이용익: 처음엔 병균을 뽑을 굴뚝을 높이 세웠는데, 나중에는 집을 굴뚝보다 높이 지었어. 공해를 피해서.

이들의 대화는 63빌딩을 국가적 성취의 상징으로 보는 지배적 시선을 뒤집는다. 정신병원을 탈출한 이른바 비정상인이 누구보다 또렷하게 이 건물의 실체를 직시하고 있다. 강식과 용익에게 63빌딩은 스스로 만들어낸 공해로부터 도피하려는 인간의 어리석고 끝없는 욕망을 보여주는 멋없는 건물에 불과하다.

김기영의 카메라가 포착한 난지도에는 쓰레기 언덕과 넝마주이들의 모습이 담겨 있다. 그 직전 장면이 당산철교 너머로 보이는 63빌딩의 풍경이다. 난지도와 마천루의 연결은 1980년대 한국 사회의 양극화된 현실을 보여준다. 강식과 용익이 찾는 '꽃섬'은 난지도의 옛 이름 중 하나다. 그런 의미에서 〈바보사냥〉의 두 젊은이는 이미 꽃섬 주위를 배회하고 있는 셈이었고, 그들이

꿈꿔온 유토피아는 진즉에 파괴된 뒤였다.

김기영 감독은 난지도를 사회적 비참함을 전시하는 공간으로 바라보지 않았다. 망원 렌즈로 멀리서 찍은 난지도의 풍경은 미하일 바흐친(Mikhail Bakhtin)이 말한 그로테스크한 생명력을 드러낸다. 63빌딩을 화면에 담을 때는 결핍과 공허함이 전해지도록 화면 한복판을 텅 비워놓았다. 반면에 난지도는 쓰레기와 사람, 트럭으로 화면이 빈틈없이 가득 차 있다. 오염된 장소라는 인상은 잠깐이고 분주한 노동이 곧이어 눈에 들어온다. 죽음과 재생, 소멸과 탄생이 동시에 일어나는 양가적 과정, 이를 통해 기존 질서가 해체되고 새로운 생명력이 솟아나는 역동성이 바흐친의 그로테스크 개념이다. 〈바보사냥〉은 난지도를 파괴된 유토피아(꽃섬)로 손쉽게 단정하는 대신에, 파괴된 뒤에도 끈질기게 다른 존재로 변모 중인 현장으로 발견한다. 그래서 그곳의 사람들이라면 종말 이후의 세계에서도 강골로 살아남을 수 있을 것처럼 상상된다. 이런 이야기를 스크린에 옮긴 또 다른 영화 감독이 장선우와 김문옥이다.[13]

난지도라는 대항 기억의 장소

서울 올림픽이 열린 1988년에 장선우의 〈성공시대〉와 김문옥의 〈욕〉이 나란히 개봉했다. 세계의 이목이 서울에 집중된 시기에, 이 도시의 한복판에 거대한 쓰레기 산이 있다는 사실은 어떻

〈산타클로스는 있는가〉(1986. 12. 22)에서 표현한 난지도 넝마주이 삼형제

게든 감추고 싶은 치부였다. 하지만 두 영화는 그 사실을 대놓고 스크린에 담았다.

장선우 감독은 〈성공시대〉 개봉 전에 이미 시나리오 작가와 영화 연구자로 유명했다. 그가 대본을 쓰고 MBC 베스트셀러극장에서 방영한 〈산타클로스는 있는가〉(1986)는 난지도 움막에 사는 순박한 넝마주이 삼형제 일땅, 이땅, 삼땅을 주인공으로 내세운다. 이들은 크리스마스를 맞이해서, 자신들보다 더 불쌍하고 외로운 사람을 찾아 선물을 주기로 결심하고 길을 나선다. 하지만 병원, 고아원, 양로원 등 이들이 찾아가는 모든 곳에서 문전박대를 당한다. 상심하여 난지도의 움막으로 돌아온 이들은, 그곳에서 어느 불쌍한 여자가 아이를 갓 낳은 것을 발견하고 자신들이 준비한 선물을 바친다. 쓰레기로 둘러싸인 장소에서 태어난 아기를 위해 성스러운 예물을 봉헌하는 장면은 이 드라마의 클라이맥스다.

> 일땅, 이땅, 삼땅, 각기 국과 밥과 찬을 하나씩 들고 들어와 소반 위에 올려놓고 상을 그녀 앞에 당겨준다. 마치 아기 예수 탄생을 축하하러온 동방박사들처럼. 그녀와 아기 앞에 싱글벙글하며 둥그렇게 무릎을 꿇고 앉는다.[14]

쓰레기장을 베들레헴의 마구간으로, 천대받는 넝마주이들을 아기 예수의 탄생을 경배하는 동방박사로 격상시키다 장선우는 쓰레기와 성스러움, 비천함과 고귀함의 경계를 허물며 당대 한

〈성공시대〉(1988)는 한국 사회의 속물주의를 풍자한다. 김판촉의 성공과 몰락의 과정이 대기업 면접장에서 난지도 쓰레기장에 이르는 장소의 변화와 함께 전개된다.

국 사회의 속물적 가치 체계를 비판한다.

장선우 감독의 두 번째 영화 〈성공시대〉(1988)는 1980년대 한국 사회의 자기 파괴적 출세주의와 근시안적 성과주의를 신랄하게 풍자한다. 안성기가 연기한 주인공 김판촉은 성공을 위해서라면 도덕, 정의, 윤리쯤은 쉽게 무시할 수 있는 야심가다. 이 영화에서 난지도는 '강변의 쓰레기장'이라는 이름으로 등장한다. 김판촉이 경쟁사의 하이테크놀로지 조미료 설계도를 훔치려고 쓰레기 더미를 헤매는 장면은, 경쟁에서 도태되면 인간과 상품 모두가 쓰레기가 되는 세태를 응시한다.

모든 것이 쓰레기로 뒤바뀔 수밖에 없는 한국 사회를 향한 비판은 영화화되지 못한 시나리오 〈껌〉(1986)에서 더욱 극단적인 형태로 나타난다. 이 작품의 결말에서, 시스템에 편입되지 못하는 귀신(주인공 돌석)과 소외된 처녀(연)는 저승사자들에 의해 문자 그대로 폐기된다.

발사! 소리와 함께 저승 사령들 일제히 기관총을 난사한다. 갈가리 살점이 터져나가듯 총을 맞는 돌석과 연. 연, 돌석의 위에 포개진 채 축 늘어진다. 돌석의 입에서 떨어지는 껌.[15]

이 시나리오는 1980년 5월 광주의 모습을 떠올리게 한다. 집필 시점인 1986년은 전두환 정권의 억압적 통치가 절정에 달한 시기였다.

난지도를 가장 집요하게 화면에 담은 영화는 김문옥 감독의

〈욕〉(1988)은 난지도로 향하는 쓰레기차와 63빌딩의 풍경으로 시작한다.

〈욕〉(1988)이다. 난지도 올로케이션으로 찍은 이 영화는 쓰레기장에서 살아가는 넝마주이 부녀의 비극적 삶을 다룬다. 〈바보사냥〉이나 〈성공시대〉에 비해 여러모로 완성도가 낮지만, 당대 현실에 대한 기록이라는 측면에서 기억될 가치가 있는 영화다. 전체적인 플롯은 뻔하고 연출은 조악하기 짝이 없지만, 난지도에서 실제로 생활하는 넝마주이들의 모습이 생생하게 포착되어 있다. 배우들이 파리 떼와 악취 때문에 고생했다는 촬영 일화는, 열악한 환경에서도 이 공간의 현실을 기록하고자 했던 제작진의 의지를 보여준다.

감각적 치안 체계의 교란

난지도는 1988년 시기의 대한민국이 내세우려 했던 '국가 감각 질서'를 교란하는 불편한 존재였다. '국가 감각 질서'란 지배 권력이 특정한 시각과 청각의 방식을 통해 사회 구성원들의 경험을 규율하는 구조를 뜻한다. 자크 랑시에르(Jacques Ranciere)의 '감각적인 것의 분배(Partage du sensible)' 개념에서 보듯, 권력은 어떤 존재를 지워버리고 그들의 발화를 소음으로 치부하며 감각의 지형을 통제한다.[16]

올림픽은 빛나는 경기장, 환호하는 관중, 역동적인 도시의 활기라는 정제된 감각만을 허용하는 치안 체계였다. 하지만 난지도는 부패의 악취, 쓰레기 더미의 흉물스러운 풍경, 생존 투쟁의 처절한 욕지기로 점철되어 있었다. 이곳은 정권이 원하는 것만 비추려는 상상의 은빛 스크린을 얼룩덜룩 오염시킬 수 있었다. 장선우와 김문옥은 난지도의 억압된 존재감을 스크린으로 끄집어내 관객에게 직면시켰다. 그들은 올림픽의 스펙터클이 지워버린 악취와 오물이 진짜 대한민국의 현실임을 솔직히 이야기했다. 검열의 통제에 질식당하지 않고 보고 듣고 말할 수 있는 감각의 영토를 요구하는 영화적 분투(奮鬪)였던 것이다.

1980년대 난지도를 스크린에 담아낸 영화를 더 찾아보기 어려웠던 것은 아쉬웠다. 이런 영화들은 압축 성장의 공식 역사에 맞서는 대항 기억의 아카이브가 될 수 있기 때문이다.

지금의 난지도는 예전보다 훨씬 더 집요하게 망각에 내몰리고 있다. 난지도의 기억을 봉인하는 흐름은 K-드라마에서 쉽게 발견된다. 제작진조차 자신들이 뭘 하고 있는지 의식하지 못한 채, 그저 좋은 그림을 위한 미술적 선택의 하나로 이 흐름에 합류 중이다. 수많은 K-드라마가 월드컵공원, 특히 하늘공원을 주요 촬영지로 활용한다. 2020년대 K-드라마에서 이곳은 주인공의 낭만적인 데이트 장소나 심각한 고민을 하기에 어울리는 배경 장소로 반복해서 등장한다. 카메라는 은빛 억새밭의 서정적인 풍경과 서울의 화려한 야경을 담아내지만, 땅 아래에 무엇이 묻혀 있는지에 대해서는 침묵한다. 제작진으로서는 그런 문제까지 고려할 이유가 없을 테니 무시라기보다는 무의식에 더 가까워 보인다.

문제 삼고 싶은 것은 개별 드라마의 무심함 같은 게 아니다.

월드컵공원 하늘공원은 K-드라마에서 야경 장면으로 자주 등장한다.
출처: 비짓서울(visitseoul.net)

따져 물어야 할 것은, 인스타그램용 사진에 최적화된 서울, 그럴 듯한 분위기만 포장한 이미지 상품으로서의 도시 표면에 현혹된 우리 문화다. 1980년대나 지금이나 이 도시가 안고 있는 자기 파괴적 모순은 달라진 게 없다. 사람들은 여전히 애써 외면하고, 기억하지 않으려 하고, 감각을 차단한 채 일상을 버틴다. K-드라마 속 근사한 장면들은 현실을 회피하려는 대중의 욕망을 비춰주는 거울일 뿐이다.

  1980년대 서울의 풍경을 필름에 담은 당대 영화의 소중함을 다시 생각해 본다. 오늘날의 대중문화가 장소의 역사성을 지워버린 채 피상적인 이미지 소비에만 몰두할 때, 1980년대의 이 영화들은 화려한 표면 아래 묻혀 있는 진실을 증언하는 목격자가 되어준다. 스크린 속 난지도는 여전히 우리에게 말을 걸고 있다. 발밑에 겹겹이 쌓인 역사의 현실은 차폐된 다른 세계가 아니라 이 도시 어디로 가든 마주칠 수밖에 없는 지금, 여기의 현실이라고.

제3장

쓰레기 처리 제도의 변화와 소비 대중의 기억 문화

기억과 망각, 선택의 경제학

종량제 봉투와 분리수거장, 화장실 배수구와 정화조, 하수종말처리장과 광역 쓰레기 매립장은 쓰레기 기억상실증을 활성화하는 장치들이다. 이것들의 배치와 구성은 어떻게 망각의 인프라로 연결되고 한 시대의 인간형 구성에 개입될까?

모든 기억 수단은 망각의 수단과 일치한다. 가령 종이매체에 기록된 기억은 대량 복제되고 누군가에게 읽혀 증식될 수 있지만, 동시에 쓰레기로 버려져 소각, 매립되기도 쉽다. 플로피 디스크, VHS 비디오테이프 등의 자성 매체는 온도와 습도 변화에 따라 수명이 급격히 감소한다.[1] 여름철 온·습도가 높은 국내 기후에서는 최대 기대수명이 40년이지만, 시장에서 오래전에 사라진 상품인 데다가, 일상적 수요까지 희박한 상태에서 반세기 가까이 보관할 이는 드물다. 사유지는 넓든 좁든 한정된 자산이기 때문이다.

무엇이든 작정하고 보관하려면 일정한 장소를 할애해야만 하고, 이 일엔 경제적 판단이 따르기 마련이다. 사적 소유권의 영역 안에 지정된 기억의 장소는 얼마큼의 크기를 얼마나 오랫동안 보장받을 수 있을까? 사유지 바깥으로 내버려도 될 것의 우선순위도 따져봐야 한다. 이것은 대량 생산과 대량 소비, 쓰레기 배출의 사이클을 반복하며 언제 어디에서나 일어나는 일이다. 기억하고 보관하는 것들보다 망각하고 쓰레기로 내버리는 것의 양이 압도적으로 많다. 지금, 여기의 필요에 부합하는 기억을 만

족할 만큼 추려내기 위해서라도 망각은 기억보다 광범위하게 적용되어야 한다.

디지털 기술이 급속도로 발전하면서 저장매체의 용량이 기하급수적으로 증가했다. 십수 년 동안 축적한 데이터를 클라우드 저장소에 올려놓는 일쯤은 이제는 클릭 몇 번으로 끝날 일이다. 하지만 데이터의 종류와 양이 많으면 많을수록, 실제로 시간을 쏟아 활성화되는 데이터는 줄어든다. 그저 보관될 뿐이다. 클라우드는 비트 뭉치들의 보관소이면서, 언제 찾을지 기약할 수 없는 망각한 정보의 쓰레기장이 된다.

망각의 인프라이자 쓰레기 기억상실증을 매개하는 거대 기계는 쓰레기 매립장이다. 1978년부터 1993년까지 운영된 난지도 쓰레기 매립장에는 도시민의 집단적 생애주기 내내 배출한, 주인을 잃어버린 사물들의 무덤이 층층이 쌓여 있다. 난지도 이후 개장된 수도권 매립지의 크기는 총 1,405만 제곱미터(4개 매립지)에 달한다. 현재와 같은 추세가 근본적으로 바뀌지 않는 한, 쓰레기 매립지의 숫자와 규모는 계속 늘어날 것이다. 하지만 이런 장소 없이는 일상이 유지될 수 없다는 사실조차 사람들은 쉽게 잊어버린다.

알라이다 아스만(Aleida Assmann)은 집단적 기록 저장소인 기록물 보관소에서 '기억'과 '쓰레기'가 어떻게 분류되고 배제되는가를 연구했다. 기록물 보관소에는 폐기 처분되지 못하고 쌓여 있기만 한 기록물이 있고, 이것들은 내부적으로 쓰레기로 취급되지만 '보존적 망각'의 영역에 속하는 것으로 판단해 최종 처분이 유보되어 있다. 이 쓰레기는 후대에 재발견 내지 재해석되어 문화적 영역으로 귀환할 가능성이 있다. 기록물 보관소의 대척점에서 예술가들이 '쓰레기 기록물 보관소'를 만들기도 한다. 그들은 쓰레기로서의 반기억(Antierinnerung)을 작품으로 뒤바꿔 새로운 문화적 기억을 만든다.[2] 두 경우 모두 '쓰레기'를 '기억/망각'의 물질적 반영이자 잠재된 미래의 의식과 사건을 만들어내는 질료로 인식하고 있다.

동시대인들이 무엇을 기억할 가치가 있는 것으로 여기는가의 문제는, 그 시대에 일반화된 인간형의 성질을 파악할 기준점이기도 하다. 아스만이 기록물보관소에서 '쓰레기'로 분류되는 것들을 살펴 기억과 망각의 문제를 다뤘던 방식과는 다른 방향에서, 직접적인 쓰레기 처리 시스템 안에서의 기억/망각의 작동이 어떤 종류의 인간형을 만들고 있는지를 물으려 한다.

프리드리히 키틀러(Friedrich Kittler)는 축음기, 영화, 타자기의 발명이 현대인의 의식과 무의식의 구조화와 불가분의 관계에 있다고 분석한 바 있다. '기억'이라는 개념 역시 새로운 매체의 등장과 함께 재인식되었다.

1800년대에는 전적으로 "영혼의 부차적인 힘"이었던 기억이 80년이 지난 후 최고의 것으로 부각된다. 헤겔의 정신이 진즉에 자신의 역할을 다하게 되자. 이제 막 발명되어 대량 생산 준비도 되어 있지 않던 포노그래프가 다른 모든 매체를 압도하게 되었다. 텐과 스펜서의 누뇌에 대한 메타포에 등장했던 구텐베르크의 인쇄기나 에를

배출
각 가정 및 업소에서
분리배출합니다.

수거
민간대행업체에서
분리수거하여 처리시설에
반입합니다.

처리
처리시설에서
소각, 매립, 압축포장
등을 합니다.

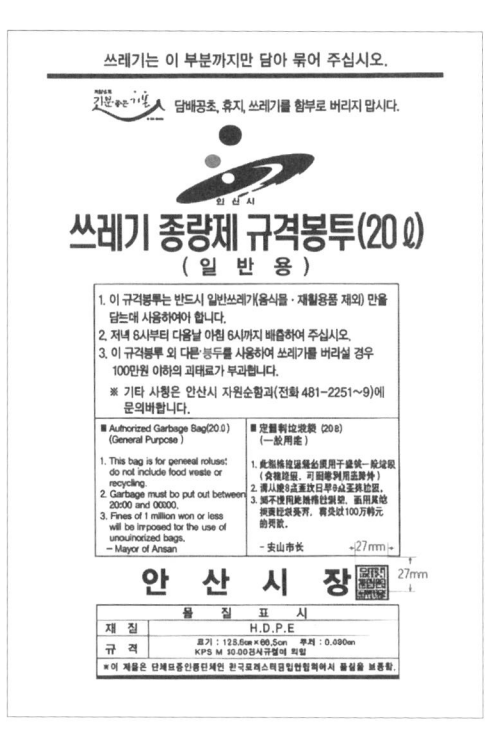

프리드리히 키틀러는 19세기 미디어(축음기, 영화, 타자기)가 인간의 기억을 외부화하고 처리하는 새로운 기록 체계의 등장을 알렸다고 분석했다. 20세기 쓰레기 처리 시스템 역시 '배출-수거-처리'라는 망각의 인프라를 통해 외부화된 기억을 처리한다. 특히 종량제 봉투는 내용물(signal)을 반투명 표면(noise)으로 감싸 익명화함으로써, 사생활의 기록을 누구도 기억하지 않아도 될 대상으로 전환하는 매개체다.

출처: 서울시 기록매체박물관(nl.go.kr)(130쪽 위), 인천대학교 공학교육혁신센터(130쪽 아래), 안산시 환경위생과(131쪽)

리히의 자동 피아노와는 다르게, 포노그래프만이 불연속적이든 아니든 상관없이 보편 기계라면 갖추고 있어야 할 두 가지 활동을 결합할 수 있다. 쓰기와 읽기, 저장과 주사(스캔), 기록과 재생이 그것이다. 원리적으로 (에디슨이 나중에 실용적인 이유로 기록장치와 재생 장치를 분리시키기는 했지만) 포노그래프에서는 흔적을 파내는 바늘과 그 흔적을 따라가는 바늘은 같은 바늘이다.3

1800년대에 등장한 새로운 기억 장치로서 포노그래프의 놀라움은, 우리의 의식에서 이뤄지는 것과는 다른 방식으로 채워진 시그널과 노이즈의 스펙트럼이었다. 포노그래프의 작동을 늦추거나 빨리해서 그 소리를 변조할 수도 있었다. 동시대 발명된 타자기와는 다른 방식으로 기억을 외부화하고 조작/제거하는 방법이었다. 이때부터 인간은 소리의 세계를 포노그래프의 스펙트럼과 특징에서 인지할 수 있게 되었다.

키틀러의 통찰을 쓰레기-기억의 문제에도 응용해 볼 수 있다. '배출', '수거', '처리'로 연결되는 쓰레기 처리 시스템의 흐름은 현대인의 사회적 신체와 정신을 어떻게 구성하는가? 앞의 그림에서 보듯, 키틀러의 세 장치와 쓰레기 처리 시스템에 배치되는 각종 장치는 외부화된 기억이 처리되는 단위로 작동한다. 각 단위에선 보존 가치가 높은 정보인 시그널(기억)과 소거되어도 무방한 노이즈(망각)의 배율과 밀도가 달라진다.

이 글에서 중점적으로 다루게 될 종량제 쓰레기봉투를 예로 들어보자. 현재 보급되는 종량제 봉투는 반투명 색상이다. 사생활 보호를 위해 내용물의 구체적인 정보를 알 수 없도록 디자인되었다. 종량제 봉투의 표면은 해상도가 낮춰진 디스플레이 장치의 화면과 기능적으로 같다. 불투명한 표면(망각/노이즈)이 내용물(기억/시그널)을 감추는 동시에, 표면에 인쇄된 정보에는 다음의 내용이 고지된다. "합법적으로 정당한 요금을 치른 쓰레기이며 담당 행정 구역의 처리 대상임." 같은 지역에서 배출되는 20리터 종량제 봉투는 동일한 정보 코드로 처리된다. 어느 집의 사연을 담고 있든 상관없이 쓰레기는 익명화된다.

이 원칙이 지켜지는 것은 쓰레기 처리 시스템에서 매우 중요하다. 이 시스템에는 우리가 일상적으로 요구하고 수행하는 기억과 망각의 선택, 그 처리 방식이 결합해 있기 때문이다. 사생활의 가장 내밀한 기록인 동시에 누구도 기억하지 않아도 될 것을 처리해주는 공공 서비스가 쓰레기 처리 시스템이다.

여기에 집적된 집단적 기억상실의 장치들을 살펴보기 위해선 쓰레기 문화사의 변동을 살펴야 한다. 이 문제는 주거 환경과 에너지 소비 구조의 변화와 밀접한 관계가 있다. 서울 올림픽 이후 1990년대 초에 이르는 동안에, LPG와 LNG 등의 대체 에너지 난방구조로의 전환이 이뤄지면서 연탄 쓰레기가 빠르게 감소했다. 에너지 소비 구조의 변화만이 아니라 새로운 폐기물 처리 정책인 쓰레기 종량제를 가능케 한 전환점이었다. 1990년부터 1996년까지 매년 10만 호씩 건설된 아파트 역시 새로운 에너지 소비 구조와 쓰레기 정책이 효과적으로 적용될 수 있던 주거 환경이었다. 변화된 주거 환경은 새로운 계급 의식과 소비 대중의 기억 문화 변동으로 이어졌다.

　이 장에서는 한국 소비 대중의 기억 문화와 쓰레기의 상관관계에 접근한다. 거시적인 제도나 담론만이 아니라 구체적인 삶의 장면, 개개인의 정동과 미시적 일상의 세부를 들여다볼 수 있는 텍스트가 하성란의 「곰팡이꽃」(1998)이다. 이 소설은 쓰레기 종량제 시행 원년인 1995년이 배경이다. 하성란의 또 다른 소설인 「옆집 여자」(1999)와 삼풍백화점 사고를 다룬 황지우 희곡 「물질적 남자」(2003)도 소비문화가 개인의 기억과 정동을 어떻게 재편하는지 심층적으로 분석하기 위해 함께 나눈다.

　「곰팡이꽃」에서 가장 눈여겨본 맥락은, 한 남자가 이웃의 쓰레기를 탐닉하는 사건의 출발점이 1995년 1월 1일이라는 사실이다. 그날은 쓰레기 종량제가 전국에서 강제 시행된 날이었고, 「곰팡이꽃」의 주인공은 비규격 봉투에 쓰레기를 담아 버렸다는 이유로 부녀회 여자들에게 망신을 당한다. 전날까지만 해도 큰 문제 없던 행동 방식이 공공의 비난을 받게 된 것이다. 쓰레기 종량제가 강제되지 않았다면 일어나지 않을 소동이었다.

　「곰팡이꽃」은 이 남자가 쓰레기 처리 제도에 적응하고자 자신만의 프로그램을 설정하고 실천하는 과정을 관찰한 소설이다. 그는 이 제도에 반대하거나 반항하지 않는다. 오히려 쓰레기 처리 시스템의 가장 철저한 구성원이 되려 한다. 그렇게 함으로써 쓰레기로 배출되는 기억에 대한 통제력을 회복하고, 이웃의 소비 정보를 전유해 훼손된 자존감을 회복하려고 한다. 쓰레기 속의 기억에 탐닉하는 주인공의 기이한 내면은 예외적인 기행의 영역이 아니다. 거주 공간과 에너지, 생산과 소비, 쓰레기 배출로 이어지는 도시 물질대사의 구조적 변화가 그의 신체와 정동에 반영되어 있기 때문이다.

그렇다면 이러한 구조 변동은 어떤 역사적 조건 속에서 형성된 것일까? 종량제 쓰레기봉투 사용은 왜 더 일찍 시행되지 못하고 하필 그때였을까? 결론부터 말하면, 도시 쓰레기 배출량에서 연탄이 급감했기 때문에 쓰레기 처리 제도의 개편도 가능했다. 이것은 국제 유가 변동과 관련된 문제인 동시에, 새로운 에너지 소비 환경에 대응할 주거 환경(아파트)의 대대적 개편 과정과 밀접한 관계가 있다. 이러한 변화의 속도를 사회와 소비 대중은 수월하게 쫓아갈 수 있었을까? 1980년부터 1995년에 이르는 도시 개발사의 맥락을 「곰팡이꽃」에 대한 직접적인 분석에 앞서 서술해야 하는 이유 역시, 이 소설의 핵심 사건에 집결되는 준원인(準原因)들의 충돌을 추적하기 위해서다.

어떤 소설은 시작점이 성립되는 순간에 하고자 하는 이야기의 매듭이 거의 완성되기도 한다. 왜 이 순간으로부터 이야기가 시작될까? 이 시작점에 이르기 위해 어떤 조건들이 얼마나 오랫동안 끓어올랐던 것일까? 이것은 한 소설을 이해하려는 질문이면서, 우리가 어떤 인간형으로 살아가고 있는가에 대한 문제 제기이기도 하다.

아파트-에너지-쓰레기의 변곡선

1980년대까지만 해도 '쓰레기'를 직접적인 소재로 삼은 소설에는 도시 빈민이 주로 등장했다. 2장에서 다룬 유재순의 『난지도 사람들』(1985), 정연희의 『난지도』(1984)가 있고, 이동철의 『꼬방동네 사람들』(1981)과 『목동 아줌마』(1985)가 있다. 난지도와 목동은 1980년대 쓰레기 문화사에서 가장 중요한 장소다.

유재순과 정연희가 난지도 쓰레기 매립장에 기식해 살아가는 이들의 빈한한 삶을 다뤘다면, 이동철의 소설은 목동지구 개발 과정(1983~1988)에서 벌어진 토지 몰수와 도시 빈민 퇴거 과정을 상세히 기록했다.[4]

1970년대까지의 목동지구는 논밭과 무허가 판자촌이 모여 있던 하층민의 집단 거주지였다.[5] 서울시가 이곳을 개발하며 내세운 명분은 서민주택(10~15평형) 대량 공급이었지만, 올림픽 재원 마련을 위해 고급 아파트(20~58평형) 조성 계획을 추가하는 것으로 수정됐다.[6] 중산층과 부유층의 이해관계에 부합할 수 있어야 돈이 되는 사업이 가능했기 때문이다. 목동 개발로 서울시는 1990년까지 1조 원의 개발이익을 얻었다.[7] 뒤이어 1993년 3월 20일에는 난지도 쓰레기 매립장이 폐쇄됐고,[8] 주변 상암동 일대에선 대규모 아파트 단지 건립과 부도심 개발 계획이 시작됐다.[9]

이 지역에 새로 들어선 아파트 단지는 전화, 전기, 도시가스 등의 기반 시설이 갖춰져 있었다.[10] 각종 물류와 정보, 에너지,

폐기물 관리, 교통의 흐름이 이전 시대보다 체계화되고 일관된 관리 아래 놓일 수 있게 된 것이다.[11] 무엇보다도 도시가스 기반 시설이 확대되면서 가정에서 배출되는 쓰레기 구성을 획기적으로 바꿀 조건이 마련될 수 있었다.

연탄 쓰레기는 1960년대부터 도시 폐기물 관리의 최대 골칫거리였다.[12] 1978년을 기준으로 전체 쓰레기 배출량의 82%가 연탄재였다.[13] 정부에선 25평 이상 신축 주택에선 연탄 사용을 억제하는 정책(1978)을 내놓았지만,[14] 1983년까지 난방용 연료에서 연탄이 차지하는 비중은 해마다 늘어나 74.7%까지 상승했다.[15] 유가(油價)가 비쌌기 때문이었다. 1973년 1차 석유 파동, 1978년 2차 석유 파동, 1980년 이란 이라크 전쟁, 1981년 사우디아라비아의 석유 무기화 정책이 발표되면서 배럴당 41달러까지 폭등했다.[16]

연탄 사용이 줄어들 수 있었던 전환점 역시 1980년대 중반의 유가 붕괴 사태(1985~1986)였다. 주요 산유국들이 생산량을 크게 늘리면서, 유가는 배럴당 최저 5달러까지 내려갔다.[17] 이후 걸프전 시기에 일시적으로 유가가 상승했던 것을 제외하면, 장장 10여 년 동안 저유가 기조가 유지될 수 있었다. 기름/가스 대비 연탄 난방의 경제성이 급격히 낮아진 것이다. 겨울철 난방 연료의 대부분을 차지했던 연탄 수요는 1987년에서 1991년 사이에 25%나 줄어들었고,[18] 1988년에는 전국 363개 탄광 중 244개가 문을 닫았다.[19]

어떤 에너지를 사용하는가에 따라 쓰레기 배출의 구성은 크게 바뀐다. 연탄과 도시가스는 경제적 계급을 구분하는 중요한 척도이기도 하다. 올림픽을 기점으로 정부는 대내외적으로 한국이 중산층 사회에 진입했음을 인정받고 싶어 했다.[20] 1980년대 중반 이후 일단 외형적으로 빠른 변화를 달성한 것은 무시할 수 없는 사실이다. 목동지구와 같은 대표적 빈민 거주지가 아파트 단지로 바뀌고, 연탄 쓰레기가 감소하면서 거리 미관과 위생 환경이 개선될 수 있었다. 에너지 소비의 변화는 도시의 메타볼리즘을 바꾸는 강력한 변수다.

  도시가스 공급 역시 시작부터 계급석이었다. 1970년 10월, 지방에 앞서 서울에서 시작되었고, 동부 이촌동 공무원아파트 지역 3,000가구가 대상이었다.[21] 서울시 토목 조사소의 1977년 통계에 따르면,[22] 쓰레기 구성 비율에서 종이류가 2~3%, 연탄재 등의 타지 않는 쓰레기가 79% 이하면 중산층 마을이라고 한다. 이촌동 공무원아파트는 이 지표에 전형적으로 일치하는 곳이었다. 배출 쓰레기 총량에서 종이류가 4% 이상이면 부촌이며 2% 이하면 빈촌이었다고 한다.

  도시가스 소비는 연탄과 달리 소비자가 어떤 에너지에 주로 의존하고 있는가를 비가시화하는 데 편리하다. 연탄은 소비자가 사용한 만큼 주거지 주변에 적체될 수밖에 없고, 폐기물 처리 절차와 속도, 투입되는 장비와 노동력에 따라서 원하든 원치 않든 반복적으로 그 양을 소비자 자신이 확인하게 된다. 그러나 연소한 도시가스는 배출구 바깥의 대기로 방출된다. 쉽게 버리고 쉽게 잊을 수 있다. 외부 공기의 오염도를 수시로 감지할 수야 있겠지만, 소비자가 직접적으로 관리하는 것은 사유 재산인 실내 공기의 영역을 넘지 않는다. 그 너머는 정부가 어떻게든 책임질 공적 영역으로 설정된다. 두 영역 사이의 경계는 상상적이며, 대기는 일상 세계 전체에 촘촘하고 복잡하게 얽혀 있지만, 무의식처럼 나로부터 타자화된다.

사라진 연탄은 청소 행정에 상대적 수월성을 높였고, 소비자에게는 생활 공간에 대한 새로운 인식의 기회를 얻게 했다. 그리고 대량 공급된 아파트는 이 모든 변화를 이전 시대와의 비교 없이 당연히 여길 수 있는 세대와 계급의 출발점이 되었다.

1995년이라는 임계점

1991년 폐기물관리법이 개정되면서, 쓰레기 분리수거와 재활용품 수거율을 높이는 정책이 확정됐다.[23] 폐지와 플라스틱을 수거하는 재활용 산업이 정책적으로 육성 번창할 수 있게 되면서,[24] 민관(民官)을 잇는 폐기물 산업생태계와 청소 행정이 체계화될 수 있었다. 1995년부터 종량제 쓰레기봉투가 사용될 수 있었던 것도 이 법에 근거한 조치였다.

새로운 폐기물 관리 시스템은 소비 대중의 감각과 의식에 직결된 문제였다. 소비자는 소비의 유쾌한 표면에 집중하고, 그것들이 쓰레기가 되어 어딘가로 이동된다는 사실에 무감해질 수 있길 바란다. 중산층의 증가는 이런 감각과 의식의 대중화를 수

1995년 1월 1일 동아일보에 실린 '종량제 봉투' 의무화 광고

반한다. 하지만 유재순, 정연희, 이동철의 소설에 등장하는 도시 빈민에게는, 쓰레기는 어딜 가든 마주치고 접촉할 수밖에 없어서, 세계 그 자체나 다름없는 만물의 다른 이름이다. 소비의 번지르르한 표면에 대비되는 쓰레기의 이면이 현실성을 잃을 일은 없다. 어떤 계급에 속해 있느냐에 따라서, 자신이 속한 세계로부터 느끼는 실감이 달라지는 법이다.

1988년 1월 경제기획원 조사 통계국의 발표에 따르면,[25] 전국 1만 7,500개 표본 가구를 대상으로 한 조사에서 국민 53%가 자신을 중산층이라고 밝혔다. 1990년대에 이르면, 내핍과 검약을 강조하던 사회 분위기에서 벗어나 새로운 계급성을 드러내는 소비문화가 한층 일반화된다.[26]

소설을 비롯해 대중문화에 투영되는 상상력의 양상 또한 변했다. 자신이 무엇을 소비했으며, 그것이 자신만의 개성과 정체성을 드러내는 기쁨에 어떤 도움을 줄 수 있을까? 소비의 시간에 필연적으로 따라붙을 수밖에 없는 쓰레기화의 과정은 쉽게 무시된다. 무엇인가를 기억하기 위해 쓰고 읽는 것은, 동시에 무엇인가를 쉽게 잊어버릴 수 있도록 사회가 변했음을 묻는 일이기도 하다. 기억과 기쁨은 선택과 집중의 문제이며, 한 개인의 의식적인 노력으로 통제되기보다는, 그를 둘러싼 유무형 장치들의 연쇄와 작용의 총합에서 생겨나는 의식성이다.

그래서 '중산층'이 유행어가 된 1980년대 말 이후 1990년대 중반에 이르기까지, 쓰레기와 쓰레기장을 소재로 다루는 소설은 오랫동안 등장하지 않았다. 새로운 세태에선 그런 이야기보다는 소비와 부에 대한 욕망을 적극적으로 표현하는 것이 자연스러웠다. 도시적 세련미를 풍기는 감수성과 상품에 대한 심미안을 서사의 특장(特長)으로 삼은 하루키(村上春樹) 문학이 1990년대 내내 신드롬을 이어간 것도 무관하지 않다.[27]

한국 문학에서 '쓰레기'가 다시 주목받게 된 것은 한국 사회의 신자유주의화가 본격화된 1997년 IMF 이후였다. 이때를 기점으로 중산층은 두껍게 확대될 수 있는 계급 상승의 중간 지대가 아니라 가혹한 구조조정의 핵심 표적이 된다. 중산층으로 살아간다는 것의 정동이 뒤바뀌게 된 전환기에, 한국 문학에서 '쓰레기'가 재발견된 것이다.

하성란의 「곰팡이꽃」(1998)은 '쓰레기'를 다룬 이전 시대의 소설과 달리 중산층 미혼 남성을 주인공으로 내세운다. 무대는 쓰레기 매립장이나 판자촌이 아니라 소형 아파트 단지다. 주인공과 같은 독신 생활자나 신혼부부, 은퇴한 노부부가 주로 거주한다. 「곰팡이꽃」의 남자는 아파트 쓰레기장에서 쓰레기를 가져와 이웃의 사생활을 프로파일링한다.

남자는 쓰레기봉투를 벌리고 쓰레기들을 집어 올린다. 녹차의 티백 찌꺼기와 두꺼운 오렌지 껍질, 다이어트 코카콜라, 모두 다 저열량의 음식들뿐이다. 돌돌 말린 비닐백을 들어낸다. 미모사 향의 섬유 유연제다. 미끌미끌하게 썩은 밥풀들이 달라붙어 있지만 시큼한 악취 가운데서도 비닐백에서 상큼한 향기가 난다. 남자가 복도에서 맡았던 그 냄새다. 쓰레기봉투 밑바닥에 손도 대지 않은 생크

림 케이크가 문드려져 있다. 하얀 우윳빛 생크림이 군데군데 벗겨진 사이로 포도 시럽이 잔뜩 발린 삼단 케이크가 드러나 있다. 그 위에 하늘하늘하게 곰팡이꽃이 피어 있다.28

그는 이 정보를 이용해 범죄를 꾀하려는 게 아니다. 그가 원하는 건 정보에 대한 통제권이 전부다. 연애나 결혼에 대해선 자신감보다는 낭패감에 사로잡히기 쉬운 타입인 데다, 돈을 많이 벌어 부자가 되려는 욕망마저 희박하다. 부모나 형제와의 유대감도 거의 없다.

그의 사유지는 이웃들의 쓰레기를 뒤지는 목적에 맞춰 사용될 뿐이다. 가족이나 지인의 방문에 대비하거나 누군가와 동거할 계획 같은 것도 없다. 이웃이 쓰레기를 버리며 망각한 기억 정보를 전유(專有)하는 일에 날이 갈수록 중독된다. 그래서「곰팡이꽃」은 인간 주인공과 함께 비인간 주인공인 쓰레기와 쓰레기 종량제 봉투에 대한 소설로 전개된다.

이 모든 집착과 중독이 시작된 출발점은 1995년 1월 1일로 거슬러 올라간다.「곰팡이꽃」은 IMF 이후의 시점(1998)에서 1995년 새해 첫날을 되돌아보고 있다. 왜 하필이면 1995년이었을까? 과거는 현재를 비판적으로 상대화할 수 있는 서로 다른 기준의 좌표가 될 수 있다. 특정 시기를 기점으로 이전 시대에 없던 제도나 사물이 급격하게 확산하였다면, 그때를 기준점의 하나로 삼을 만하다. 쓰레기 종량제 봉투는 1995년 이후의 한국 사회에서 무엇이 되었고, 이것과 더불어 소비 대중의 일상과 사회에는 어떤 변화가 생겨났을까? 당시 쓰레기 문화의 흐름은 쓰레기 종량제 봉투에 담지 않게 된 쓰레기와 밀접한 관계가 있다.

한 번 더 아파트-에너지-쓰레기가 연결되는 변곡점의 양상을 1995년 전후로 되짚어보자. 한국 사회는 준비가 된 상태로 이 변화에 진입했던 것이 아니었다. 1990년대에 들어서면서, 도시가스 공급이 전국으로 확대될 수 있었지만 위험 관리에는 치명적인 문제가 있었다.[29]

첫 대형 사고는 서울 마포구 아현동 도시가스 폭발 사고(1994. 12.7)였다. 이 사고로 사망자가 12명, 부상자 101명, 건물 145동 피해, 차량 92대 손실, 이재민 210세대 555명 등 엄청난 손실을 초래했다. 사고 당일부터 3일간 야간 전기공급이 중단됐고, 엄동설한에 가스공급이 열흘이나 끊겼다. 연탄 난방이 주를 이루던 시절에는 없었던 대형 사고였다.

사고의 원인은 지하 매설물 관리 부실이었다. 도시 인프라의 지중화(地中化)는 선진적인 지상 공간 관리와 경관 개선에 꼭 필요했지만, 운영 주체의 안전 의식과 관리는 주먹구구식이었다. 파이프와 전선 매립 상황을 통제할 체계적인 지리정보시스템(GIS)이 부재했기 때문에, 어느 깊이에 정확히 뭐가 매설되어 있는지는 땅을 파봐야 알 수 있었다.[30] 이전 시대보다 경제 규모가 커지고 중산층 인구가 증가했을지 몰라도, 겉모양만 번듯하게 흉내 낼 뿐 사회 전반의 내실은 부실하기 짝이 없었다. 1995년은 개발독재 시절의 도시 관리 시스템이 한계에 부딪힌 시기였다.[31]

1995년 4월 28일에는 대구 달서구 상인동에서 도시가스 폭발 사고가 일어난다.[32] 이때에도 원인은 같았다. 규정을 어기고 1미터 이하 깊이로 매설된 가스관을 백화점 공사 인부가 파손했고, 신고를 전달받은 대구도시가스(현 대성가스)가 대처에 즉시 나서지 않고 우왕좌왕하는 통에 참사를 막지 못했다. 이날 폭발로 불기둥이 50미터나 치솟고 400미터에 달하는 건설 현장이 붕괴했다. 사상자는 101명, 재산 피해는 540억 원에 달했다. 두 사건 이후에야 지하 매설물에 대한 GIS 전산화가 급하게 진행될 수 있었다.[33]

중산층과 부유층을 대상으로 하는 고급 백화점도 부실 공사와 부정부패, 안전불감증의 예외가 아니었다. 1995년 6월 29일, 삼풍백화점이 무너졌다. 이곳은 현대백화점 압구정 본점, 대치동 그랜드백화점 강남 본점과 함께 강남 3대 고급 백화점이었다.[34]

사고 현장에서 발생한 3만 3,849톤의 백화점 잔해를 처리할 장소는 서울 안에 단 한 곳뿐이었다. 1993년에 폐쇄된 난지도 쓰레기장이 일시적으로 재개장했다. 김포에 새로 생긴 수도권 매립장으로 보낼 순 없었다. 건축물 폐기물 처리 비용이 20억 원이나 들어서 예산상의 부담이 컸을 뿐만 아니라,[35] 서울시 전체에서 매일 배출되는 3만 2,000톤의 쓰레기가 매립되는 와중에, 사고 원인 조사와 실종자 시신 수색을 진행할 수 있도록 잔해를 관리하기도 어려웠다. 난지도로 옮겨진 잔해는 수색이 쉽도록 1만 5,000평에 넓게 분산해서 옮겨 놓았다. 삼풍백화점 실종

1995년 6월 29일 삼풍백화점 사고 현장

출처: 국가기록원

난지도에 버려지는 삼풍백화점 사고 폐기물
출처: 민주화운동기념사업회 오픈아카이브

자 가족과 경찰, 작업 인부, 공무원 189명은 쓰레기 더미를 뒤져 9구의 유골과 910점의 유류품을 찾았다.[36]

강남 한복판에 있던 부의 상징이 하루아침에 쓰레기 산으로 바뀌고, 일상의 안전과 지속 가능성을 지탱할 공공 인프라는 성수 대교에서 도시가스 관리에 이르기까지 후진성에 찌들어 있었다. 중산층 인구가 늘어나면서 선진국 수준의 사회 관리에 대한 기대가 컸지만, 김영삼 정부는 그만한 수준을 감당할 실력이 없었다.

공공 서비스의 구조적 부실은 사유 재산 영역에 대리 보충할 것을 사들여 채워 넣는 방법으로 해소해야 했다.[37] 돈으로 사서 해결할 것들이 즐비한 시장은 정부보다 유능하고 소비자 요구에 기민하게 반응했다. 하지만 그 시장조차 1997년 IMF 경제 위기로 대혼란을 피할 수 없었다. 물질적 풍요가 일평생 계속되고 계급 상승에 연이어 성공하길 바라는 중산층의 판타지는 짧은 경제 호황기에나 대중을 매혹할 수 있었다.

실상은 모든 것들이 쓰레기가 되고, 모든 장소가 쓰레기장으로 바뀌는 세계에 갇혀 있을 뿐이었다.[38] 과거 난지도 쓰레기장의 빈민들만이 내몰렸던 절망과 불안이 아니다. IMF 이후 신자유주의 20년 세월을 거치면서, 우리가 도달한 세계는 겉만 화려한 파국의 한복판이다. 이제는 폭발 사고가 아니라 합법적인 개발 사업과 구조조정에 의해 오랜 마을 공동체와 일터가 통째로 쓸려나가 쓰레기 더미가 되고 만다. IMF 경제 위기 이후 노동시장 유연화 정책이 합법화되면서 생겨난 비정규직은 사용자의 경영상 필요에 따라 쉽게 쓰고 버려진다. 경제 논리가 최우선시되는 체제에서, 쓰레기와 쓰레기 아닌 것을 구분하고 처분을 결정하는 기준은 자본과 국가 권력에 좌우되고 있다.

  1995년은 만성화된 이 모든 파국의 임계점이었다.

외부화된 기억의 모듈, 쓰레기 종량제 봉투

「곰팡이꽃」은 쓰레기가 처리되는 장소와 사유 재산의 경계가 교란되는 소설이다. 이 이야기에서 첫 번째 경계의 교란은, 쓰레기 종량제의 본격 시행이다. 1995년 1월 1일로부터 이틀 전, 남자는 비규격 봉투에 쓰레기를 버렸다. 이걸 아파트 부녀회에서 찾아내 남자의 집으로 되돌려보냈다. 종량제 봉투 사용을 어긴 거주자를 색출하려고 부녀회에서 행동에 나서는 일은 이 무렵 종종 벌어진 소동이었다.[39]

  부녀회 여자들은 쓰레기를 이 잡듯 뒤져서 신상 정보가 될 만한 것을 찾았고, 수지침협회에서 보낸 우편 봉투의 수신 정보를 읽어 남자의 주소와 이름을 알아냈다. 게다가 훨씬 더 내밀한 사생활까지 노출된 뒤였다. 짝사랑하는 여자에게 보내지 못한 편지글까지 공개적으로 탐색당했다. 부녀회 여자들에게 망신과 경고를 당한 이후, 남자는 복수하듯 이웃의 쓰레기를 탐닉하기 시작한다. 그로서는 훼손된 자존감을 회복하고 수치심을 극복할 가장 좋은 방법이 정보 우위에 서는 것이었다.

부녀회는 비규격 봉투 사용을 단속하기 위해 쓰레기를 뒤졌지만, 규격 봉투에 담긴 쓰레기에 손을 댈 이유는 없었다. 하지만 남자가 원한 것은 정보다. 아파트 거주민들이 쓰레기에 남긴 소비 이력과 물질화된 기억의 편린을 알아내기 위해 규격, 비규격을 가리지 않고 100개가 넘는 쓰레기봉투를 뒤져 기어이 90가구 전체의 소비 취향을 알아낸다.

이 남자가 정보에 대해 갖는 믿음과 환상은 다분히 병적이다. 더 많은 정보를 장악할 수 있다면, 짝사랑하는 여자가 다른 이와 결혼하는 것을 막고 관계의 주도권을 뺏어 올 수 있다고 생삭했을 지경이다. 부녀회에 들킨 연애편지도 그런 목적으로 쓰다 만 것이었다. 그러니 수치심은 이만저만한 것이 아니었다. 누구에게도 들키고 싶지 않았던 자신의 외설스러운 민낯을 들켰기 때문이다.

이 남자는 평정심을 잃고 마구잡이로 쓰레기를 뒤지지 않는다. 횟수가 늘수록 쓰레기 탐색에 전문성을 높였다. 자신의 방법이 '가볼러지(gabology)'라는 사회학 수법과 일맥상통한다는 사실도 알게 된다.[40]

쓰레기를 다루는 남자의 원칙은 크게 '배출', '수거', '처리'의 3단계로 구성된 폐기물 처리의 공식적인 프로세스를 모방하고 있다.[41] 공식적 배출과 수거 과정 사이에 남자가 개입하는 수거-처리-배출의 회로가 덧씌워진다. 자신의 개입을 이웃에게 들키지 않기 위해 어둡고 인적 없는 새벽 시간에 쓰레기를 채집하고, 자기 집 목욕탕에 가져와 정보를 분석했다. 작업을 마친 뒤엔 쓰레기봉투에 담아 분리수거장으로 되돌려보낸다. 악취와 오물에 오염된 목욕탕을 관리하기 위한 청소도 철저히 한다.

 남자는 습득한 정보를 자기만족과 도취에서 끝낼 뿐, 범죄에 이용하거나 다른 사람에게 발설하지 않는다. 옆집 여자에게 각별한 관심이 생겼을 때도, 쓰레기를 매개로 상대방의 행동을 유도하고 추측하되 직접적인 접근은 절제한다. 옆집 여자가 이사를 떠나면서 절제가 수동적으로 유지될 수 있었던 측면도 있다. 이 또한 쓰레기 수거, 처리를 담당하는 공공 서비스 노동자에게 어떤 수준의 직업윤리를 기대하는가를 생각하게 한다.[42] 쓰레기를 버릴 때마다 사람들이 사회에 기대하는 것을 이 남자는 체험적으로 재확인하려는 듯하다. 그는 쓰레기를 통해 얻게 된 정보를 스스로 통제하며, 자신에게서 배출되는 쓰레기에 대한 한층 더 높은 수준의 권리를 획득한다. 이를 통해 자기 쓰레기에 담긴 외부화된 기억만큼은 누구에게도 간섭받지 않고 잊어버릴 수 있다는 믿음을 회복한다. 쓰레기 처리의 공공 프로세스를 해킹해서 자신의 요구에 맞춰 재구성·재설계한 셈이다.

 쓰레기봉투 실명제를 시행했다면 이 남자의 기행은 어찌 됐을까? 실제로 전국 행정 단위에서 배출자의 이름과 연락처를 적는 실명제가 추진되긴 했다.[43] 하지만 사생활 침해와 범죄에 악용될 수 있다는 민원이 빗발쳤고, 남성보다 여성의 피해가 심각할 수 있다는 이유로 시범 시행과 중단이 반복됐다.[44]

 이 와중에 쓰레기 배출량은 계속 늘었다. 1997년에는 정부에서 '쓰레기와의 전쟁'을 선포할 지경에 이르렀고 이때에도 '실명제'의 필요성이 제기됐지만,⁴⁵ 개개인의 사생활을 침해하며 제도 운용을 중시할 수 있는 시대는 끝난 뒤였다. 종량제 봉투가 불투명에 가까운 반투명 색깔로 정해지는 과정 역시 사생활 보호의 원칙이 반영됐다.⁴⁶ 내용물이 보이는 투명 재질이었다면 일반 쓰레기와 재활용 쓰레기를 섞어 버리는 행위를 줄일 수 있겠지만, 사생활 보호보다 우선될 수 없었다. 실명제와 투명한 재질에 반대하는 담론에 직면할수록, 쓰레기 처리 제도의 본령이란 위생 관리나 환경 정화에만 한정될 수 없다는 것이 분명해졌다.

쓰레기는 단지 오염되었다는 이유로만 버려지지 않는다. 이것들은 개개의 삶이 기록된 가장 은밀한 흔적들이면서, 동시에 아무도 기억할 필요가 없는 것들로 취급받아야 한다. 시민이 정해진 규격의 배출 봉투를 구매하는 행위 또한 합법적인 폐기물 처리를 위한 것만이 아니라, '망각될 권리'를 확보하는 과정이다.

쓰레기봉투의 불투명한 표면은 내용물의 시각 정보(signal)를 뭉개고, 개개의 쓰레기봉투는 '수거(분리수거, 처리시설 반입)'와 '처리(소각, 매립, 압축포장)' 과정에 적합하도록 기준화된 양적 단위(module)로 취급된다.⁴⁷ 다시 말해, 공공행정에서 관리하는 폐기물 처리 시스템이란 배출자의 '외부화된 기억'을 익명화하고 눈에 띄지 않도록 처리해서, 일상적 망각이 반복적으로 완수될 수 있도록 지원하는 일이 된다.

그렇다면 쓰레기로 배출되지 않고 기억해야 할 것으로는 무엇이 남겨지는 걸까? 하성란은 「곰팡이꽃」에 이어 이듬해 발표한 「옆집 여자」(1999)에서 외부화된 기억의 문제를 예리하게 포착한다.

「옆집 여자」의 주인공 여성 역시 「곰팡이꽃」의 남자와 마찬가지로 아파트 거주민이다. 이 여자는 심각한 기억상실증을 앓고 있다. 증상이 악화할수록 마트에서의 소비에 집착하고 도벽 충동을 억누르지 못한다. 이 여자는 마트에서 늘 해오던 패턴화된 행동에 몸을 싣는다. 마트에 진열된 상품들은 여자의 일상 안에 들어올 수 있는 '외부화된 (예비) 기억'이자 '예비 쓰레기'들이다. 이곳에선 살림살이의 위치를 잊어버릴까 봐 불안해할 필요가 없다. 소비(또는 도둑질)로 이어지지 않는 한 이 상품들은 모두 잠재된 가능성에 불과하다. 여자는 롤러블레이드를 사은품으로 받아 아이에게 주려 한다. 쿠폰의 목표 총액인 100만 원을 떠올리며 부유하듯 마트를 배회하지만, 결국 가족에 대한 기억마저 흐릿해진 상태에서 소비와 상품만이 기억할 수 있는 사건과 대상으로 남는다. 「곰팡이꽃」의 남자가 이웃의 쓰레기로부터 알아낸 정보 대부분이 소비 패턴과 취향이라는 점과 연결되는 대목이다.

내 몸은 정말 남편 말처럼 허공에 떠 있나 봐요. 허방을 밟는 것 같아요. 명희는 일종의 강박신경증이래요. 하지만 분명히 희망 쇼핑의 여주인은 날 의심하고 있습니다. … 나는 그사이 잡화 코너 쪽으로 왔어요. 내 눈앞에는 훔칠 시에는 백배 보상해야 함이라고 적힌 종이가 붙어 있어요. 이런 건 그저 허수아비일 뿐이라고 명희가 말했잖아요. 웃으면서 소리 내어 중얼거려봅니다. 명희처럼 철 수세미를 살짝 등을 돌리면서 재빨리 철 수세미를 브래지어 속에 넣었습니다. 짜릿했죠. … 이제 만 원짜리 한 장만 더 받으면 롤러블레이드와 바꿀 수 있습니다. 롤러블레이드 이야기를 꺼내자마자 아이가 신이 나 겅둥거립니다. 돈을 지불하고 만 원짜리 쿠폰까지 챙겼습니다. 가게 문을 나서려는데 별안간 여주인이 내 앞을 가로막았어요. 쇼핑백 안에 든 물건 좀 보여주실래요?[48]

남자는 수첩을 뒤적이며 며칠 전 쓰레기봉투에서 발견한 왼손 고무장갑이 적힌 페이지를 찾는다. 3월 23일. 제일제당 비트(750그램), 쿨 담배, 코카콜라, 농심 새우탕면, 마미손 고무장갑(핑크, 왼손) 상표와 색깔까지 똑같다. 이렇게 되면 의심할 여지가 없다. 한 집으로 묶는다.

그 또는 그녀는 오비라거와 코카콜라를 즐겨 마시고 쿨 담배를 피우며 새우탕면을 좋아한다. 그 또는 그녀는 왼손잡이고 머리카락이 긴 여자거나 흑인 장발의 남자다. 이렇게 추론하는 것은 쉽다. 초콜릿이나 과자 봉투, 종이 기저귀 따위가 발견되지 않는 것을 보면 그 집에는 현재 아이가 없다. … 텔레비전에서 선전하는 신제품의 상품들에 민감한 언제나 젊은 사람들이다. 그들에게는 아직까지 모험심이 남아 있다. 포장이 화려하고 열대지방의 과일이 섞인 펀치류의 음료수도 망설이지 않고 구입한다. 양이나 크기에 비해 값비싼 물건들을 구입하는 것도 그들이다. 그동안의 자료를 가지고 통계를 낸 적도 있다. 이 아파트에 사는 여자들은 손을 보호하는 성분이 들어간 고급 트리오를 쓰고 직장 여성이 많은 까닭인지 린스 겸용의 샴푸를 쓰며 양날개가 달린 생리대를 쓴다.[49]

소비와 노동의 시간은 일상을 반복적으로 구성하는 가장 선명한 두 축이다. 「곰팡이꽃」과 「옆집 여자」에 묘사되는 인간형은 오직 이 두 축의 한계 안에서만 존재한다. 그래서 이들은 어떤 사고와 행동 능력에 무능해진 걸까? 이들을 일반인과는 차이가 있는 특수한 사례로 취급해도 되는 걸까?

「곰팡이꽃」의 남자는 이 세계의 진실이라도 각성한 듯 우쭐거리지만, 그가 하는 일이라고는 끝내 쓰레기가 되고 마는 상품들의 행렬을 주시하며, 사물들이 어떤 이들을 스쳐 지나갔는지 헤아려볼 뿐이다. 직장 생활, 연애, 이웃 관계 무엇 하나 개선하지 못하고 쓰레기를 향한 집착만이 또렷해진다. 그리하여 의식(儀式)의 마지막 단계에선 규격 종량제 봉투에 쓰레기를 쓸어 담고, 쓰레기 처리 행정과 집단적 기억상실증의 원활한 작동에 복무한다.

그의 쓰레기 탐닉이 계속될 수 있는 것도, 집 안으로 끌어들인 쓰레기를 언제라도 공식적인 시스템으로 되돌려보낼 수 있기 때문이다. 이웃의 외부화된 기억을 수집하는 행위는 그에게 '자신은 알지만 타인은 모른다'는 정보 비대칭의 우월한 위치를 부여한다. 바로 이러한 위치 때문에 그는 자신의 쓰레기가 온전히 처리될 수 있다는 믿음을 유지한다. 대량 생산과 대량 소비의 순환이 멈추지 않는 한, 쓰레기 배출이 멈추는 일도 없다. 정보 비대칭을 유지할 기회 역시 계속 생긴다. 따라서 그는 결단코 이 시스템의 중단이나 해체를 원하지 않는다. 오히려 이 시스템과 내밀하게 합일되길 원한다고 해도 틀린 말이 아니다. 쓰레기를 배출할 때만큼은 일반 소비 대중과 이 남자 사이에 차이점이 없다. 그들 모두에게 필요한 것은 쓰레기 기억상실증이며, 망각의 인프라가 온전히 일사불란하게 작동되기를 바란다.

시인이자 극작가인 황지우가 삼풍백화점 사고를 소재로 발표한 희곡 「물질적 남자」(2003)도 쓰레기와 기억 편집술의 문세를 다루고 있다. 작품 말미에 삼풍백화점 희생자를 기리는 애도사가 적혀 있긴 하지만, 유가족들이 이 작품을 접했다면 시종일관 모욕당하는 기분이 들었을 것이다. 치정 관계에 있던 미성년자 소녀에게 줄 선물을 사려고 삼풍백화점에 들렀다가 비명횡사한 사내가 주인공이기 때문이다. 그가 미망인이 된 아내에게 꼭 전하고 싶은 말은, 그때 백화점에서 아내 선물도 사려 했다는 변명이다. 그를 저세상으로 데려가는 도인은 모든 게 자업자득이라고 비아냥거린다.

사내는 백화점 붕괴 현장 지하에 혼백 상태로 머물러 있다. 소녀와 질펀한 정사를 벌였던 추억에 몰두하며 8년 동안이나 그 자리를 벗어나지 못했다. 그의 아내는 사고 직후에 남편의 치정을 알게 됐다. 소녀의 어머니를 직접 대면하는 망신과 치욕까지 겪었다. 그런데도 아내는 그를 미워하기는커녕 그리움을 놓지 못한다. 월드컵공원(난지도)에 수시로 찾아가는 이유도 땅속에 남편의 시신 조각이라도 있을지 모른다는 미련 때문이다.

극의 전체적인 분위기는 몽환적이고 사내의 의식과 언어도 분열되어 있다. 어디까지가 사내의 상상된 기억이고 현실인지도 불분명하다. 애도하는 아내의 형상은 그의 상상 속에서 편집된 존재로 보인다.「물질적 남자」는 사회적 참사에 대한 성찰과 애도 어느 쪽에도 성공하지 못했고, 애초에 그걸 목적으로 한 것도 아니라고 판단된다.50 비루하기 짝이 없는 사생활을 살아온 중년 남자가 자기 위로에 적합한 상태에서 선택적으로 기억을 편집하는 과정을 보여줄 뿐이다. 그런데도 굳이「물질적 남자」를 쓰레기 문화와 함께 톺아보는 이유는, 원하는 상태에 이를 때까지 기억을 재단(裁斷)하는 주인공 사내의 과도한 집착 때문이다. 삼풍백화점과 난지도 매립장으로 연결되는 극의 무대도 편집된 기억의 표상을 보여준다.

그는 왜 소녀의 선물과 함께 아내의 선물도 사려 했을까? 그가 산 중국산 블라우스는 심리적 안정을 얻기 위한 도구에 지나지 않았다. 아내 것도 샀으니 덜 미안해진 것이다. 의식과 감정의 상태를 조율해 목전의 욕망에 몰두할 방법이 그에게는 소비였다.「곰팡이꽃」의 남자의 경우는, 타인의 소비를 쓰레기를 통해 역순으로 추적하며 자기 세계에 안착할 수 있었다. 그와 비교하면「물질적 남자」의 주인공은 우회하지 않고 원하는 것을 얻는다. 그게 가능한 인간형이란 아무래도 낯설지 않다. '삼풍'이 아니라 '물질적 남자'로 표제를 정한 건 그런 의미에서 적합했다.

사실은요… 1995년 6월 29일 오후 5시 15분쯤 백화점을 나왔었습니다. 물론 소녀의 생일 선물을 사들고요. 그런데 그때 문득 아내 생각이 났습니다. 왜 그랬는지는 알 수 없지만요. 그래서 다시 백화점으로 들어갔드랬죠. 같은 디자인에 색상만 다른 보라색 중국산 실크 블라우스 하나를 더 샀던 겁니다. 그때가 5시 18분? 19분쯤 됐을 거예요. 초여름인데도 백화점 안은 에어컨이 작동이 안 되어 후덥지근했구요. 평소보다 뭐가 굉장히 어수선했어요. 그리고는 잠시 후 뭔가 뻥 터지는 굉음과 함께 건물 안으로 폭풍이 몰아치더니 저는 이 지하로 떨어진 것입니다. 그린데 이상하게도 이 보라색 블라우스만은 아직까지 제 손에 남아 있답니다.[51]

「물질적 남자」는 지하에 매장된 쓰레기를 주시하며 끝난다. 중국산 실크 블라우스는 사내의 외부화된 기억이지만, 아내에게 돌아갈 수 없고 누구에게도 해독(解讀)될 수 없는 쓰레기에 지나지 않는다. 그래서 사내의 아내가 공원을 찾는 장면에선, 억지 애도가 아니라 발밑에 매장된 1억 1,050만 톤의 쓰레기를 상기할 필요가 있다. 거기에는 1995년 삼풍백화점 사고의 잔해와 더불어 1978년부터 1993년까지 서울 시민의 외부화된 기억이 매장되어 있다. 이런 세계를 만들어내는 우리 시대의 인간형을 대체 뭐라 불러야 할까?

　이것은 괴담이나 일탈적 범죄가 아니라 우리의 일상이다. 대량 생산과 대량 소비, 쓰레기 처리로 이어지는 사이클에 쓰레기 기억상실증과 망각의 인프라가 회전하고 있다. 우리 자신과 이 세계의 실체를 직시할 수 있다는 것은, 무엇으로부터 변해야 하고, 그것이 어디에서 불가능하거나 가능한가를 생각하게 되었음을 의미한다.

 이런 각성은 수치스럽고 비루한 자신의 민낯을 대면하는 일만큼이나 곤혹스럽다. 그런데도 필요한 까닭은 극히 현실적이다. 누구 또는 무엇인가를 쓰레기로 규정하고 처리하는 심급(審級)에는 복잡하고 거대한 권력의 작동이 존재하기 때문이다. 그것들은 너무나 압도적인 힘으로 현실을 구성하지만, 또 한편으로 어처구니없이 무능해서 사회를 파국으로 몰아간다. 그러니 살아남기 위해서 쓰레기 문화의 이면과 대면할 용기를 내지 않을 수 없다.

쓰레기 기억상실증과 유물론적 정신분석

한 인간의 신체와 정동에는 거주 공간과 에너지, 생산과 소비, 쓰레기 배출로 이어지는 도시 물질대사의 구조적 변화가 반영된다. 그런 의미에서 정신분석이란 언제나 유물론적일 수밖에 없고, 무의식 역시 유무형 장치들의 연쇄와 작용의 총합에서 생겨나는 외부화된 의식성과 다르지 않다.

 망각의 인프라는 개인의 정신에 개입하여 새로운 행동 양식을 만들어낸다. 하성란 소설의 인물이 이웃의 쓰레기에서 정보 우위를 확보하려 하거나, 상품 구매를 통해 심리적 안정을 얻으려는 시도가 그 단적인 예다. 이들의 행동은 대량 생산-소비-폐기라는 사회적 순환 고리가 추동하는 '쓰레기 기억상실증'의 구체적인 발현이다.

유물론적 정신분석은 이 지점을 파고든다. 거주 환경, 에너지 소비 구조, 폐기물 처리 시스템과 같은 물질적 조건이 인간 내면과 행동 양식을 어떻게 구조화하는지 추적하는 작업이라고 정의할 수 있다. 이를 통해 개인의 병리적 증상으로 치부되기 쉬운 현상이 실은 사회의 물질대사 변화에 대한 신체적 반응임을 드러낼 수 있다.

분석 대상을 확장해 보자. 이후에 이어질 5장에서는 '저장 강박증(compulsive hoarding syndrome)'에 사로잡힌 이들의 이야기를 고찰하려 한다. 쓰레기가 처리되는 장소와 사유 재산의 경계가 극단적으로 교란되는 사례다. 이 문제는 뜻밖에도 도시 재개발 사업과 밀접한 관계가 있다. 대규모 생활권이 쓰레기 취급을 받고 해체되어 아파트 단지로 재개발되는 과정은 지난 수십 년 동안 반복됐다. 이 세계에서 생존하려면, 경제성에 따라 사물을 재빨리 판별하고 효율적으로 이윤 추구에 몰두하는 의식 체계에 익숙해져야 한다. 저장 강박증은 이 문제에 대한 과잉 적응이면서 또 한편으로는 자해하는 저항이기도 하다.

'저장 강박증'과 함께 '살처분'은 쓰레기 기억상실증 연구의 매우 중요한 과제의 하나다. 이어지는 4장에서 자세히 다루게 될 것이다. 우리는 감당하지 못할 것들을 쓰레기로 버리고 빨리 잊어버린다. 해마다 반복되는 가축들의 살처분도 그중 하나다.

코로나 팬데믹이 온 세계를 휩쓸었던 시기에도 돼지열병과 조류 인플루엔자가 창궐했다. 병에 걸린 인간들의 숫자를 세는 일에 사회적 관심이 집중된 탓에, 가축을 휩쓸고 간 죽음의 행렬은 쉽게 잊어버릴 수 있는 상태로 방치됐다.

지난 10년간 한국에서는 남한 전체 인구의 몇 배에 달하는 가축이 살처분됐다. 참고로 나치에 희생된 홀로코스트 희생자의 수가 600만 명이다. 사람에게 벌어진 일이라면, 문명이 유지되는 한 절대로 잊어선 안 될 비극으로 기억됐을 것이다. 살처분 대상 가축의 대부분은 치료제를 쓰면 충분히 살릴 수 있는 생명이지만, 시장에 유통할 수 없는 상품이 된다면 살려둬야 할 이유가 없게 된다. 방역과 경제 논리 모두를 붙잡을 손쉬운 해결책은 모조리 쓰레기로 취급해 땅에 묻는 것이다. 불투명한 땅의 표면은 지하에 매장된 것들을 종량제 쓰레기봉투처럼 감춘다. 우리가 발을 딛고 선 어디라도 기억상실증의 표면이 아닌 곳이 없다. 그리고 이런 현실을 애써 기억하려는 문학을 찾아야 한다.

이런 문학은 소비의 기쁨을 방해한다. 어떤 현재를 살아가든 과거로부터 켜켜이 쌓인 쓰레기 더미 위를 벗어날 수 없고, 우리가 손에 쥔 신상이 제아무리 고급스러워도 결국에는 쓰레기가 될 운명이기 때문이다. 소비의 기쁨은 과거를 단절하고 미래로부터 충분한 거리를 뒀을 때 한층 증폭된다. 우리가 욕망하던 것을 구입하고 밝게 웃을 때, 그 미소의 뒤편에 도사린 공허함을 쏘아보는 문학을 외면해선 안 된다.

모든 것이 쓰레기가 된다. 우리 중 누구도 예외가 아니다. 압축 근대의 속도전을 이어온 한국 사회는 사회 문제를 합리적으로 해결하는 대신에 '묻어버리기'를 남발했다. 이런 사회에선 약자일수록 쉽게 잊힌다. 되풀이 반복되고 있는 현실에 체념했기 때문에 다들 잊어버리려 애쓴다. 버려야 할 쓰레기가 언제나 아주 많다.

하지만 잊어버린 기억은 사라지지 않고 지면 아래에 뿌리처럼 붙어 다닌다. 그래서 어떤 일이 다가오고 있는가? 우리가 겪고 있는 이 재앙이 쓰레기 취급을 했던 모든 것들의 귀환이라면, 그것으로부터 도망칠 방법조차 없다면, 지금 당장 할 일은 분명하다. 대체 이 세계에 무슨 일이 벌어지고 있는지, 어제를, 지금을, 그리고 내일을 똑똑히 주시하고 기록하는 것이다.

보론

반투명 종량제 봉투의 제도화 과정

'오염자 부담 원칙'이라는 패러다임 전환

한국의 표준 종량제 봉투는 어떤 과정 끝에 완전 투명이나 불투명이 아닌 '반투명'으로 제도화되었을까? 반투명 종량제 봉투는 지난 수십 년간의 환경 정책 변화, 사회적 합의 형성, 행정적 실용주의가 얽힌 복합적인 정책 산물이다. 폐기물 관리의 효율성 제고라는 국가의 규제적 필요와 사생활 보호라는 시민의 기본권 사이의 갈등을 어떻게 조율했던 것일까?

현재의 반투명 봉투 디자인은 1995년 제도 도입 초기부터 존재했던 것이 아니었다. 시행 초기의 극심한 혼란과 행정적 난관, 시민적 저항 속에서 점진적으로 진화하고 제도화된 학습된 해결책이다. 봉투의 색상부터 재질, 투명도에 이르기까지 특정한 정책적 목표와 사회적 요구를 반영하는 지난한 과정이 있었다.

쓰레기 종량제 시행 이전인 1994년, 서울의 하루 생활폐기물 배출량은 1만 5,000톤에 달했다. 전국적으로는 하루 5만 톤이 넘었다. 1970년대 후반에는 하루 1만 톤 수준의 배출량이었다. 20년 만에 5배 이상 폭증한 결과였다. 플라스틱 제품과 합성 포장재의 대량 생산 및 소비는 증가세를 더욱 빠르게 했다.[1]

문제는 폐기물 처리 방식이 양적 팽창을 감당하지 못한다는 것이었다. 당시의 폐기물 수수료는 배출량과 무관하게 건물의 연면적(延面積)이나 재산세 등급에 따라 부과되는 일종의 정액제 세금과 비슷했다. 이런 시스템에선 쓰레기를 많이 버리든 적게 버리든 비용 부담에 차이가 없었기 때문에, 시민들에게 쓰레기 배출량을 줄여야 할 어떠한 경제적 유인도 제공하지 못했다. 배출량에 따라 처리 비용을 부담한다는 기본적인 형평성 원칙에도 어긋났다.

결정적으로 폐기물을 수용할 물리적 공간마저 한계에 다다르고 있었다. 1978년 서울의 쓰레기 처분장으로 지정된 난지도는 15년 만인 1993년 3월 19일에 매립을 종료했다. 이후 수도권 폐기물을 처리하던 김포 매립지는 예상보다 훨씬 빠른 속도로 포화 상태에 이르렀고, 서울을 포함해 대다수 대도시의 폐기물 처리 시스템 전체가 마비될 수 있다는 위기감이 고조됐다. 정부는 새로운 매립지나 소각 시설 건설을 추진했지만, 그때마다 지역 주민들의 극심한 반대에 부딪혀 부지 확보 단계에서부터 진도를 내기 어려웠다.[2] 그 와중에도 쓰레기 발생량은 매년 7~10%씩 가파르게 늘었다.

정부는 폐기물 관리 정책의 패러다임을 바꾸는 결단을 내리고, OECD(경제협력개발기구)가 환경 정책의 제1원칙으로 주창한 '오염자 부담 원칙(Polluter Pays Principle)'을 전면적으로 도입했다.[3] 이것은 환경오염을 유발한 주체가 그 처리 및 복구 비용을 부담해야 한다는 원칙으로, 폐기물 처리의 경제적 책임을 기존 불특정 다수 납세자에서 폐기물을 직접 배출하는 개개인으로 돌리는 정책 전환점이었다.

그리하여 쓰레기 종량제는 세 가지 명확한 정책 목표를 설정하게 된다. 첫째, 배출량에 비례하여 비용을 부과함으로써 배출자 스스로가 폐기물 발생을 원천적으로 억제하도록 유도한다. 둘째, 재활용품은 공공 서비스로 수거해 줌으로써 재활용품 분리배출을 생활 문화로 정착시킨다. 셋째, 폐기물 총량을 줄여 매립이나 소각과 같은 최종 처리 시설에 대한 의존도를 완화한다.

새해 벽두의 쓰레기 대란

법적 근거는 1991년에 개정된 폐기물관리법을 통해 마련됐다. 1995년에는 종량제를 명문화하는 추가 개정을 통해 법적 기반이 더욱 공고해졌다. 실질적인 제도의 설계는 당시 환경처(현 환경부)가 1994년 9월에 마련한 '쓰레기 수수료 종량제 시행 지침'을 통해 구체화되었다. 이 지침은 국민에게 직접적인 구속력을 주는 법규는 아니었지만, 각 지방자치단체가 종량제 관련 조례를 제정하고 시행하는 데 필요한 세부적인 기준과 절차를 제공하는 행정규칙으로서 사실상의 청사진 역할을 했다. 이 지침을 바탕으로 각 지자체는 지역 특성에 맞는 규격 봉투의 종류, 판매 방식, 수수료 등을 조례로 정하게 되었다. 그리고 1994년 서울 일부 지역(중구 상가, 성북구 단독주택, 송파구 아파트)에서 시범 운영을 거쳐, 1995년 1월 1일 쓰레기 종량제가 전국으로 확대된다. 정액에 가까웠던 수수료는 '배출량 기준'으로 전환되었다.[4]

시작은 순탄치 않았다. 언론이 "쓰레기 대란", "새해 벽두의 쓰레기 전쟁"이라 묘사할 만큼 극심한 혼란이 전국을 휩쓸었다.[5] 쓰레기를 버리는 데 돈을 낸다는 개념 자체가 생소했던 시민들은 새 제도를 회피할 목적으로 제도 시행 직전인 연말연시에 집안 쓰레기를 한꺼번에 내다 버렸다. 그 결과, 새해 첫날 전국의 골목길은 미리 버려진 쓰레기 더미로 산을 이루는 진풍경이 연출되었다.

제도적 준비 부족 또한 혼란의 원인이었다. 시민들은 규격 봉투를 어디서 사야 할지 몰라 헤맸고, 연휴 기간에는 문을 닫은 판매소가 많아 봉투를 구하는 것부터 어려웠다. 설상가상으로 초기 종량제 봉투는 재질이 약해 쉽게 찢어졌다. 운반을 위한 손잡이조차 없는 경우가 많아 시민들의 불만은 극에 달했다.

일부 시민들은 봉툿값을 아끼기 위해 가짜 종량제 봉투를 사용하거나, 가정 쓰레기를 공공장소 휴지통에 몰래 버렸다. 인적이 드문 야산이나 하천 변에 쓰레기를 불법으로 투기하는 행위도 급증했다. 이 때문에 전국의 공공 휴지통에 쓰레기가 철철 넘

쳐나는 사태가 발생했다. 정부의 대응책은 길거리 휴지통을 대거 철거하는 것이었다.[6]

정부의 단속 의지는 확고했다. 단속 공무원들은 규격 봉투를 사용하지 않거나 재활용품이 섞인 것으로 의심되는 쓰레기 봉투를 현장에서 직접 찢어 내용물을 확인했다. 그리고 그 안에서 주소나 이름이 적힌 우편물, 공과금 고지서 등 신원을 확인할 수 있는 단서를 찾아내 과태료를 부과했다. 제도 시행 첫해인 1995년에만 무려 110만 건이 넘는 위반 사례가 적발됐다고 한다.[7]

하지만 이 시기의 단속 행위가 역설적으로 종량제 봉투 디자인의 미래를 결정짓는 중요한 논리를 제공했다. 공무원이 일일이 봉투를 찢어 내용물을 확인하는 방식은 비효율적인 노동이었고 시민과의 마찰이 잦았다. 이대로는 정책의 지속 가능성을 보장하기 어려웠다. 일단은 행정 편의성과 단속 효율성을 높일 방법을 마련해야 했다. 그리하여 '봉투 속을 들여다볼 필요성'이라는 행정의 당위성은 제도 시행 초기의 실패와 혼란의 난장판으로부터 생겨났다.

실패한 실명제

국가의 '들여다볼 필요성'은 시민들의 '사생활 보호'의 요구와 정면으로 충돌했다. 쓰레기를 통해 사적인 소비 패턴이나 생활

양식이 노출되는 것을 원하는 이는 아무도 없었다. 이 시기의 갈등을 가장 명확하게 보여주는 사례가 종량제 도입 후 수년이 지나 일부 지자체에서 시도되었던 '종량제 봉투 실명제(이하 실명제)'였다.

경기도 수원시의 일부 구청은 재활용품 분리배출의 책임성을 높이고 쓰레기 배출량을 줄이기 위해, 종량제 봉투에 배출자의 상세 주소(아파트 동·호수 등)를 기재하도록 하는 실명제를 시범적으로 도입하려 했다. 그러나 이 시도는 즉각적이고 거센 주민 반발에 부딪혔다. 주민들은 자신의 주소가 적힌 쓰레기봉투가 외부에 노출될 경우, 개인 정보 유출은 물론 스토킹이나 절도와 같은 범죄에 악용될 수 있다고 항의했다.[8] 쓰레기 내용물을 통해 개인의 건강 상태, 소비 습관, 가족 구성원 등의 민감한 정보가 알려질 수 있다는 점 또한 용납할 수 없는 불안 요소였다. 국가의 행정 편의를 위해 시민 개개인의 사생활과 안전이 위협받을 수 있다는 공포감을 자극한 것이다.

실명제의 성패는 지역 특성에 따라 큰 차이가 있었다. 강원도 평창군과 같은 농촌 지역에서는 실명제가 성공적으로 정착하여 쓰레기 배출량을 35%나 감소시키는 성과를 거두었다. 상대적으로 주민 간의 사회적 유대와 신뢰가 높고 익명성이 낮은 농촌 공동체의 특성이 작용한 결과다. 하지만 익명성이 높고 사회적 관계가 파편화된 대도시에서는 사생활 침해에 대한 우려가 훨씬 컸기 때문에, 수원시 영통구나 서울 구의동 등에서 추진된 실명제는 주민들의 강력한 저항으로 인해 전면 시행이 무산되거나

대폭 축소되었다.⁹

이런 소동은 한국에서만 벌어진 것이 아니다. 캐나다의 더프린 카운티에서는 지방 정부가 완전 투명 쓰레기봉투 사용을 의무화하자, 70여 명의 주민들이 인권을 무시한 비상식적 조치라며 조례 변경을 요구하는 시위를 벌이기도 했다. 그들도 쓰레기 내용물 공개를 개인의 존엄성과 사생활에 대한 침해로 받아들였다.¹⁰

다른 대안도 있다. 독일의 경우는 '녹색 점(Der Grüne Punkt)' 제도가 있다. 생산자에게 재활용 책임을 부여하는 정책이다. 이 시스템의 핵심 철학은 '생산자 책임 재활용(EPR)' 원칙이다. 콜라병이나 과자 봉지처럼 상품을 감싸는 포장재를 만든 회사가 그 포장재가 버려진 후 수거하고 재활용하는 비용까지 책임지는 방식이었다. 기업들은 녹색 점 라이선스 비용을 지급함으로써 이 의무를 이행하게 되는데, 이 비용은 포장재의 무게나 재질에 따라 달라진다. 따라서 기업들은 비용 절감을 위해 과대포장을 피하고 재활용이 쉬운 재질을 사용하게 된다. 소비자 입장에서는 '녹색 점'이 찍힌 포장재를 지정된 노란 자루나 통에 버리기만 하면 되기 때문에, 자신의 쓰레기봉투가 직접적인 감시 대상이 되는 부담에서 벗어날 수 있다. 이 시스템은 문제의 초점을 소비자의 배출 행위 감시에서 생산 단계의 책임으로 전환함으로써, 사생활 침해 논란을 우회하고 자원 순환의 효율성을 높이는 효과를 거두었다.¹¹

일본의 '고미토반(ゴミ当番)'은 지역 주민의 자율 규제를 기

반으로 투명 봉투를 운영했다. '고미토반'은 '쓰레기 당번'이라는 뜻으로, 지역 주민들이 순번을 정해 동네의 쓰레기 배출 장소를 관리·감독하는 자치 활동을 말한다. 당번이 된 주민은 지정된 배출일 아침에 나와서 다른 주민들이 쓰레기를 규칙에 맞게 버리는지 확인하고, 배출 장소를 깨끗하게 정리하는 역할을 맡는다. 많은 일본 지자체에서는 투명하거나 반투명한 봉투 사용을 의무화하고 있고, 고미토반 제도는 이러한 투명성을 더욱 효과적으로 만든다.[12] 누가 규칙을 어겼는지 이웃이 쉽게 알 수 있기 때문에, 법적 처벌의 두려움보다는 이웃의 시선이나 공동체 내에서의 평판이라는 사회적 압력이 더 강력한 규율 기제로 작동하는 것이다. 법적 강제력보다는 공동체의 높은 신뢰와 사회적 자본을 바탕으로 질서를 유지하는 방식으로, 개인주의적 성향이 강한 사회에서는 적용하기 어려운 모델이다.

재디자인된 쓰레기 처리 시스템

한국은 외국 모델을 이식하는 대신에 봉투 디자인을 갈등 완화 장치로 삼는 길을 선택했다. 반투명 디자인은 실명제와 같은 노골적인 감시 방식이 초래하는 극심한 사회적 갈등을 사전에 방지하는 해결책이 될 수 있었다.

행정 당국은 반투명 봉투를 통해 봉투 안에 재활용이 불가능한 유리병이나 캔과 같은 명백한 위반 품목이 들어 있는지 대략적으로 확인할 수 있다. 이 정도의 '어렴풋한 가시성'은 시민들에게 심리적 압박을 주어 자발적인 분리배출을 유도하기에 충분한 단속 효과를 가진다. 동시에 봉투 속의 구체적인 내용물을 명확히 식별하기는 어렵게 만들어 개인의 사생활을 일정 수준 보호한다. 이름과 주소를 직접 노출하는 실명제에 비해 훨씬 덜 위협적이다. 반투명 디자인은 국가가 필요로 하는 최소한의 단속 수단을 제공하면서도, 시민들의 사생활 침해에 대한 저항이 폭발하는 '역치'를 넘지 않는 정치적, 사회적 갈등 완화 장치로서 기능할 수 있었다.[13]

봉투의 색상과 투명도는 지역별로 달랐다. 중앙 정부의 일률적인 지침이 아닌, 각 지자체의 재량과 주민들의 선호가 반영되었기 때문이다. 부산과 대구 같은 대도시에서는 흰색 반투명 봉투가 빠르게 정착했다. 전북 군산과 같은 일부 중소도시는 옅은 녹색 봉투를 사용했다. 주민들은 봉투의 투명도가 낮아 사생활 노출 우려가 적다는 이유로 선호했다. 표준화가 필요했던 환경부는 2003년 지침을 개정하며 재활용품 혼합 여부를 육안으로 확인할 수 있도록 최소한의 투명도 기준(환경부 지침상 반투명도 40% 이상)을 제시했다. 이 때문에 일부 지자체는 이 기준을 맞추기 위해 봉투 공급 계약을 변경해야 했다.

제도 시행 초기의 혼란과 사회적 갈등을 겪으며 축적된 정책 학습은 공식적인 행정 지침 개정을 통해 구체적인 제도로 성문화되었다. 수년간의 시행 경험이 집약된 2008년 개정 '쓰레기 수수료 종량제 시행지침'은 종량제 봉투의 투명도에 대한 국가의 최종적인 정책적 결론을 명확하게 보여준다. 이 지침은 반투명이라는 단일한 기준을 일관적으로 적용하지 않는다. 폐기물의 종류와 봉투의 용도에 따라 투명도를 달리 규정하는 매우 정교하고 차별화된 시스템 구축이었다.[14]

일반용 생활 쓰레기봉투의 색상은 '흰색(반투명)'을 기준을 정하여 전국적으로 통일시키도록 명시했다. 사생활 노출에 민감할 수 있는 10리터, 20리터 등 소용량 일반용 봉투에 대해서는 "사생활 보호를 위해 엷은 녹색 등으로 불투명하게 제작할 수 있다"고 명시하여 예외를 허용했다.

음식물 쓰레기 전용 봉투에 대해서는 정반대의 원칙이 적용되었다. 이 봉투만큼은 투명 제작을 의무화했다. 음식물 쓰레기는 사료나 퇴비로 재활용되므로, 이물질이 섞이면 재활용 공정 전체를 오염시킬 수 있다. 따라서 내용물을 명확히 확인하여 재활용 불가능한 물질의 투입을 막고, 배출자의 경각심을 높여 철저한 분리배출을 유도할 필요가 있었다. 2013년부터는 전국 음식물 쓰레기 종량제 시행을 기점으로 전용 수거 용기 배출 체계로 바뀌게 된다.[15]

가로(街路) 청소 등에 사용되는 공공용 봉투는 일반적으로 지자체별로 파란색 등 다른 색상을 사용하여 일반 가정용 쓰레기와 쉽게 구별되도록 했다. 이 경우는 투명도가 주요 고려 사항이 아니었다.[16]

봉투 재질이 너무 약해 쉽게 찢어진다는 단점도 점진적으로 개선됐다. 2002년 '쓰레기종량제 개선 종합계획' 수립 이후 개정된 시행 지침에서는 종량제 봉투의 재질을 강화하여 내구성을 높이는 조치가 포함되었다.

하지만 또 한편으로 종량제 봉투 자체가 대량으로 사용되는 일회용 플라스틱 제품이라는 점은 제도 자체의 환경적 모순으로 지적되었다.[17] 환경 보호를 위한 제도가 또 다른 플라스틱 폐기물을 양산하는 딜레마에 빠진 것이다. 그래서 정부는 순환 경제 원칙을 정책에 도입했다. 환경부는 '쓰레기 수수료 종량제 시행 지침'을 통해 지방자치단체가 종량제 봉투를 제작할 때, 폐합성수지를 재활용한 원료로 만든 재활용 제품을 우선 사용하도록 의무화했다.

'녹색제품 구매촉진에 관한 법률'에서는 폐합성수지를 40% 이상 사용한 종량제 봉투를 '녹색제품'으로 지정하고, 공공기관이 의무적으로 이러한 녹색제품을 구매하도록 규정했다. 이를 통해 종량제 봉투 제작이 폐비닐 재활용 시장에 안정적인 수요를 창출하는 효과를 낳았다. 종량제 봉투를 폐기물 수수료 징수 도구가 아니라, 재활용 산업을 육성하고 순환 경제를 구축하는 중요한 정책 수단으로 활용한 것이다.[18]

일반 종량제 봉투에 담기 어려운 폐기물을 위해 폴리프로필렌(PP) 재질로 만든 질긴 특수 규격 마대(포대)를 별도로 제작하여 판매하도록 했다. '공사장 생활 폐기물'과 같이 무겁고 날카로운 내용물을 안전하게 배출할 수 있도록 한 것이다. 표준화된 시스템의 한계를 보완하고, 다양한 폐기물 흐름에 맞춘 해결책을 제공해 전체 폐기물 관리 시스템의 안전성과 효율성을 확보할 수 있었다.

'반투명 쓰레기봉투'라는 번역물

반투명 종량제 봉투는 국가의 감시 필요성과 시민의 사생활 보호 요구라는 상충하는 이해관계를 성공적으로 조정한 비인간 행위자다. 봉투의 반투명성은 행정 비효율과 시민 저항이라는 갈등을 해결한 복잡한 번역 과정의 산물이었다.

행위자 연결망 이론의 철학자 브뤼노 라투르(Bruno Latour)는 '번역'을 한 행위자가 다른 행위자들을 자신의 목표에 동참시키는 과정이라고 정의한 바 있다.[19] 정부는 폐기물 문제를 제기하고 효율적 관리를 목표로 설정했다. 초기 종량제 시스템은 시민을 '감시 대상'으로, 공무원을 '단속 주체'로 규정하고자 했다. 이 구도에서의 '번역'은 시민 행위자의 저항에 부딪혀 실패했다. '종량제 봉투 실명제'도 시민의 사생활을 네트워크에 등록시키려는 시도였으나 결국 거부되었다.

반투명 봉투는 영리한 매개자였다. 힘이나 의미를 수동적으로 전달하는 중간물이 아니라 관계 자체를 변형시켜 새로운 결과를 창출하는 행위자로서의 매개자였다. 반투명 봉투는 '완전한 감시'와 '완전한 사생활'의 양립 불가능한 요구를 '어렴풋한 가시성'이라는 제3의 상태로 전환했다. 이 속성은 봉투에 기입된 행동 프로그램과 같아서, 시민에게는 관찰 가능성을 암시하여 자발적 규범 준수를 유도하고, 국가에는 물리적 충돌 없는 단속 효과를 보장한다.

이 성공적인 매개를 통해 국가, 시민, 법률, 이웃의 시선 같은 인간과 비인간 행위자들이 얽힌 이질적 네트워크는 안정화되었다. 시민은 완전한 익명성을 포기하는 대신 '어렴풋한 관찰 가능성'을 수용하며 네트워크에 등록되었다. 국가는 전면적 감시를 포기하는 대가로 자발적 규율이라는 행정 목표를 달성했다.

이 과정은 거대한 매립지를 통한 물리적 차폐에서 일상적 사물을 통한 자기 규율로 이동한 기억 정치의 전환을 의미한다. 이 시스템은 성공적으로 블랙박스화되었다. 대부분의 이용자들은 봉투를 사용하며 그 안에 담긴 감시와 프라이버시의 협상 과정을 의식하지 못한다. 문 앞에 놓인 반투명 봉투는 분리배출의 책임을 개인에게 상기시키는 동시에 내용물의 구체적 서사를 비가시화하여, 기억의 외부화와 처리를 용이하게 만드는 망각의 인프라로 작동한다.

제4장

'살처분'이
말해주는 것들

기억과 계급, 지역과 망각

폐기물 관리 대상이 사물에서 생명으로 전환되면 폐기의 양상도 달라진다. 앞 장에서 쓰레기 매립지와 쓰레기 종량제라는 제도적 장치를 검토했다면, 이 장은 2010년 이후 가축 전염병 확산과 살처분 조치를 다룬다. 생명을 폐기하는 과정에는 시장경제 논리가 개입한다. 이 과정에서 경제적 효용성은 기억을 선별적으로 배제하는 기제로 작동한다. 살처분 현장의 계급 표상을 통해 이 배제의 구조를 확인한다.

이곳에서 최말단의 비천한 존재는 방역 대상이 된 가축이다. 살아 있는 생명이 전격적으로 매립되어야 할 오염된 쓰레기로 지정된다. 매몰 작업에 동원되는 인력은 수직적인 명령 체계에 따라 움직인다. 피해를 입은 축산농가는 도시로부터 멀리 떨어진 장소에 있다. 악취와 오염물을 내뿜는 혐오 시설이기 때문이다. 도시 중산층 이상이 거주하는 지역에서 반기는 선호 시설 목록과 하층 계급의 장소에 내몰리는 것들은 극명히 구분된다. 인구 구성을 살펴보더라도 이주 외국인의 비율은 후자의 경우가 높다. 매몰 조치 이후, 살처분지는 사적 이용이 금지된 저개발의 장소가 된다. 군사적 방역의 아수라장을 체험한 이들은 극심한 트라우마에 시달린다. 그래서 강영숙의 「문래에서」(2011), 김숨의 「구덩이」(2011), 이상권의 「젖」(2012), 「삼겹살」(2013)의 공통된 질문은 직설적이다. 살처분 현장에는 어쩌면 이렇게 없이 사는 사람들만 있을까?

살처분은 쓰레기 직매립 패러다임에서 갈라져 나온 방역 수단이다. 쓰레기는 '매립', '소각', '재활용' 등으로 분리 처리된다. 1980년대 이후로 '재활용'과 '소각' 비율이 꾸준히 증가했지만, 도시 인구가 쏟아내는 일일 쓰레기 배출량을 처리하려면 '매립'이 가장 빠른 수단이다. 위생에 버금가는 중요 변수가 속도이기 때문이다. 1978년 난지도 쓰레기 매립장 지정 이후로 쓰레기 처리의 직매립 패러다임이 오늘날까지 유지되는 이유이기도 하다.[1]

살처분 역시 속도가 매우 중요하다. 가축 전염병 확산을 조기에 차단하고 시장에 미칠 악영향을 줄이는 것을 목표로 한다. 가축 이동이 제한되기 때문에 살처분이 이뤄지는 장소는 피해 농가 지척에 지정된다. 이 땅은 최소 3년간 발굴과 사적 이용이 엄격히 금지된다.[2] 쓰레기 매립장 지정이 해당 지역 지자체와 주민들과 오랜 갈등을 거치며 법적, 행정 절차를 밟아야 하는 것과는 경우가 다르다. 전쟁에 준하는 예외 상황이기 때문이다.

2011년 구제역 확산 당시에 공무원과 민간인, 육해공군 부대 소속 인원을 포함해 연인원 197만 4,055명이 동원됐다. 2010년 12월 28일부터 2011년 3월 31일 120일 동안에 가축 348만 마리가 땅에 묻혔다.[3] 이전까지 최악의 사례는 2002년에 16만 두를 살처분했던 때였다. 2011년은 그보다 20배나 많았다.

이런 규모의 가축 전염병 피해는 처음 겪는 사태였다. 2010년 말에서 2011년 초까지의 구제역 정책을 비판한 김정수의 연구에 따르면,[4] 이 시기의 구제역 위기관리 정책은 총체적으로 부실했다. 특히 매몰지 관리 부실로 침출수가 유출되고, 토양오염, 지하수오염, 하천오염이 이어졌다.[5] 위기관리 정책이 위기의 원인이 된 것이다. 김동광은 이 시기 정부 대응방식에서 구제역이 '국가적인 경제 사건'으로 규정되었고, 그 밖의 요소들은 거의 간과되었음을 비판했다.[6] 가축전염병 문제 해결의 경제주의적 접근은 근시안적인 해결책이었다.

살처분에 투입된 공무원과 수의사들의 트라우마에 관해서는 김희국·현진희의 연구가 있다.[7] 국가인권위원회의 「가축매몰(살처분) 참여자 트라우마 현황 실태조사」는 살처분 종사자들의 위계가 위험 강도에 따라 구성됨을 지적한다. 고용 불안정성에 크게 노출된 노동자일수록 신체적/심리적 위험이 큰 작업이 배치된다.[8]

조류 인플루엔자가 창궐했던 2014년을 기점으로 살처분 작업에서 민간 용역 업체의 외주화 비율이 크게 늘었다. 이 회사들은 가장 더럽고 위험한 일을 외국인 노동자에게 맡긴다. 이들은 산재 보상과 트라우마 치료의 사각지대에 있을 뿐만 아니라, 언론에 드러날 만한 기록도 남기지 않는다. 심지어 이들은 질병 감염원으로 의심받으며 온갖 차별을 받는다.[9]

살처분 현장의 외국인 노동자에 관한 소설을 찾아볼 수 없다는 것은 문학 창작과 연구, 비평 어느 쪽에서든 본격적으로 다뤄볼 주제다. 작품 부재의 이유는 두 가지로 생각해볼 수 있다. 우선 살처분 현장의 폐쇄성이다. 방역 관계자 외에는 출입이 엄격히 금지된 장소이기 때문에 언론사조차 취재가 쉽지 않고, 이곳의 외국인 노동자와 인터뷰하는 일은 언어 문제부터 보안 서약에 이르기까지 겹겹의 제약에 막혀 있다.

동물 전염병에 의한 재앙이 2010년대 내내 반복되고 여전히 계속되고 있음에도, '살처분'을 다룬 소설은 구제역 재앙이 휩쓸었던 2011년에서 2013년 사이에 집중적으로 발표되고 그 이후엔 드물게 찾아볼 수 있을 뿐이다.[10] 지난 십여 년 동안에 뉴스 보도에서도 살처분은 문제의 심각성에 걸맞은 주목을 받지 못했다.

쓰레기 처리 시스템은 대량 생산과 대량 소비의 일상에 몰두할 수 있도록 돕는 인프라다. 살처분도 마찬가지다. 수백만 마리의 가축을 땅에 묻어도 육식 소비는 계속되고, 한 점 고기에서 떠올릴 수 있는 시간은 입과 눈이 즐거운 식사 순간에 한정된다. 그 너머를 잊어버릴 수 있도록 돕는 기억과 망각의 절취가 쓰레기 기억상실증의 위력이다. 하지만 이런 기억상실증을 누구나 균질하게 누릴 수 있을까?

계급 격차의 문제를 묻지 않을 수 없다. 이런 질문 없이는 어떤 이들의 삶이 '살처분'에 갉아먹히는지 상상하기조차 어렵다. 땅속에 파묻힌 것은 사회적 기억이자 우리 사회의 민낯이다. 이 문제를 호소하는 당사자의 언어가 미디어와 담론장에 전달되기도 어렵거니와, 외국인 노동자의 경우는 자신의 곤궁을 알리는 일에 한층 취약하다.[11] 계급 격차의 온갖 하중에 눌려 사회적 발화가 틀어막힌 것이다. 두수(頭數)와 피해액의 숫자로 집계될 뿐인 동물들은 또 어떻게 이야기될 수 있을까? 이들과 더불어 문학은 무엇을 할 수 있을까?

'살처분'은 문학 연구에서 아직 낯선 영역이다. 이른바 '생태 문학'에 대한 연구와 비평은 1990년대부터 꾸준히 축적되었다. 김종철이 1991년 『녹색평론』을 창간하며 생태주의의 화두를 확산시킨 이래로, 이 분야는 '생태 문학', '생태주의 문학', '문학 생태학', '환경 생태 문학', '생태 환경 문학', '환경 문학', '생명 문학', '녹색 문학' 등의 이름으로 불리며 한국 현대문학의 성취와 궤를 같이했다.[12] 기후 위기와 인류세 담론이 부상한 뒤로는, '생태(ecology)'가 신유물론, 사변적 실재론 등의 최신 이론에서 핵심어가 되었다.[13] 인간 중심주의의 관성적 사유 바깥으로 인간-동물(비인간)의 관계를 확장하려는 사유의 도전이다. 이 장에서도 살처분 구덩이에서 인간과 동물의 경계가 흐릿해지는 순간을 주목할 것이다.

강영숙의 「문래에서」, 김숨의 「구덩이」, 이상권의 「젖」과 「삼겹살」은 살처분 현장의 참상을 고발한 소설이다. 살처분의 명분이 되는 경제 논리는 살처분 현장에서 멀리 떨어진 서울의 일상과 여러 계급 층위에서 폭력적으로 작동한다. 윤대녕의 「구제역들」(2011)과 「검역」(2011)은, 자기 몸과 마음의 소유를 시장 질서에 빼앗긴 채, 전형화된 행동 유형(소비)과 정동에 길든 사람들의 비참을 관찰한 소설이다. 살처분당하는 가축과 도시의 인간은 과연 얼마나 다를까? 자본의 논리에 압도된 채, 끝내 쓰레기가 되고 마는 생명의 행렬에 인간이 예외일 리 없다.

살처분 시대의 트라우마를 극복할 주체의 구성과 함께 기록

문학의 가능성 역시 생각해보려 한다. 이상권의 「젖」과 「삼겹살」은 살처분의 시대와 트라우마를 선명히 기록했을 뿐만 아니라, 파국에서 벗어날 각성과 실천을 제시한 2010년대 우리 문학의 놀라운 성취다.

학살 경제의 심상지리

대중 매체는 사회적 기억의 형성과 변조, 환기에 강력한 영향력을 미친다. 하지만 이들 매체에서 '살처분'의 화제성을 오래 유지하는 일은 현실적으로 매우 어렵다. '살처분'을 근본적으로 문제 삼으려면, 전염병 대량 발생의 원인인 공장형 축산을 지적해야 하고, 19조 2,116억 원에 달하는 축산업 시장(종사자 49만 명)과 더 나아가 138조 원 규모(사업체 70만 개, 종사자 214만 명)의 국내 외식산업에서 소비되는 '육식'을 반성해야 한다.[14] 이 모든 이해관계에 얽혀 기억할 것과 잊어버리고 몰라도 될 것을 나누는 절취선을 어떻게 정해야 할까? 결국엔 경제 논리를 앞세울 수밖에 없게 된다.

'살처분'은 방역보다는 물류 유통의 전략에 더 가깝다. '가축'은 존엄한 생명이 아니라 시장에 공급될 물자다. 물류 유통에서 상품 가치를 잃은 물자에 할당할 시간과 장소는 없다. 지구 단위로 물류 유통의 속도와 규모가 확장 가속하면서 이 원칙은 한층 더 강화되는 추세다. 어디에 있든 어떻게 살아가든 모든 이들이

물류 네트워크에 연루되어 있다.[15]

 살처분 대상 가축을 치료해 살려내는 일은 경제 논리에 반하는 물자의 흐름이다. 행정 명령이 떨어지면 축산농가는 따를 수밖에 없다. 만에 하나 가축을 숨겼다간 살처분 보상금을 받을 수 없고, 그 일로 전염병 확산을 초래했다면 손해 배상과 징벌을 감수해야 한다. 의심축(疑心畜) 신고 지연과 세부 조치 조항을 어기는 것만으로도 최소 5%에서 최대 60%까지 보상금이 감액된다.[16] 보상금으로 원가 보존이라도 하려면 축산농가 입장에선 다른 선택지가 없다.

 '육식'은 소비 대중의 고착된 식습관이기만 한 것이 아니다. 대기업과 중소기업, 수많은 자영업자의 경제 활동이 이뤄지는 시장의 다른 이름이다. 서울과 같은 대도시의 안과 밖, 살처분지로부터 멀고 가까운 거리상의 차이 역시, 경제 논리의 일관성이 적용된다는 점에서 다르지 않다.

 육식과 살처분에 얽힌 이해관계를 '생명 윤리'나 '기후 위기'의 명분만으로 쉽게 비판할 수 있을까? 식생활 대전환 없이는 지속 가능한 경제도 없다는 문제의식에 어느 시대보다 많은 이들이 공감하고 있긴 하다.[17] 그러나 알고 있어도 좀처럼 변화할 수 없는 이유는 간단히 설명할 수 있다. 고기를 팔고 사는 일에 의존할 수밖에 없는 경제 사슬에 너무 많은 인구가 매달려 있기 때문이다. 각각의 사정을 듣는 경청이 계몽만큼이나 중요하다. '살처분' 현장에서 가장 멀리 떨어졌으나 최대 육식 소비처인 대도시의 삶인들 비난만 할 순 없다.

강영숙의 「문래에서」와 윤대녕의 「구제역들」, 「검역」을 맞붙여 해석하는 이유는, 주인공의 피해의식 속에서 상상적으로 구성되는 '서울'과 '살처분지'가 서로를 비판적으로 상대화하고 있기 때문이다.

강영숙의 「문래에서」는 서울 문래동에서 이야기가 시작된다.[18] '나'는 이 지역에서 활동하는 화가 소녀에게 동질감을 느끼는데, 두 사람은 이름이 같다. '나'는 이곳에 오래 살며 언젠가 예술가가 될 수 있길 꿈꾸지만, '문래'는 서울에서 살 수 있는 마지막 장소였다. '문래'는 임대료 압박을 피해서, 자기 계급과 삶의 근거를 지킬 거주지였다. 하지만 젠트리피케이션은 이곳을 이대로 내버려두지 않았고, 싼값에 머물 수 있었던 낡은 건물들은 신축 아파트 단지 건설로 쓸려나가기 직전이었다.[19] 서울은 그 자체로 계급 분리의 기준점이고, 그 안의 어느 지역에 거주하고, 얼마나 머물 수 있는가에 따라 위계를 세분화할 수 있다. 서울 바깥 지역의 격차 역시 서울과의 유사성, 연결성에 따라 천차만별이다.

'나'의 남편은 직업이 정확히 무엇인지 서술되지 않는다. 하지만 살처분 현장에서 육체노동에 투입되는 노동자라는 것은 맥락상 확인할 수 있다. 이 소설에서 문래는 서울 안과 밖의 경계에 위치하고, 서울-문래-Y시의 계급 분리는 노골적으로 하향 나선을 그린다. 부부가 살게 될 Y시의 아파트는 논밭과 소, 돼지 농장에 포위된 곳이다. 작은 아파트 단지만이 서울을 조악하게 모사한 장소였다.

'나'는 남편과 결혼한 뒤로 건강이 계속 악화했고, 문래를 벗어나 Y시로 이사한 뒤로는 한층 더 나빠진다. 살처분 노동에 초주검이 되어 돌아오는 남편도 하루가 다르게 쇠약해진다.

김숨의 「구덩이」는 「문래에서」보다 살처분 현장에 더 가까이 다가선다.[20] 여기서 흰색 방역복을 입은 살처분 노동자들은 '유령'으로 불린다. 「문래에서」의 남편도 매몰과 방역 노동에 소모되는 노동력(유령)으로 취급되다 집에 돌아와서야 누군가의 가족으로 식별된다. 「구덩이」의 주인공이자 굴착기 기사인 중근은 되돌아갈 가정조차 없는 이다. 그는 겨우내 이곳저곳의 살처분 현장을 돌며 생활했다. 지난 10년간 방역 매몰 현장은 이들과 같은 불안정 노동자들의 노동시장이었다.[21]

「구덩이」의 작중 공간은 구덩이(돼지 살처분), 화장실(구토와 배설), 농장 살림집(가족)으로 구분된다. '유령'들이 들락거리면서 세 장소는 항시 혼잡스럽다. 농장 살림집에는 이곳의 주인인 영감과 그의 아들, 며느리가 살고 있다. 아들은 교통사고를 당한 뒤 정신질환을 앓고 있고, 동남아에서 시집온 며느리는 임신한 상태다. 뒤에서 설명할 이상권의 「젖」에도 베트남 출신의 결혼이주여성이 등장한다.

중근과 함께 구덩이를 파는 굴착기 기사 남 씨는 암에 걸린 아내의 치료비를 감당하기 위해 필사적으로 일하고 있다. 중근과 남 씨는 굴착기만 운전할 뿐 돼지에 손을 대지 않는다. 이 일을 직접 해야 하는 노동자들은 구역질을 못 참고 화장실로 뛰어 들이긴다. 「구덩이」는 살처분 현장에 어떤 계급이 있고, 반대로 볼 수 없는 이들이 누구인가를 선명히 묘사하고 있다.

살처분 현장은 계급화된 장소다. 축산농가와 살처분의 악취는 「문래에서」도 강렬히 묘사된다. '나'는 이 냄새를 서울의 부자 동네에선 맡을 수 없는 하층 계급의 특징으로 인식한다.[22] 어디로 가든 몸에 배어드는 피 냄새와 기름때에 혼미함을 느끼며, '나'의 의식 속에서 문래(서울)는 상상적으로 재구성된다.

남편은 '나'에게 출근 때마다 신신당부한다. "절대로 밖에 나가 돌아다니지 마, 알았지!" 가족이 놓인 비참한 계급성을 아내가 실감하길 원치 않기 때문이다. 아파트 실내에 머물며 TV만을 바깥 세계로 열린 창으로 여긴다면, 안전하게 세상과 거리 두기를 할 수 있을 거라고 기대한 것이다. 하지만 정작 남편은 살처분 현장에서 구르며 몸뚱이 하나로 현실을 고스란히 감당해야 했다.

'나'도 집 밖을 나가는 일이 두려워서 되도록 실내에 머문다. 이 장소만이 서울을 닮았기 때문이다. TV로 보는 전염병과 살처분 뉴스는 바로 근처에서 벌어진 사건임에도 현실감이 약하다. 그저 눈앞에서 흘러갈 뿐이고 이미지가 이미지에 떠밀려 휘발되는 정보다.[23] 피나 기름 냄새, 짐승의 악취도 없다. 서울로 전달되는 살처분 정보도 마찬가지다. 현실의 살처분에서 멀리 떨어진, 재매개된 살처분 정보가 있을 뿐이다. 그렇게 서울은 집단적 기억/망각의 선택과 작동이 상대적으로 유리한 미디어화된 공간으로 상상된다.

서울에서도 그렇게 인식할 수 있을까? 살처분 현장을 가까이

2018년 A형 구제역이 창궐하던 시기의 살처분 현장
출처: 중부일보 김금보 기자

에서 묘사한「문래에서」,「구덩이」,「삼겹살」,「젖」과 달리, 윤대녕의「구제역들」과「검역」은 서울 중산층 중년 남성에 관한 이야기이며, '살처분'은 공허한 한담이거나 관광지 맛집으로 향하는 길에 마주치는 방역초소에 한정된다.

「검역」의 주인공 '그'와 의료검진센터에서 만난 남자는 건강이 좋지 못하다.[24] 두 사람은 언제나 만신창이가 되도록 일하고 있지만, 회사와 가정 어디에서도 존중받지 못하는 신세다.

두 사람은 검사 차례를 기다리며 구제역의 심각성을 화제로 잡담을 나눈다. 살처분 관리가 잘 안 되어서 지하수가 오염되는 바람에, 횡성 사람들도 제주 삼다수를 먹는다는 등의 이야기다. 그러다 신세 한탄으로 흐르고 만다. 의료검진센터에서 만난 남자는 기러기 아빠였고, 아내가 다른 남자가 생긴 것인지 한국으로 들어오려 하지 않는다고 말한다.

'그'도 가족에게 배척당하고 있긴 마찬가지다. 두 사람은 건강검진이 애초 마음에 들지 않았지만, 그냥 지나치면 의료보험 혜택에 불이익이 생기기 때문에 받을 수밖에 없었다. "내 몸이 내 소유가 아닌 거죠."

검사가 진행될 때마다 '그'의 나쁜 건강 상태가 측정되고, 의사들은 '그'를 책망한다. 생산성 관리 부서의 감독관 같은 태도다. '그'의 건강보다는 경제력을 유지할 쓸모와 품질을 갖춘 몸을 가졌는지 시험하는 과정에 더 가깝다. 그 와중에 직장과 거래처에서 문제가 생겨 전화로 구박을 당한다. 아내에게 도움을 청해보지만 '그'와 말을 섞는 일 자체를 짜증스러워하는 사람이다. 아내의 최고 관심사는 다이어트와 운동이다. 심신이 피폐해진 남편과 달리 아내는 매력 자본이 출중한 육체를 갖길 욕망한다. 언제가 될지 모르지만 자기 존재의 쓸모를 증명해야 할 때가 올 수 있기 때문이다.[25]

 온갖 모멸과 구박, 피로를 감수하며 '그'가 일해야 하는 가장 큰 이유는 은행 융자 때문이었다. 은행은 이 남자의 여러 주인 중 하나다. 부채 인간의 지위에서 인간과 가축은 금융 자본의 흐름을 잇는 네트워크의 일부라는 점에서 닮았다.[26] 빚을 지고 빚을 갚는 시간에서 헤어 나오질 못하는 존재다.

 「구제역들」의 중년 형제도 장차 경제 상황이 더 나아질 가망은 없고, 어떻게든 현실 유지라도 할 수 있길 바랄 뿐인 사람들이다.[27] 누굴 만나든 어디로 가든 대접받을 수 있는 순간은 소비자가 될 때다.

 「구제역들」의 주인공인 '나'와 동생 병수가 서울 바깥 세계에 갖는 관심의 수준이란 관광지와 지방 맛집으로 연결된 동선에 한정된다. 경수가 잡지에 싣는 글도 전국 맛집 기행이 대부분이다. 이들과 마찬가지로 서울에 거주하는 중산층 이상 계급에게, 서울 바깥의 장소를 머릿속에 떠올리고 의식화시키는 심상지리는, 맛집들로 향하는 약도나 다를 게 없다. 그 나머지는 생각해 본 일이 없거나 쉽게 잊어버릴 수 있는 영역이다. 그래서 도로를 막고 소독약을 뿌리는 방역초소는 관광지로 향하는 교통을 방해하는 장애물로 여겨진다.

 형제는 관광지에서 음식 소비에 열중할 때에만 안 싸우고 평화롭다. 소설의 서사도 이런 대목마다 갑자기 압축되고 시간이 훌쩍 지나간다. 이들의 기본적인 일상이 유지되는 서울은 표면적으로 구제역에 위협받지 않는 장소이고, 자신들은 어디까지나 그곳에 속한 사람이니 살처분의 난리는 남의 일로만 여겨진다.

　형제는 차와 몸에 밴 약품 냄새를 지우기 위해 온천 욕탕에 들어간다. 이 순간을 "살처분되는 심정으로 욕탕 입구로 들어섰다"고 적었다. 「구제역들」이 일관되게 보여주는 것은 허무주의에 빠진 중년 남성의 넋두리만이 아니라, 자기 계급의 전형적인 행동 유형(소비)과 정동에 갇힌 이들의 모습이다. 삶에 그것밖에 안 남았다. 형제는 자신들이 구제역에 병든 소, 돼지만큼이나 쓸모없어진 존재임을 알고 있다. 그래서 살처분될 가축에 자신들을 동일시하며 자기 경멸에 치를 떤다. 주체적 자존감이 결핍된 이 남자들의 내면은 속물적인 경제 논리에 좌지우지된다.

　「구제역들」과 「검역」은 살처분 현장으로부터 거리를 둔 소설이지만, '살처분의 시대'가 내뿜는 폭력으로부터 서울과 계급의 여러 층위가 결코 안전할 수 없음을 이야기한다. 살처분은 치료 방법이 없기 때문이 아니라 경제 논리로 학살을 결정하는 것이다. 백신을 사용해서 가축들을 치료하면 구제역 청정국 지위를 잃게 되고 관련 산업에 막대한 피해가 생기기 때문이다.[28] 이 논리는 방식의 차이는 있을지언정, 사람과 동물을 가리지 않고 경쟁력과 상품성을 잃은 생명에 포괄적으로 적용된다.

　코로나 팬데믹 상황에서도 사람들이 전염병보다 두려워하는 것은 '경제력' 상실이었다. '서울'과 '살처분지'는 그 공포와 불안의 총체로 맞붙어 있다. 윤대녕 소설의 남자들은 이런 현실에 저항하지 않고 순순히 매몰될 차례를 기다린다.

  전염병과 온갖 재앙으로부터 가장 철저히 보호되는 것은 사람이기보다는 경제 체제다. 지금의 자본주의는 전염병보다도 더 많은 생명을 죽인다. 이 위협으로부터 생명을 지킬 사회는 아직 도래하지 않았다. 이런 시대에 문학은 무엇을 할 수 있을까?

살처분의 시대

2010년 이후의 가축 전염병 재앙을 이전 시기와 구분해 '살처분의 시대'로 특정할 수 있을까? 쓰레기 대량 매립과 마찬가지로 살처분 역시 땅에 파묻어 눈에 보이지 않게 한다는 점에서 대중의 현실 인식을 교란한다. 지표면을 투명한 유리처럼 생각할 필요가 있다. 지면 아래의 층층에 지난 10년 동안 얼마나 많은 가축이 파묻힌 걸까?

  지난 15년 동안(2010~2025)에 살처분당한 닭, 돼지, 소 등의 가축은 최소 추정치만으로도 1억 마리에 달한다.[29] 정부에선 병명과 가축별로 살처분 개체 수를 분리해 통계를 잡고, 전체 살처분 누적 숫자는 의도적으로 발표에서 뺀다. 사안별로 통계화된 정보가 행정 현장의 실수요에 적합하기 때문일 테지만, 숫자의 단위가 너무 크면 정부 방역 정책에 대한 신뢰도를 의심받기 때문에 정무적 단위 조절이 필요하기 때문이다.

1억 마리의 숫자도 머지않아 기록이 깨질 것이다. 특히 가금류(家禽類) 살처분 단위는 소, 돼지의 10배에 달한다. 2020년 11월부터 2021년 5월까지 고병원성 조류 인플루엔자로 살처분당한 오리, 산란계, 육계, 종계의 총 마릿수는 2,993만 4,000마리에 달한다. 3,787만 마리를 살처분한 2016~2017년 조류 인플루엔자 사태에 이은 두 번째 피해 규모다. 참고로 2019년부터 2021년까지 아프리카 돼지열병의 살처분 두수는 39만 1,864마리다. 파주, 연천, 강화, 화천, 고성, 인제, 홍천 지역에서 사육되는 돼지의 87%가 땅에 묻혔다.[30]

2010년 이후로 해마다 반복되는 대량 살처분은 우역(牛疫)이 창궐했던 지난 시대와는 비교가 되지 않는 규모다.[31] 2010년 이후로 피해 규모가 폭발적으로 증가한 이유는 신종 전염병이 유달리 강력했다기보다는 가축 사육 두수가 크게 늘었기 때문이었다. 1995년부터 2015년 사이에 농가당 평균 사육 두수는, 소가 5마리에서 30마리(6배), 돼지는 136마리에서 1,679마리(12배), 닭은 928마리에서 5,369마리(5.6배)로 증가했다.[32] 축산별 1인당 소비량은 소, 돼지, 닭을 합쳐 1980년에 연평균 11.3킬로그램에서 2018년 53.9킬로그램으로 5배 증가했다.[33]

유사 이래 지금이 한반도에서 소, 돼지, 닭이 가장 많이 사육된 시기다. 2020년 기준, 돼지는 1,100만 마리, 소 330만 마리, 닭 1억 6,000만 마리가 사육되고 있다. 2011년 당시의 규모와 엇비슷한 수준이다. 지난 10년간 살처분이 반복되는 상황에서도 이 규모가 유지되고 있다는 것은, 이 시기가 임계점이었음을 의미한다. 한국 농업환경의 평균적인 경지 면적을 고려하면 물질 순환 능력을 크게 초과한 산업 규모다. 많은 개체를 밀집 환경에 몰아넣어 키울 수밖에 없으니, 전염병에 취약해지는 것은 당연한 결과다.[34]

'살처분의 시대'를 구별해보려는 이유는 과거를 반성하고 지금 우리 시대에 모색해야 할 변화를 성찰하기 위해서다. 지난 10년간 살처분된 가축의 숫자는 이 나라에서만 홀로코스트 희생자의 16배가 넘는다. 그것들을 인간의 죽음만큼 기억하고 애도할 수 있을까? 그 생명들이 전염병을 이유로 살처분되지 않고 정상 출하되었더라도, 육류 대량 생산과 소비 과정은 정상적인 경제 활동으로 여겨지는 학살의 연속이다. 정상이었던 시대는 없다. 오히려 살처분이 만연한 이 시대에 이르러서야, 쉽게 소비하고 망각한 것이 무엇인지 비교할 수 있게 되었다.

불편한 비교가 반성과 성찰, 용기의 순간으로 이어질 수 있을까? 「문래에서」의 '나'는 어떻게 되었을까? 살처분 현장 가까이에 사는 이상, 자의 반 타의 반 현실을 외면할 수만은 없다. 남편은 피와 악취, 비참한 감정에 둔감해지려고 술에 의지한다. '나'도 상황의 심각성을 점차 깨닫지만 감당할 자신이 없다. 남편이 넋두리라도 할라치면 "나한테 아무것도 말하지마"라고 외면했다. 현실을 외면하려 할수록 부부 사이에도 금이 가기 시작한다.

'나'는 남편이 일하는 살처분 현장을 보게 된다. 언젠가 그렇게 될 일이었다. 현장 입구에 대기하며 매몰 작업이 이뤄지는 계곡 아래를 내려다보는 비교적 안전한 위치였다. 하지만 그곳에서도 살육의 공기는 압도적이다. '나'는 겁에 질려 집으로 되돌아가지만, 도로 곳곳에 배치된 방역 시설 때문에 혼잡과 정체가 극심했다. 휘발유도 바닥이 나서 무사 귀가가 어려운 상황에 몰린다. '나'의 고물차는 방역 대상이 되어 소독액 빗물을 맞는다.

그런데 이 소설은 뜻밖의 결론에 이른다. 계급 전락의 밑바닥에 살처분 현장이 입을 벌리고 있음을 알게 되었지만, '나'는 어느 때보다 남편을 사랑하겠다고 다짐한다. 파국의 한복판에서 살아가야 하지만, 잊어버리고 둔감해지지 않고, 더 사랑하고 기억하는 편을 택한다. 서울(문래)을 향해 품었던 덧없는 환상에서도 깨어난다.

'나'는 예술가 되기를 동경했던 이다. 최악의 순간이야말로 자신이 겪고 관찰한 종말의 풍경을 어떤 방식으로든 표현하려는 출발점이 될 수 있다. 그러려면 나쁜 기억을 회피하지 않고 꿋꿋하게 대면할 용기가 필요하다. 이 부부의 서로를 향한 사랑이 그 용기를 지탱할 것이라 믿고 싶다.

이상권의 「삼겹살」에선 살처분 현장에 동원된 군인의 체험을 읽을 수 있다. 「삼겹살」은 2011~2012년 구제역 시기의 군인 동원 문제를 기록한 유일한 문학이다.

대민 지원을 나온 상병장인 주인공은 소의 배를 가르고, 돼지를 생매장하는 일을 직접 해야 했다. 국가인권위원회의 「가축매몰(살처분) 참여자 트라우마 현황 실태조사」에 기록된 살처분 방법에 대한 인터뷰 내용을 아래에 함께 인용한다.

수의사가 송아지한테도 주사를 놓았다. 송아지는 음매애-, 어미를 한 번 부르면서 앞으로 꼬꾸라졌다. 소들이 다 쓰러지자 공무원 한 사람이 낫을 군인들한테 주었다.

"자, 어서 배를 가르게. 배를 가르지 않고 묻으면 배에 가스가 차서 나중에 터질 수도 있네. 자, 어서어서!"

군인들이 망설이자 공무원은 뒤에 서 있는 중대장을 바라보았다. 중대장이 소대장들에게 뭐라고 하였고, 소대장 하나가 오빠를 부르더니 작업을 지시했다. 오빠도 낫을 잡았다. 평생 처음 잡아보는 낫이었다. 공무원 한 명이 시범을 보였다. 소 배를 푹 찍은 다음 긁 듯이 잡아당기면 끝이었다. 오빠는 후임병들에게 시킬 수도 있었지만, 이 끔찍한 일을 차마 맡길 수가 없었다. 오빠는 망나니처럼 낫을 들고 소에게 다가가서 위에서 내리찍었다. 푹 박힐 줄 알았던 낫이 튕겨 나갔다.[35]

숙련되지 않은 수의사가 혈관에 찌르지 못하고 근육에 찔렀을 때에는 한 시간 넘게 호흡곤란만 겪으며 살아 있기도 합니다. 사체는 땅에 묻거나 렌더링(갈아서 폐기하거나 식용, 사료용 등으로 쓰는 것) 업체로 가기 때문에 포크레인 등이 살처분 현장에 동참해서 소를 들어 올리게 되는데요. 살아 있을 때는 거꾸로 매달아 경정맥을 칼로 끊어 방혈하기도 합니다. 보통 다 자란 소의 무게는 400킬로그램에서 1톤까지도 나가기 때문에 경정맥을 끊으면 쏟아지는 혈액의 양이 굉장히 많습니다. 그래서 처음 접하는 사람은 종종 충격에 빠지곤 합니다.[36]

「삼겹살」의 장교들은 험한 작업을 장병에게 모두 떠넘긴다. 그들은 지휘자의 위치에서 현장과 거리를 유지하며 장병들을 피와 오물이 낭자한 살처분 작업에 내몬다.「삼겹살」의 주인공은 그 후로 사람이 바뀐다. 그와 함께 작업에 투입된 병사 중엔 정신질환에 시달리다 전역한 이도 있다. 주인공은 본래 다정다감하고 합리적인 성격이었으나, 살처분 이후로 후임들을 구타하며 난폭해진다. 군대는 구타 없이 굴러갈 수가 없다고 확신하게 된 것이다. 살처분 현장에 다시 가지 않으려면 장교들이 그랬던 것처럼 자신보다 낮은 계급에 일을 떠넘겨야 한다.

그가 가장 좋아했던 음식은 삼겹살이었다. 하지만 트라우마 때문에 먹기만 하면 토한다. 주인공은 자신에게 닥친 변화를 성찰하며 제대 이후의 삶을 준비한다. 살처분 조치가 강제될 수밖에 없었던 이유가 냉혹한 경제 논리의 결과라는 것을 이해하게 된다. 그는 대학 전공인 '경영학'을 포기하고, 재입학을 하더라도 생태학을 공부하겠다고 결심한다.

「삼겹살」은 살처분의 기억을 새로운 삶의 방식에 도전하는 기준점으로 선용한 인물을 제시한다. 이들보다 더 취약한 형편에서도 변화의 희망과 가능성을 찾을 수 있을까?

「젖」(2012)은 매매혼으로 한국에 시집온 쩐 투윗이 주인공이다. 비록 매매혼이었으나 남편은 선한 사람이었고, 살처분이 있기 전까진 소를 키워 착실히 살림을 불린 다복한 가정이었다. 하지만 살처분으로 하루아침에 소를 모두 잃고, 남편은 오토바이 낙상 사고로 뇌를 다쳤다. 시어머니는 임신한 소의 배를 가르는 참상을 눈앞에서 본 뒤로 며느리 단속에 병적으로 매달린다. 베트남 며느리를 유일하게 살아남은 가축, 집안의 재산 취급을 한 것이다.

　이 소설의 무대는 G시로 지시된다. 광주 근교의 소를 키우는 부락의 하나일 거라 판단된다. 광주 전남 지역 전체 인구 중 2.9%인 11만 명이 외국에서 이주한 사람들이며, 다문화 가정의 숫자는 2019년 기준 3만 가구에 달한다.[37] 이 수치는 해마다 증가하고 있다. 「젖」과 「구덩이」에 묘사된 결혼 이주 여성은 이런 맥락을 소설에 반영한 것이다.

　「젖」에는 방역 지휘 체계의 최말단 현장에서 일하는 실무자의 목소리를 담고 있다. 송아지만이라도 살려달라고 애원하는 쩐 투윗의 시어머니에게 실무자는 이렇게 말한다. "한 마리라도 살려줬다가는 우리 다 잘린다고요! 우리도 날마다 이 짓 하느라고 미쳐버리겠다고요. 자식새끼만 없으면 당장 때려치우고 싶다고요!"[38] 「젖」과 「삼겹살」뿐만 아니라 앞에서 언급한 소설에서도 살처분 현장의 하급 공무원은 악인으로 묘사되지 않는다. 모두가 욕지기를 뒤집어쓰고 일할 수밖에 없는 하층 계급의 일원이기 때문이다. 공무원이 살처분에서 겪는 트라우마 피해는 살처분 현장 작업만이 아니라 사후 조치 책임과 관련해서도 무척 심각하다.[39]

　가축을 땅에 파묻어버리는 게 최선일까에 대해 누구나 의심한다. 「구덩이」에는 상징적인 장면이 교차한다. 굴착기 기사 남씨의 아내는 암 수술에 실패해서 개복 부위를 "그냥 덮고" 죽음을 기다릴 수밖에 없다.⁴⁰ 불안정 노동자들의 삶도 소, 돼지와 마찬가지로 구덩이에 내몰린다. 살처분은 그냥 덮어버리는 해결법이다. 시장질서는 그편을 경제적인 것으로 판단한다.「삼겹살」의 주인공이 자기 전공을 재인식하게 된 이유도 여기에 있다. 살처분 방역은 가축과 농가를 구하는 일이 아니라, 경제 체제를 보호하는 조치였다.⁴¹

 2020년 이후로는 코로나 전염병 뉴스에 밀려 가축 전염병 뉴스가 현저히 줄었다. 그전에는 과잉된 정치 이슈에 뒤로 밀려나기 일쑤였다. 앞으로도 살처분에 비친 이 나라의 민낯이 온전히 드러나긴 요원하다. 살처분을 직접 겪은 이들도 '말할 수 있는 주체'로 거듭나기가 너무나 어렵다. 정신질환을 앓고 있는「구덩이」의 영감 아들이 기록을 남겨 알릴 수 있을까? 한국말이 서툰 베트남 며느리들에게도 어려운 과제이긴 마찬가지다.

 그렇더라도 '살처분의 시대'를 기억하고 말할 수 있는 주체는, 지휘하는 계급들이 장악한 대중 매체와 주류 담론장이 아니라, 파국의 한복판을 경험한 당사자여야 한다. 그들이 '말할 수 있는 주체'로 성장할 시간과 기회를 준비하는 것이 우리 시대 문학의 역할이다.

 「문래에서」와「삼겹살」은 나쁜 기억을 회피하지 않고 꿋꿋하게 대면하려는 주인공의 용기로 마무리된다. 자기 계급의 굴레이자, 망각할 수 없는 것의 체험으로부터 자신과 사랑하는 이들의 삶을 구하려는 출발점이 모색된다.「젖」의 쩐 투웟은 살처분에서 기적적으로 살아남은 송아지를 폐쇄된 교회 지하에 숨겨

키운다. 송아지에게 먹일 우유가 바닥나자 자신의 젖을 먹이며 필사적으로 생명을 지킨다. 문학이나 예술의 형식을 따르지 않더라도, 쩐 투윗의 아들인 유진이 이 이야기를 알게 된다면, '살처분의 시대'에 어머니가 지킨 희망을 배우게 될 것이다.

송아지는 맹렬하게 젖병을 빨아댔다. 이내 젖병이 비워졌다. 안타깝게도 더 이상 먹일 우유가 없었다.
"미안해. 조금만 참아. 내일은 우유를 많이 사 올 테니까."
쩐 투윗은 송아지 목을 긁어주면서 달래고 함지박에다 물을 부어주었다. 송아지는 물을 쭉쭉 빨아 마신 다음 다시 쩐 투윗에게 와서 젖을 달라고 보챘다. 배는 홀쭉했으며 몸은 깡말랐다. 어서 구제역이 사라져야만 송아지를 축사로 데리고 나갈 수 있다. 몇 번이나 시어머니한테 송아지의 존재를 알릴까 하다가 도리질하였다. 구제역이 사라질 때까지는 시어머니가 아니라 예수님한테도 알리고 싶지 않았다. 어떤 일이 있더라도 저 송아지만큼은 지켜내리라.
…
송아지는 계속 어미의 젖을 찾았다.
유진이는 15개월째인 열흘 전부터 어미의 젖을 멀리했다. 아주 심한 독감에 걸려 병원에 입원하였는데, 그때부터 젖을 물지 않았다. 처음에는 링거를 맞아서 그런가 보다 했는데, 퇴원한 뒤로도 찾지 않았다. 퉁퉁 불은 젖을 억지로 물리면 몇 번 빨다가 이내 젖꼭지를 밀어내고 고개를 흔들어버렸다. 시어머니는 차라리 잘된 일이라고 하였으나 밤마다 이불이 흥건히 젖도록 흘러나오는 젖을 볼 때마다 속이 상하고 한편으로는 서운해지기도 하였다. 유진이가 젖을 멀리하자 심하게 젖몸살이 찾아왔다. …
쩐 투윗은 그런 생각을 하면서 자신의 젖을 송아지한테 물렸다.
"제발 젖이 나와야 할 텐데, 제발 …."
송아지가 혓바닥으로 어미의 젖을 감싸고는 이 세상 모든 것들을 빨아들일 듯한 엄청난 힘으로, 어미의 몸속으로 흐르는 오래된 물을 빨아올리고 있었다.[42]

가축은 살처분의 계급지표에 속할 수조차 없는 미천한 존재다. 경제 논리와 국가 정책에 따라 학살 가능한 생명이기도 하다. 이들을 존중받아 마땅한 생명으로 격상시킬 수 있는 길을 고민한 소설은 아직까진 이상권의 「젖」뿐이다. 인간과 비인간을 넘어 친척(kin)을 만드는 법(해러웨이)[43]을 제시한 이 소설의 가치는 각별하다.

재난에 익숙해지지 않는 문학을 위하여

살처분은 이제 새삼스러울 게 없는 뉴노멀의 현상이 되었다. 전염병이 반복될 때마다 소비 대중의 관심사는 식료품 가격 상승에 머문다. 뉴스에서도 상품이 되지 못한 생명이 어떻게 땅에 묻혔는지 알려주지 않는다. 그사이 살처분 현장의 폭력성이 약해진 것도 아니다. 농장 바로 옆에, 사람들이 계속 살아가야 하는 마을 안에 살처분 매립지가 생긴다. 그곳에서 살았고, 트라우마를 안고 살아가야 하는 이들의 이야기를 경청할 자리를 문학은 준비해야 한다. 그 일을 수행할 조직을 구성하고 중장기 계획을 세워야 한다. 더 나아가 비건주의 실천을 비롯해 여러 형태의 생태 운동과 대의를 공유할 연대를 모색할 때다.

이 활동의 목적은 땅에 묻힌 가축들을 해원(解冤)하고 피해자들의 트라우마를 달래는 것 이상의 의미가 있다. 땅과 강, 하늘, 살아 있는 모든 것들이 시장의 상품, 자본을 구성하는 요소로 포획되는 이 시대의 지배적 세계관에 맞서는 일이다. 식탁 위의 고기 한 점이 고기이기 전에 존엄한 생명이었던 시간에 감응하고 성찰할 수 있는 인간형으로 거듭나려면, 반복된 소비에 몰입하며 잊어버렸던 것들을 애써 기억해야 한다. 오늘날의 미디어 환경은 사유 없는 기억, 자동화된 망각의 연속을 조장한다. 이에 맞설 대안 미디어로 문학이 다른 리듬과 속도, 강도의 매개력(媒介力)을 발휘할 수 있을까? 해리되는 사회적 기억을 붙잡을 수 있지 않을까? 시대와 사회로부터 상처받은 인간이 대화와 경청을 갈구할 때, 문학은 낯익은 선택지의 하나였다. 살처분의 아수라장을 향해서도 문학은 그렇게 할 수 있다. 지금은 재난에 익숙해지지 않는 문학이 필요한 시대다.

실천 계획은 여러 방향에서 구상해 볼 수 있다. 살처분 트라우마를 겪는 불안정 노동자, 결혼 이주 여성, 농축 산업 종사자들이 이를테면 소설 같은 것을 써서 기록을 남기게 해야 할까? 그 일을 전문적으로 돕는 문인의 조직이 필요할 것이다. 하지만 우선은 원칙을 세워야 한다. 가장 중요한 것은 기록을 결과물로 추수하는 일이 아니기 때문이다. 서로가 계급성의 차이를 확인하며 멀어지려 할 때마다, 무엇이 서로를 다시 끌어당길 수 있을까?

공포와 불안이 연대의 거점이 될 수 있다. 지금의 경제 체제는 온갖 방식의 학살을 새로운 생산과 소비 양식, 정상적 시장 질서인 양 전개하고 있다. 어떻게 이런 세상을 두려워하지 않을 수 있을까? 소비의 희열에 몰두하며 불쾌한 감정 따윈 잊어버리는 편이 나을까? 병든 가축에게 적용된 경제 논리가 너와 나의 불안정한 노동을 예외로 남겨둘 리 없다. 지난 20여 년간 진행된 신자유주의의 흐름에서 어떤 일이 벌어졌는지 기억해야 한다.

공포와 불안의 연대는 이 나라 밖으로도 확장될 수 있다. 이런 소식을 접했다. 후쿠시마현 소마시 코요 산업단지(福島県 相馬市 光陽工業) 안에는 방사능에 피폭된 멧돼지를 처리하는 전용 소각장이 2016년부터 운영되고 있다. 정식 명칭은 '소마방부위생조합·유해조수소각장(相馬方部衛生組合·有害鳥獸焼却場)'이다. 원전 사고와의 직접적 연관성이 드러나지 않는 이름이다. 2011년 이후 후쿠시마현의 야생 멧돼지 개체수는 폭발적으로 증가했고, 1킬로그램당 최대 3만 베크렐(Bq)의 고준위 방사능 물질에 오염되어 있어서 식용이나 매립은 n차 피폭의 원인이 된다.[44] 수렵 포획 후에 바로 소각할 수도 없어서, 균상(菌床) 시설에 사체를 넣고 1주일 동안 부패 연화시키는 공정이 필요하다. 이 때문에 일반 폐기물 소각 시설이 아니라 전용 소각장이 필요한 것이다.[45]

후쿠시마현 소마시 코요 산업단지의 유해조수소각장
출처: 고영린

이곳에서 일하는 대다수 노동자는 원적 직장이 인력 업체 사무실이다.[46] 회사가 하청을 받아 파견한 비정규직들은 근무지의 일을 외부에 알리기 어렵다. 원전과 관련되어 있기 때문이기도 하지만, 보안 서약과 각서 제출은 파견노동자의 일터 일반에서 엄격하게 관리되는 사안이기 때문이다. 2013년 '특정 비밀의 보호에 관한 법률(特定秘密の保護に関する法律)'이 통과된 이후로는 원전 문제에 대한 정보 통제에서 언론과 지식인조차 자유롭지 못한 상황이다.

이곳의 존재에 대해 알려준 분이 소각장과 노동자들의 숙소를 사진으로 찍었다.[47] 잊어버리고 싶지 않았던 것이다. 올림픽으로 떠들썩한 상황에서 2011년 원발진재(原發塵災)를 잊고 싶지 않고, 도쿄와 같은 대도시에는 피폭 동물 소각장 같은 게 없다는 사실을 기억하고 싶었다. 원자력 발전소를 도쿄에 짓지 않는 이유도 잊을 수 없었다. 국가 주도로 쓰레기 기억상실증이 조장되고 있다는 사실을 되도록 많은 이와 공유하고 싶었다. 소각장에서 일하는 노동자 중에도 같은 마음인 사람이 있을지 모른다.

한국의 살처분 매립지에서 벌어지는 일과 닮은 점이 많다. 살처분 노동의 민간 외주화, 외국인 노동자, 언론과 대중의 무관심, 억 단위의 생명을 땅속에 묻고 지켜낸 구제역 청정국 지위 등등을 겹쳐보았다.

'중국식 기억 상실'을 통탄하는 옌롄커의 글도 읽었다. 옌롄커는 문화 혁명기의 중국 사회를 풍자한 『인민을 위해 복무하

후쿠시마현 소마시 코요 산업단지의 간이 노동자 숙소이다. 오염 지역에서 일하는 대다수 노동자는 하청을 받은 비정규직이다.

출처: 고영란

라』(2005)를 발표하고 중국 정부로부터 혹독한 검열과 탄압을 받은 바 있다. 그는 1980년대에서 1990년대에 태어난 중국 젊은 세대가 심각한 기억상실증을 앓고 있다고 진단한다. 그들은 천안문 6·4항쟁이나, 4,000만 명의 인민을 아사(餓死)로 몰아넣은 1960년대 초의 3년 대재해, 문화대혁명의 광기를 망각한 세대다. 개혁개방 시기의 사회 혼란 역시 알 리가 없다.

코로나 확산 초기에 중국 정부가 정보 검열과 통제로 일관하면서 재앙을 키운 것에 대해서도 분노할 줄 모른다. 초유의 도시 봉쇄 상황에서 1,108만 명의 인민과 그 지역 동물이 인수공통감염의 매개체로 강등되었다. 불과 수년 전에 일어난 일이다. 그러나 국가와 당에 열광적으로 충성하는 1990년대생 소분홍(小粉紅)의 의식에선 서구 열강이 왜곡한 정보가 되고 말았다. 옌롄커는 이들 세대의 '기억상실'이 국가 관리의 책략과 사회 제도에서 야기된 일종의 필연이었다고 비판하며, 오늘날 문학의 역할은 기억상실에 저항하고 기억을 확장하는 일이라고 했다.[48]

한중일 동아시아의 지난 10년은 기억상실증의 시대였다. 이 시대와 사회가 무엇을 잊어버렸는지 자각할 수조차 없는 상태에 이르는 것이 가장 두렵고 무서운 일이다. 매립된 기억을 다시 퍼올려야 한다.

공통의 불안과 공포는 연대의 거점이다. 다음 장에서는 저장 강박증에 사로잡힌 이들에게 다가갈 것이다. 쓰레기가 처리되는 장소와 사유 재산의 경계가 극단적으로 교란되는 사례다. 이 문제는 오래된 생활권이 쓰레기가 되어 해체되는 도시 재개발 사업의 이면이기도 하다. 이 세계에서 생존하려면, 경제성에 따라 사물을 재빨리 판별하고 효율적으로 이윤 추구에 몰두하는 의식 체계에 익숙해져야 한다. 저장 강박증은 이 문제에 대한 과잉 적응이면서 또 한편으로는 자해하는 저항이다. 그들도 기억 전달자가 되고 싶은 것이 아닐까?

  이들에게 귀를 기울일 차례다.

제5장

죽은 자의 빈집에서, '특수청소'와 사회적 기억의 관리

특수청소 되는 사회적 기억

이 장에서는 소비 대중의 기억 문화에서 주거 약자에 대한 사회석 기억이 어떻게 서술되고 매개되는가를 살펴본다. 특히 쓰레기 처리 제도와 관련 업계의 변화가 사회적 기억의 형성에 미치는 영향을 주목한다. 이를 위해 '고독사'와 '특수청소', '저장 강박'을 소재로 한 논픽션과 소설을 검토할 것이다.

김인숙의 「죽은 개의 식사시간」(2013), 김새별·전애원의 『떠난 후에 남겨진 것들』(2015), 김완의 『죽은 자의 집 청소』(2020), 염기원의 『인생 마치 비트코인』(2022), 김인숙의 「자작나무숲」(2022)은 뉴타운 개발 사업 이후의 부동산 시장 광풍과 코로나19 팬데믹 변동기 동안 가속된 사회 안전망 붕괴에 관한 기록이다.[1]

쓰레기 더미와 악취, 오염된 액체로 범벅된 죽음의 현장을 묘사한 이 텍스트들에는, 고립된 채 죽어간 이들에 대한 동정과 혐오, 공포와 경이의 감정이 교차한다. 공통적으로 '청소'를 소재로 삼았으나, 사람을 구하는 청소가 아니라 사유 재산의 경제적 가치를 복원하는 조치에 더 가깝다.

이 장의 쟁점은 크게 네 가지다. 첫째, 쓰레기 처리 제도는 소비 대중의 기억을 어떻게 외부화하고 망각의 생산성을 증대시키는가? 공공행정의 폐기물 처리 시스템은 배출자의 신원을 익명화하여 소비자들이 자신의 소비에 대한 기억을 잊게 한다. 이 과정은 폐기물 처리 시스템이 위생의 문제에 한정된 것이 아니라,

인식론적 초기화 기능을 수행한다는 것을 의미한다. 특수청소업에서는 이 메커니즘을 부동산 상품의 경제적 가치를 복원하는 데 적용한다. 새로운 세입자는 앞선 세입자의 시간과 단절되어야 하며, 이 작업의 난이도는 눈에 보이는 오염 제거보다 후각에서 감지되는 냄새를 제거하는 데서 더욱 높아진다.

둘째, 특수청소 현장에서 체험할 수밖에 없는 악취와 화학물질의 향경(香景, smellscape)을 자본주의의 위선적 실재감(presence)을 교정하는 일에 적용할 수 있는가?[2] 특수청소 현장은 대한민국의 신자유주의가 사회적 안전망을 무너뜨리고 경제적 약자를 죽음으로 몰고 가는 실패한 체제임을 드러낸다. 이 시대 금융화한 인간들이 욕망하는 부는 위생과 청결, 고급스러움을 표방하지만, 현실에서는 죽은 몸뚱이의 부패와 악취를 감추고 있다. 이 사실은 비현실적인 것으로 취급되고 대중의 기억에서 쉽게 잊힌다. 특수청소 서사는 이 모순과 역설을 시취(屍臭)와 함께 상기시킨다.

셋째, 망자가 남긴 쓰레기에 대한 프로파일링을 통해 피해 서사 이상의 무엇을 발견할 수 있을까? 선입관을 앞세운 탓에 특수청소 현장에서 보지 못하고 놓치는 것은 무엇일까? 쓰레기와 공존하는 삶은, 기존 경제 질서를 따르지 않는 새로운 삶의 방식과 물질의 용도를 실험하는 장이 될 수 있다. 이곳에서 사라진 이들을 경쟁 사회에서 도태된 낙오자로 단정하는 것은, 자본의 질서에 순응하며 쓰레기와 쓰레기가 아닌 것을 분리해 온 관성의 연장선이다.

넷째, 특수청소는 경제적 약자의 죽음 앞에 어떤 애도를 실천하고 있는가? 그들이 애도하는 망자의 죽음이 사회적 타살임을 부정할 수 없을 때, 타살의 공범들을 향해 정당한 분노와 비판을 할 수 있을까? 질문 없이 기계적으로 되뇌어야 하는 사회적 기억은 오래가지 못하고 휘발된다. 이 질문에 책임감 있게 답해야 하는 이들은 시체에서 흘러나온 유기산유(有機酸油)를 닦아내는 특수청소 노동자들이 아니다. 약탈적 자본주의의 말단에서 일하는 도급업자들보다는, 이 체제에서 훨씬 더 많은 이권과 부를 추수하는 이들의 침묵과 탐욕을 직시해야 한다. 동시에 그들을 향한 정당한 분노 대신에 현실을 빨리 잊어버리는 편을 택하는 소비 대중의 습속을 따져봐야 한다.

'기억하는 청소'라는 역설과 쓰레기가 되는 사람들

2015년 출간된 『떠난 후에 남겨진 것들』(이하 『떠난』으로 표기)은 특수청소 업체 '바이오해저드'의 설립자(김새별)와 직원(전애원)이 함께 쓴 책으로, 이 분야 종사자가 직접 쓴 첫 번째 저작이다.[3] 2020년 출간된 김완의 『죽은 자의 집 청소』(이하 『죽은 자』로 표기)와 함께 특수청소업에 대한 대중의 긍정적 인상을 만들어낸 대표적 성과다.[4]

『떠난』의 저자들은 책을 펴내며 집필 의도를 이렇게 밝혔다.

이 책은 '어떤 사람이 태어나 이런저런 일을 겪다 죽었다'라는 자서전이 아니다. 신문의 사회면에서 가십거리로 다룰 만한 자극적인 이야기를 전하려는 의도도 없다. 다만 독자들이 떠난 이들의 뒷모습에서 이 사실 하나만은 꼭 기억했으면 한다. 우리가 무심코 지나쳐온 다양한 죽음 속에는 언젠가 내가 맞닥뜨릴지도 모를 하루가, 나의 사랑하는 우리 이웃들의 이야기가 담겨 있다는 사실을.[5]

특수청소 업체 종사자가 망자에 대한 '기억'을 기록해 책을 내는 것은 독자 대중이 저항감 없이 받아들이기 쉬운 콘셉트가 아니다. 준공무원인 환경미화원의 경우, 업무 과정에서 획득한 정보를 함부로 발설 유포할 수 없는 비밀 유지 각서를 써야 한다.[6] 이들과 뭐가 다른 걸까?

청소 노동자가 누군가의 쓰레기를 치울 때, 그 사람의 가장 적나라하고 내밀한 생활 기록에 접촉하게 된다. 쓰레기로 버려진 물품은 배출자가 의식의 흐름에서 제거해도 상관없다고 판단한 것들이고, 여러 단계의 폐기물 처리 과정을 거치며 봉인, 은폐, 소각 또는 매립된다.[7] 모두가 망각에 최적화된 방식이다. 이 조치가 국가 예산으로 관리되는 공공 서비스라는 점은 당연하면서도 의미심장하다.

공공행정에서 관리하는 폐기물 처리 시스템은 배출자의 '외부화된 기억'을 익명화하고 눈에 띄지 않도록 처리해서, 일상적 망각이 반복적으로 완수되도록 한다. 이를 통해 소비 대중의 기억상실증은 고질화하고 소비주의적 일상에 간편히 몰입할 수 있게 된다.

배출자의 신원과 연결되는 정보(signal)는 여러 단계에 걸쳐 감춰지거나 흐릿해져야 하며, 다른 이들의 쓰레기와 뒤엉켜서 시그널이 교란되어야 마땅하다. 『떠난』이 공공연히 공개하겠다고 밝힌 것은 이 프로세스를 거꾸로 거슬러 올라가는 일이다. 대체 '기억하는 청소'라는 것은 무엇일까? 김완의 『죽은 자』에 따르면, 특수청소업은 사업자 등록을 할 때 "사업의 업태를 '서비스'로 표기"[8]한다고 한다. '특수청소'라는 별도의 업태는 없다. 그럼에도 이 업은 공공 행정망의 폐기물 처리 시스템에 긴밀히 연결되어 있고, 폐기물관리법에 정해진 처리 기준과 방법에 맞춰 합법적으로 청소를 수행해야 한다.

결정적인 차이점은 활동 영역이다. 환경미화원의 노동은 지정된 위치와 동선에서만 이뤄진다. 그렇게 하지 않으면 도시 전체에서 매일 배출되는 엄청난 양의 폐기물을 효과적으로 처리할 수 없다. 이를테면 쓰레기가 이동하는 컨베이어 벨트가 도시 곳곳에 깔린 셈인데, 쓰레기를 옮기는 매개자 중에는 종량제 봉투에 쓰레기를 담아 지정된 장소에 버리는 배출자 자신도 포함된다. 그 역시 이 시스템을 구성하는 핵심 장치다. 쓰레기의 흐름은 분리수거장, 쓰레기 운반 트럭, 중간 계류지, 매립 또는 소각 시설 등으로 지정된 위치에서 분절된다. 고독사 현장처럼 집 안으로 직접 들어가야 하는 청소는 이 시스템의 사각지대다.

그곳은 사유 재산의 영역이고, 쓰레기로 버려질 것과 그렇지 않은 것의 선택이 미결된 사물로 채워져 있다. 채무 관계가 복잡한 사람의 방이라면 소유권은 한층 복잡하게 얽혀 있다. 그래서 시취가 진동하는 상황에서도 법원의 명령을 얻지 못하면 문을 열고 현장에 들어서는 것부터 불법이다. 『떠난』과 『죽은 자』에서는 현장을 청소하는 것만이 아니라, 청소가 가능한 합법적 단계까지 대기하는 업무 역시 감수하고 있다. 작업이 시작되었더라도, 쓰레기를 기계적으로 갖다 버려선 안 된다. 사유 재산의 영역이기 때문이다. 이런 청소는 망자의 지갑, 금고를 열어보는 상황에 대입해 봐야 한다. 이곳에서 수취한 지폐나 귀중품은 법률이 정한 상속 자격과 순위 또는 채무 이행의 범위에 따라 엄격히 전달되어야 한다. 그래서 특수청소는 온갖 오염 물질을 제거하는 작업이면서, 층층이 쌓인 쓰레기 더미 속에서 돈을 찾는 과정이 된다. 우선 이것이 환경미화원의 업무와 특수청소업의 다른 점이다.

『떠난』과 『죽은 자』에서도 이 예민한 작업의 고단함과 난감함을 토로한다.

결국 일하는 내내 쓰레기는 쓰레기대로 모으면서 동전과 지폐를 따로 모아야 하는데 사실 이것이 보통 귀찮은 일이 아니다. 쓰레기 산 곳곳에 쑤셔 박힌 편의점 봉투 어딘가에 들어 있거나 방바닥에 납죽 붙어 있는 동전을 주워 모으기란 결코 쉽지 않다.[9]

아니, 도대체 왜 이들은 돈 관리에 이토록 허술한가! 비록 적은 금액일지언정 동전이나 지폐를 이따위로 쓰레기 속에 내팽개쳐 두는 것이 온당한가?[10]
황급히 전기장판을 걷어내는데 놀라운 일이 벌어졌다. 바닥에 오만 원짜리 지폐들이 빼곡히 깔려 있었다. 순간, 아들이 황급히 방을 나가더니 대야를 들고 뛰어 들어왔다. 뭘 하려는 걸까. 나도 모르게 작업을 멈추고 아들을 쳐다보았다. 누가 뺏어갈까 봐 두려운 듯 아들은 허겁지겁 돈을 쓸어 담기 시작했다. 장갑도 끼지 않은 맨손이었다. 유기산유는 지폐에도 잔뜩 묻어 있었다. 그러나 아들의 눈에는 보이지 않았고 손에도 느껴지지 않았다. 가만히 두어도 닦아내고 소독해서 전달해 줄 것이었다. 뭐가 그리 급해서 맨손으로 돈을 쓸어 담고 있는지 도무지 이해되지 않았다. … 아들 눈에 보이는 것은 오로지 돈뿐이었다.[11]

쓰레기 더미 사이를 레이어 단위로 주의 깊게 살피는 작업과 망자를 프로파일링하는 일은 불가피하게 겹치게 된다. 책장에 꽂힌 책을 펼쳐보고, 일기장, 가계부, 메모, 약 봉투까지 읽게 된다. 그 과정에서 망자가 노래방 도우미였다거나, 어떤 병을 앓던 환자였는지 알게 된다. 이들은 형사가 놓친 범죄 증거까지 찾아낸다. 특수청소업 종사자들은 원하든 원하지 않든 망자의 생전 상황을 상상하고 추측한다. 『떠난』과 『죽은 자』의 특징적인 서사 역시 여기서 비롯된다.
사후에 보장받아야 할 잊힐 권리가 침해받은 현장으로 생각할 만하다.[12] 그러나 이 권리가 제대로 행사되려면 주기 전에 법률적 효력을 일으킬 조치를 해야 한다. 하다못해 유서에 구체적인 문구를 적어놓아야 한다. 특수청소 업체의 작업 개시는, 숨겨진 돈을 찾기 위해 이 장소를 샅샅이 탐색하고 판단하는 과정에 위법성이 없음이 전제되었을 때 가능하다. 일단 일이 시작되었다면 잊힐 권리는 소멸한 상태일 확률이 높다.

동종의 다른 업체에서 '남의 것을 탐하지 마라'라는 가장 예민한 규정을 어겨 뉴스에 보도된 것을 본 적이 있다. 고인의 유품을 정리하고 남겨진 사람들의 슬픔과 고통을 덜어내는 일을 하면서 그런 불상사가 발생한다면 회사를 운영해 나가기 어려울 것이다. 그래서 만일을 대비해 서랍을 열기 전, 귀중품 발견 즉시, 청소 전후 등 여러 번 사진을 찍는다. 대개 50~60장을 찍지만 1500장까지 찍어둔 적도 있다.[13]

살아 있는 의뢰인에게 이 업(業)에 대한 신뢰를 주는 것은 매우 중요하다. 『떠난』의 경우는, 작업 단계마다 수십에서 수백 장의 사진을 찍어 현장의 전후 상태를 고객에게 확인시킨다. 여기에 더해, 작업자들이 선한 마음으로 현장에서 일하고 있음을 고객에게 각인시켜야 하는데, 사업상 어렵고도 중요한 과제다. 이 문제를 해결하기 위한 유용한 수단이 『떠난』과 『죽은 자』와 같은 책이다.[14]

『떠난』이 집필 의도에서 밝힌 '나의 사랑하는 우리 이웃들의 이야기'라는 표현은 진부하지만 호소력이 있다. 『떠난』과 『죽은 자』에는 공통으로 세 가지 유형의 이야기가 실려 있다. 사랑받아야 했던 사람이 생전과 사후 모두 사랑받지 못한 것에 대한 이의제기와 비판이 한 유형이고, 망자가 유가족과 지인들에게 뒤늦게 사랑받게 된 것에 대한 안도와 축하의 서사가 한 쌍으로 놓인다. 죽음을 준비하는 과정에서 망자가 보여준 존엄성을 칭찬하고, 누군가의 죽음에 관계된 인물들이 진실한 애도를 보일 때도 칭찬한다.

특히 '칭찬'은 『떠난』과 『죽은 자』에서 가장 기묘한 내용을 담고 있다. 망자가 자살을 실행에 옮기기 전, 완벽한 청소를 했다는 것이 칭찬거리일까? 이 책의 저자들은 이런 칭찬을 망자와의 대화로 인식하고 있다. 이런 커뮤니케이션은 업계의 미담 사례일 수 있다. 여기서 눈여겨보고 싶은 것은 서사의 효과다. '특수청소'를 '기억하는 청소'로 승격시키는 공감대가 만들어지기 때문이다. 『떠난』은 특수청소업에 대한 사회적 인식을 정립했다고 해도 과언이 아닌 책이다.

『떠난』은 특수청소를 하는 자신들이 돈밖에 모르는 유가족보다 망자를 더 윤리적으로 대하는 상황의 아이러니를 적나라하게 기술한다. 도의를 져버린 유가족들을 비난하는 내용이면서, 죽음 앞에서 우리가 어떤 태도를 보여야 하는가를 가르쳐주는 교육자적인 면모마저 있다. 이 책의 저자들은 자신들이 근무하는 회사(바이오해저드)에 상조 회사의 이미지를 덧씌우는 데 성공한다. 장례 절차를 지도하는 상조 회사의 근무자들처럼, 특수청소업 역시 망자에 대한 예의를 상품화한 사업이라는 점에서 높은 수준의 직업윤리와 전문성을 가졌음을 설득한다.

세간의 직업 관념에서 특수청소업은 긍정적으로 생각되기가 어렵다. 일반적인 청소업조차 하층 노동자들의 험한 일터로 여기는 세태를 생각하면, 『떠난』의 이미지 전략은 사업과 사회적 의미 양편으로 상당한 파급효과를 이어갔다.[15] 이 책이 십여 년 가까이 스테디셀러로 호평받은 덕분에 2020년에 출간된 김완의 『죽은 자』 역시 독자의 지지를 이어받을 수 있었다.

두 책의 공통점과 차이는 상호 보완적이다. 『죽은 자』와 비교하면 『떠난』은 망자의 생전 삶에 대한 프로파일링을 비교적 절제하고 있다. 추측하고 상상하는 말을 더하기보다는, 망자에 대해 직접 말해줄 수 있는 이들의 대화를 옮겨 적는 방식을 선호한다.

수천 개의 병에 보관된 소변을 처리하는 작업은 『죽은 자』와 『떠난』 모두에서 유사 사례로 소개된다. 여기서는 『떠난』이 『죽은 자』보다 망자에 대한 적극적인 프로파일링을 시도하고 있다. 눈에 보이는 현장의 오염 상태만 봐서는, 하나같이 괴물로 상상될 수밖에 없는 망자들이다. 하지만 『떠난』의 저자들은 그가 '이 상태'에 이를 수밖에 없었던 인과관계를 차근차근 밝혀냄으로써, 그 역시 우리와 다를 바 없는 이였음을 변호한다. 망자의 존엄을 회복하는 상상과 추측이 시도된 것이다. 『떠난』의 이런 서술 원칙은 긍정적으로 평가받을 가치가 있다.

소변이었다. 집 안에 세워져 있는 수천 개의 술병들이 모두 다. …
"거동이 불편하신 분이라 마시고 난 술병에 소변을 보신 것 같아.

일단 변기에 쏟아버리고 치워야 할 텐데."… 고인은 거동이 불편했지만, 화장실 정도는 갈 수 있었다. 그런데 어느 순간 변기가 막혔고 혼자 힘으로는 고칠 수가 없었다. 전화로 도움을 청할 수도 있었을 텐데 폐를 끼치지 않으려고 버티다가 이 지경에 이르렀을 것이다.16

고인 역시 다리를 다쳐 경제력을 상실한 뒤 삶의 의지를 잃었다. 아들 집에서 두 시간 거리의 거처를 선택한 것도, 홀로 되자 끼니를 거른 채 밤낮으로 술만 마신 것도, 누구에게도 도움을 청하지 않은 것도, 삶의 의지가 있는 이의 행동은 아니다. 자존감이 강한 분이었기에 낙오자가 되었다는 생각을 견디기 힘들었을 테고, 아무 쓸모도 없어진 자신을 부양하는 짐을 아들에게 지우기가 죄스러웠을 것이다.17

『죽은 자』의 사례에선, 현장에서 추측할 수 있는 것이 더 있었던 것으로 보인다. 위의 경우처럼 거동이 불편한 이의 문제가 아니었다. 하지만 캐묻지 않고 이야기하지 않는 편을 택한다. 그렇게 하는 것이 망자에 대한 예의라고 판단했기 때문이다.

들여올 수는 있지만 문밖으로 내보낼 수는 없었는가? 남긴 배달 음식과 집요하게 모아둔 오줌을 보며 의문이 꼬리에 꼬리를 물고 일어난다. 내 어떤 것도 세상 밖으로 내보내지 않겠다는 신념일까? 설령 오줌이라도? 그러면 대변은 어디로 갔나? 좌변기엔 물이 담겨 있지만 사용하지 않은 지 몇 년은 지난 것 같다. 세면기는 막힌 지 너무 오래되어 마치 잡초가 자랐다가 가뭄으로 시들고 바싹 말라 버린 누런 웅덩이 같은 모습이다. 여기 살던 이가 은둔형 외톨이처럼 집 밖으로 나가지 않고 머물기만 하지 않았다는 것은 분명하다. 자신은 드나들었지만, 자신의 것은 문밖으로 내보내지 않았다. 그를 조금이라도 제대로 이해하고 싶다. 저장 강박이라는 블랙홀 같은 분류 속으로 무작정 밀어붙이지 않고 '비정상인 인간'이라는 태그를 붙여서 불가해의 영역으로 섣불리 몰아세우고 싶지 않다.[18]

『죽은 자』가 이 에피소드를 통해 더 자세히 이야기한 것은, 특수청소의 까다로운 법률 절차다. 병에 담긴 오줌일지라도 임대인이 승소하여 세입자의 쓰레기를 치울 수 있다는 판결이 나오기 전까진 그대로 내버려둬야 한다. 저자의 회사(하드웍스)가 "버릴 생각이 없다면 쓰레기도 누군가에게 귀중한 재산이다"[19]라는 원칙에 투철한, 신뢰할 만한 업체임을 재차 강조하는 것이다.

각각의 에피소드에서 무엇을 더 중요한 문제로 이야기할지 정할 때마다, 회사 설립자이자 오너의 저술이 갖는 한계점이 노출된다. 『죽은 자』는 이 회사에 고용된 사람의 관점에서 특수청소가 이야기되지 않는다. 여기서 비롯되는 맹점을 거의 의식하지 않는 책이다. 현장 노동자와 오너의 입장은 일원화되어 있다. 『떠난』은 오너와 직원의 공저이기 때문에 부분적으로 노동자의 개성이 드러나는 서사가 있으나 역시나 충분치 않다.

이 문제는 해석의 관점이나 서술 전략상의 우선순위를 정하는 수준만이 아니라 내용상의 결핍으로 이어진다. 고독사는 주로 '빌려 쓰는 남의 방'에서 벌어지는 죽음이다. 『죽은 자』와 『떠난』에 실린 거의 모든 에피소드에서, 작업자를 현장까지 안내하고 문을 개방하는 협업자는 부동산 중개인, 건물주 또는 건물 관리인이다. 이들은 특수청소업과 네트워크를 유지하고 있는 업계 협업자들이다. 『죽은 자』와 『떠난』의 저자들은 이들을 나쁘게 말하지 않는다. 그들의 목소리는 고객 후기처럼 적혀 있다.

> 그 쓰레기들 다 어디 갔나요? 흔적도 없이 사라졌네요. 꼭 꿈을 꾼 것 같아요.[20]

고객들에게 이런 말을 들을 만큼 실력이 출중하다는 자신감의 표현이면서, 그들과 엮인 이해관계의 부정적인 측면을 말할 리 없다는 안전선을 긋는 대목이다. 비밀 유지도 부차적인 업무다.

> 아직 아무도 모릅니다. 알면 다 빠져나가요. 절대로 그 건물에 사는 누구도 알게 해선 안 됩니다.[21]

이후에 분석할 소설들과 비교하면 차이점은 더 극명하다. 『죽은 자』와 『떠난』에는 고독사 현장의 파리 떼와 구더기가 상세히 묘사되어 있지만, 구체적인 지명, 건물명, 주변 지리 등의 정보는 특정되지 않도록 두루뭉술하게 적었다. 상세한 기록의 결핍이 문제인 이유는, 이 책에 적힌 죽음이 개인 문제로 국한되지 않기 때문이다.

주로 가난한 이가 혼자 죽는 것 같다.[22]

이렇게만 말할 문제가 아니다. 이 업계 사람들이라면 더 자세한 사정을 알고 있다. 이야기하지 않을 뿐이다. 『죽은 자』와 『떠난』은 죽음에 이르는 가난의 거시적 맥락을 분석하지 않는다. 망자에 대한 애도를 우선적인 서술 목표로 삼았더라도, 고독사 현장은 뉴타운 사업 등에 얽힌 부동산 자본과 밀접한 관계에 있는 장소이기 때문이다. 문제의 핵심을 언급해야 했다.
하지만 특수청소업계 사람들은 갑을관계의 약자일 것이다. 이들보다 훨씬 더 적나라한 사실을 알고 있는 이들이 있다.

압류를 신청한 채권자는 신용카드 회사로, 채무자인 중년 부부가 자살했다는 소식을 접한 즉시 채권 회수를 포기했다고 한다. 사람이 죽고 오래 방치된 집에 있던 가전제품들이 재산이 되기는커녕 도리어 돈을 지불하고 처리해야 할 골치 아픈 쓰레기라는 사실을 숱한 경험을 통해 파악한 것이다. 신용카드 회사가 압류 해제를 신청하고 법원이 접수하여 그 해제 절차를 완료하기까지 한 달 정도 걸렸다.[23]

금융업 종사자도 고독사 문제에 관한 책을 써야 하지 않을까? 그렇게 하지 못하는 이유는 토목, 임대업에 얽힌 이해관계가 특수청소 종사자보다 더 복잡하고 예민하기 때문이다. 이윤 추구를 최우선시하는 비정한 경제의 민낯은 감춰져 있다. 그나마 특수청소업계가 이 구도에서 어중간하고 부차적으로 곁도는 위치에 있어서 책을 쓸 엄두라도 낼 수 있었다.

금융사 전산망의 숫자로 판단하고 숫자로 결정하는 업무의 세계에선, 가난이 사람을 죽이는 사태가 입력되지 않는다. 이 업계에선 숫자로 바꿀 수 없는 것들은 의미를 부여받지 못하기 때문이다. 금융 시스템의 데이터 포맷에 맞춰 디지털화, 수량화, 계량화되는 정보는 실제 세계의 복잡성을 온전히 반영하지 못한다. 이러한 정보는 가난의 비참을 모르는 세계에 대한 기억만을 활성화한다.[24]

특수청소 현장에 닿아 있는 자본주의는 시체가 부패하며 흘러나온 유기산유, 악취, 그 악취를 제거하기 위해 쏟아붓는 화학물질에 뒤범벅되어 있다. 반면에 자본주의가 약속하는 부(富)는 위생과 청결의 표상을 뒤집어쓰고 있다. 숫자의 행렬, 기하학적 선과 면, 도형의 세계를 주목하노라면, 바이러스와 박테리아에 오염된 지폐나 똥과 침, 피에 얼룩진 부동산을 잊게 된다. 하지만 돈은 비체(卑體)의 세계에 푹 담가진 사물이다.[25] 사람들은 돈과 재화가 오염되었다는 사실보다도 돈의 소유권을 빼앗기거나 무효로 판정될 것을 두려워하며 허둥거린다.

『죽은 사』와 『떠난』은 우리 시대의 위선적 실재감을 교정하는 비판적 재인식의 틀로 향경(香景, smellscape)의 체험을 공유한다.[26] 재산 가치를 유지, 향상하려는 모든 노력 중에서 '냄새'의 문제는 과소평가되는 경향이 있다. 무취(無臭)의 공간은 물리적으로 불가능하기 때문에, 미약하든 강렬하든 모든 장소에는 냄새가 있고, 쾌/불쾌를 가르는 감각의 스펙트럼은 시장의 선호에 쉽게 휘둘린다.

'빌려 쓰는 남의 방'은 계약 기간이 끝나면 그 장소의 상품성을 일정 수준으로 회복시켜야 한다. 눈에 보이는 것들을 치우고 닦는 것만큼이나 공기 분자에 섞인 냄새를 신경 쓰지 않을 수 없는데, 냄새 분자는 한 영역에서 다른 영역으로 떠다니며 다른 이의 재산까지 더럽힌다. 사유 재산의 영역은 만질 수 없는 공기, 소리, 냄새의 차원까지 확장될 수 있다.[27]

지하 맞은편 현관문이 열리고 일흔 살은 족히 넘어 보이는 할머니 한 분이 나와 대뜸 나를 향해 소리를 지른다. "아니고 내가 죽겠어요! 이게 도대체 무슨 일이오. 그동안 옆집 여자 때문에 진짜 죽는 줄 알았어. 아이고, 냄새, 냄새!"[28]

사실 내 일은 살아 있는 사람을 괴롭히는, 죽은 사람이 만든 냄새가 가져다줍니다. 그 냄새를 극적으로 없앴을 때 내 비즈니스는 성공하지요. 대가로 살아 있는 사람이 나에게 돈을 지급합니다.[29]

특수청소 업체는 사유 재산으로서의 '공기'를 매우 중요하게 여긴다. 쓰레기가 된 공기를 처리하는 각종 기술과 장비를 동원해서 향경의 재산 가치를 복구시킨다. 환경미화원의 업무는 일반적으로 이 단계까지 책임져야 경우가 드물다.

누군가의 집이 아니라 거대한 쓰레기통 안에 들어온 것 같다. 오래 침잠해 있던 수많은 쓰레기는 내가 들어서자 케케묵은 먼지를 일으켜 환영 인사를 건넨다. 먼지라기엔 밀도가 높아서 차라리 모래 공기라고 불러야 할 것 같다. 오늘 황사의 진원지는 고비사막이 아니라 대한민국, 어둠 속의 반지하 주택이다.30

십 분도 채 걸리지 않아 시멘트 바닥이 드러났다. 예상대로였다. 바닥의 절반 이상이 색이 짙게 변해 있었다. 게다가 문지방이며 붙박이장까지 유기산유가 스며들어 있어. 문과 붙박이장을 뜯어내고 바닥은 코팅을 해서 차단해야 했다.31

적어도 하루 동안은 악취 제거 장비를 가동시켜 놓아야 할 듯했다. 산소를 태워 산소에 스며들었던 악취 분자까지 모두 태워 없애는 방식이다. 시중에 파는 오존 살균기로는 악취 제거가 완벽하게 되지 않아 여러 번의 시행착오 끝에 직접 만들었는데, 장비를 켜놓은 상태에서는 모든 문을 닫아놓고 사람은 밖에 나와 있어야 한다.32

『죽은 자』와 『떠난』은 서로 다른 작업 환경에서 악취 분자를 제거하는 기술력을 설명한다. 『죽은 자』에는 작업자들이 귀신의 존재를 괘념치 않게 되었다는 이야기마저 나오는데, 현장을 분자 단위로 접근해 물리 화학적 처리로 청소하는 그들로서는 새삼스러울 게 없을 것이다. 그럼에도 망자와의 커뮤니케이션에는 적극적이고 다분히 감성적이다.

『죽은 자』는 전술했던 것처럼 적극적으로 망자의 입장에서 죽음 이전의 시간을 상상한다. 접신(接神) 같은 게 아니다. 저자는 망자가 남긴 물건을 근거로 망자에 대한 개연성 높은 프로파일링을 시작한다.

『죽은 자』의 첫 에피소드에는 '캠핑장 연분홍 텐트'와 '노란색 폴리프로필렌 상자'가 등장한다. 망자에게 텐트는, 빌려 쓰는 남의 방 안에 다시 구축한 자기만의 공간이었다. 집주인이 설정한 계약 기간이 아니라 자신의 선택과 자율에 따라 움직이고 머물 수 있는 최소한의 공간이다.

'노란색 폴리프로필렌 상자'는 타의에 의해 움직여야 했던 생전의 시간을 증언한다. 도시 하층-여성-노동자에게 간신히 허락된 생활권의 범위는 언제나 취약했고, 점점 더 열악해졌다.

목을 맨 도시가스 배관에도 저자의 시선이 오래 머문다. 도시가스 배관과 전기 배선은 이 장소가 외부의 경제권과 연결되어 있음을 노출하는 표지다. 망자는 월세, 도시가스 요금 등에 이르는 온갖 과금 체계에 묶여 있었다. 하지만 사회적 안전망이 필요한 순간엔 철저히 외면당했다. 도시가스 배관에 매달린 죽음은 표면적으로는 자살이지만, 사회적 타살이라 판단하지 않을 수 없다.

『죽은 자』는 『떠난』에서 시도했던 망자의 존엄을 회복하는 상상, 추측을 픽션에 근접하는 수준까지 발전시킨다. 진지한 문학 연구, 문화사 연구의 대상으로 이 책을 계속 검토할 필요가 있는 것은 아래에 인용한 이 에피소드 때문이다. 어느 사례보다 픽션에 근접하고 있으나 그 관점이 중요하다.

죽은 이는 전기를 스스로 막고, 암막 커튼으로 세상과 담을 쌓고, 그것도 모자라 움막처럼 이불을 덮어쓴 채 촛불을 밝히고 그 안에서 필사적으로 무엇인가 써 내려간 것 같다. 그러던 어느 날 마침내 죽음에 이르렀고, 사람들은 그제야 비로소 그를 찾아내 바깥세상으로 끄집어냈다. 그를 찾아냈다기보다는 악취를 풍기는 원인을 찾아낸 것이리라. 공책과 종이에는 무엇을 그토록 집요하게 새겨넣었을까? 기록 가운데 그나마 숫자만 알아볼 수 있었다. 불규칙한 숫자의 행렬, 그리고 답안지 채점하듯 그려놓은 동그라미와 가로 세로의 직선들 …. 연속적인 의미도, 독립적인 의도도 도저히 파악할 수 없는 것들이다. 잊지 않도록 자신에게 남긴 비망록일까? 아니면 바깥에 있는 인간을 향해 전하고 싶던 메시지일까? 그가 그토록 필사적으로 남긴 기록은 망상이나 환각, 우울증 같은 만성적인 정신 이상의 증거 자료에 불과한가? 그의 삶이 진짜 지독한 수행 같은 것이었다면 죽을 만큼 혹독한 고행의 결과로 마침내 도달한 진리는 무엇일까?33

싶은 어둠 속에서 이불을 뒤집어쓰고 초에 불을 붙이는 그의 얼굴을 떠올린다. 그때 그곳의 어둠은 너무나 깊고 혹독했기에 심지를 태우며 촛불이 타오르는 순간만큼은 몹시 눈부시고 환했으리라. 흔들리는 불빛 앞에서 그의 얼굴은 얼마나 순수하고 뜨거웠을까? 그런 상상을 하자니 갑자기 눈물이 내 앞의 세상을 흐려놓는다. 그는 자신의 인생을 살았을 뿐이다. 운명을 맞이한 순간까지 그는 죽을힘을 다해 자기 삶을 살았을 뿐이다.[34]

부정적으로 말하기 쉬운 고립사의 현장에서 아름다움의 순간을 적극적으로 상상하고 해석하고 있다. 망자는 어두운 방 이불 속에 웅크려 고립되어 있었던 것이 아니라, 자신만의 독자적인 우주를 찾았을 거라는 관점의 전환이다.

다음에 다룰 김인숙의 「자작나무숲」(2022)에선 모든 쓰레기에 기억이 깃들어 있다고 이야기한다. 이 남자의 어둠을 가득 채운 쓰레기 역시 심오한 정신의 구성체였을지 모른다. 모든 기억에 고유의 시간성이 있는 것처럼, 사물은 쓰레기로 변해가는 동안에 특유의 시간성을 획득한다.[35] 서로 다른 시간성으로 분자화(molécularisés) 된 장소의 주인은 자본주의의 시간을 상대화하는 귀한 별종이었을 수 있다.[36]

하지만 이렇게 아름답게 바라볼 필요가 있을까? 악취가 자욱한 쓰레기 더미 속에서 사람이 죽었다는 사실을 다른 관점으로 기억하려는 노력은 최선의 애도가 될 수 있을까? 『죽은 자』는 이것을 특수청소 작업자에게 필요한 덕목이자 과제로 설정하고 있다.

『죽은 자』는 이른바 정상인의 세계에 속하지 않은 이들을 긍정하는 동시에, 간절히 정상성의 체계로 회수될 방법을 찾았던 망자에게도 응답을 잊지 않았다. 망자의 죽기 전 청소를 칭찬한 것이다.

망자의 마지막 청소, 정리 정돈과 분리수거를 칭찬하는 것은, 그가 남긴 최후의 기록에 응답하는 일이면서 애도의 한 방식이다. 망자가 원한 자신에 대한 최후의 인상을 특수청소 작업자가 기꺼이 수락하는 것이기 때문이다. 이 상태의 기억이 교란되지 않도록 주변을 정리해 놓은 것이 망자의 청소였다.

이런 행동 유형은 하성란「곰팡이꽃」(1998)에 등장하는 남자와 여러모로 유사하다. 그는 쓰레기 종량제가 시작된 1995년 1월 1일 이후, 누구보다 열정적으로 쓰레기 종량제와 분리수거를 실천한다. 그는 아파트에서 배출된 쓰레기를 모조리 자기 집으로 가져와서 분석한 다음, 종량제 쓰레기봉투에 다시 담아 합법적인 폐기물 처리 시스템 속으로 내보내길 반복했다. 이를 통해 선진 폐기물 처리 제도의 우수성을 내면화하고, 극복하기 어려웠던 심리적 콤플렉스를 이겨낼 정신의 보철물로 삼았다. 이 남자의 행동은 '자살 직전의 분리수거'와 비슷하다.

『죽은 자』에 묘사된 망자의 청소는 신뢰할 수 있는 망각의 처리 시스템에 진입하는 표준 지침을 모두 다 따랐다. 종량제 쓰레기봉투의 사용 역시 잊지 않았다. 그의 물건은 합법적인 쓰레기로 처리될 것이며, 누구의 것인지 알아볼 수 없는 상태로 관리되고, 궁극에는 망각에 최적화된 상태에 이를 것이다. 이 사람과 특수청소 작업자는 공공 폐기물 처리 제도에 대한 믿음을 공유하고 있다. 역설적으로 이것은 망자가 정상성의 체계로 회수되는 마지막 기회다. 앞선 다른 기회의 순간마다 낙오, 이탈, 탈락을 피할 수 없었고, 결국 죽음에 이르고 말았다.

 여기까지가 특수청소 업체 종사자가 망자를 위해 수행하고, 기록으로 남길 수 있었던 애도의 한계치다. 『죽은 자』와 『떠난』은 오히려 당연한 분노와 문제 제기에 엄두를 내지 못했다. 논픽션이 아니라 소설이었다면 달랐을까? 이 문제에 대해 좀 더 생각해 보자.

뉴타운을 위한 소취(消臭) 작업

김민정의 「죽은 개의 식사 시간」(이하 「죽은 개」로 표기)은 『떠난』보다 2년 빠른 2013년에 발표된 단편소설이다. 후술할 염기원의 『인생 마치 비트코인』(2022), 김인숙의 「자작나무숲」(2022)을 포함하여 특수청소 소재 소설들은 같은 소재의 논픽션과 다른 점이 많다. 우선 소설이 구체적인 지명 노출에 훨씬 과감하다.

 「죽은 개」는 2003년부터 시작된 길음 뉴타운 사업에 대한 문학적 기록이라는 점에서 각별한 의미가 있다. 이 소설의 주인공은 특수청소 업체에 고용된 조선족 노동자다. 작중 시간대는 특정되어 있지 않지만, 철거 대상 아파트의 위치가 구체적으로 묘사되어 있어서 추정은 가능하다.[37] 길음 7, 8구역 공사가 한창 진행되던 2008년에서 2010년 시기는, 특수청소 업체의 창업이 하나둘 늘기 시작했던 2008년 이후의 상황과도 겹친다. 지금의 7, 8구역에는 삼성물산이 건설한 고급 아파트 단지가 들어서 있다.[38]

「죽은 개」는 뉴타운 사업 과정에서 오래된 아파트와 주거 지역이 일소되는 과정의 현장을 증언한다. 여기에 얽힌 이해관계의 당사자가 특수청소 업계다. 그래서 앞서 검토한 논픽션에선 파리와 구더기가 들끓고 악취가 진동하는 현장의 불결함을 이야기할 순 있어도, 이 업을 둘러싼 거시적 맥락을 올려다보지 않는다. 방호복과 마스크 너머로 보이는 현장의 참담함에 서사의 프레임이 제한되어 있다. 『죽은 자』와 『떠난』의 저자들이 업계의 이해관계를 눈치 볼 수밖에 없는 이들이기 때문이다. 하지만 「죽은 개」는 픽션의 자율성을 최대한 활용해서 오히려 사실을 핍진하게 담아내는 데 주저하지 않을 수 있었다.

「죽은 개」에서도 망자의 집을 가득 채운 악취를 집요하게 묘사한다. 『죽은 자』와 『떠난』이 이 업을 소개하며 시작부터 끝까지 되풀이 말하는 것 역시 냄새다. 특수청소의 전문성은 눈에 보이는 쓰레기 더미와 얼룩을 치우고 닦아내는 수준을 넘어 철저한 소취(消臭)로 결정된다.

쓰레기를 버리는 것은 위생 문제인 동시에 일상적 망각이 반복적으로 완수되게끔 돕는 인식론적 리셋(reset) 처리이다. 어떤 사물과 장소를 원치 않는 관계에서 감응하지 않아도 되는 '리

셋'이란 무엇일까? 사유 재산의 가치가 가역 불가능한 손망실(損亡失)에 이르지 않도록 수시로 점검하고, 사용 흔적과 오염, 더 나아가 유무형의 법률적 제한으로부터 재산을 지키려는 모든 시도의 총체로부터, 쓰레기와 쓰레기 아닌 것을 분별하는 인식 구조가 구성된다. 오늘날 이 영역에서 가장 선호되고 선명히 인지되는 시그널(signal)은 계량화, 수량화될 수 있는 화폐의 숫자이고, 반대로 가장 까다로운 노이즈(noise)는 냄새다.

겉으로 멀쩡해 보이는 사물과 장소라 해도 악취가 덧씌워지는 순간, 본능적인 혐오를 불러일으키기 마련이다. 악취는 사물을 특정한 맥락과 장소에 붙박아 놓는다. 똑같은 크기와 디자인, 기능을 갖춘 상품과 비교하더라도 같은 가격의 상품으로 인식되기 어렵다. 불쾌한 기억과 사건을 상기시키고 온갖 비천한 것을 상상하게 만들기 때문이다.[39]

소취는 사물을 이제 막 세상에 출현한 것처럼 이전 시간으로부터 분리하거나 단절해 인식하게 한다. 일상은 거대한 생산 라인의 연속이고, 상품의 생산 과정 역시 공장에서 완결되는 것이 아니라 일상에서 반복해서 연장된다. 그 과정의 하나가 망각이다. 쓰레기를 처리하는 모든 활동이 망각을 위한 노력과 별개일 수 없다. 그리고 상품 가치에 도움이 되지 않는 인식의 노이즈를 처리하는 전처리 공정이 다름 아닌 청소(淸掃)다.

「죽은 개」의 주인공 진봉이 수행하는 청소는 철거가 예정된 아파트에서 이뤄진다. 이곳에서 사람이 죽었다. 사체를 수습하고 유품을 정리하는 조치가 이뤄진 뒤에야, 이 구역의 재개발 사업이 원활하게 진행될 수 있다. 생전에 망자는 이곳의 집주인에게 아파트를 빌려 살았다. 퇴거를 요구받았으나 불응하고 계속 버텼고, 갑작스러운 죽음 이후 뒤늦게 집주인에게 발견됐다. 집주인은 재개발 사업이 진도를 내야 원하는 부를 취할 수 있다. 그 과정에 법률적 하자가 없도록 사체를 수습하고 유품을 정리해야 한다.[40] 청소가 선행되어야 다음 과정이 가능해진다. 이 장소에서 사람이 죽었다는 음울한 풍문, 실내를 메운 악취를 없애 버리는 최종 처리는 건설회사의 철거 공사로 마무리된다.

이 구역이 어떤 힘에 에워싸여 통째로 쓰레기가 되고, 가차 없이 청소당하는지 묘사하는 장면은 이주 노동자의 눈을 빌려 서술된다. 그는 인구 유출로 마을 전체가 황폐화하는 과정을 고향인 중국 유하에서 경험한 바 있다.

길음역에서 나와 주변을 둘러보던 진봉은 놀라서 눈이 휘둥그레졌다. 계단참에 붙어 있는 지도와는 사뭇 다른 전경이 나타났다. 대규모 아파트 단지가 있어야 할 곳에는 한 채의 아파트만 덩그러니 남아 있고 그 주변으로 공터가 넓게 펼쳐졌다. 하룻밤 사이에 두세 개의 계절이 빠르게 지나가 버린 것처럼 길음 아파트는 변해 있었다.[41]

그는 넓은 공터를 가로질러 빠르게 뛰었다. 뿌리째 뽑혀 말라죽은 버즘나무와 고약한 냄새를 풍기는 쓰레기 더미가 옆으로 스쳐 지나갔다. 그건 사람들이 하나둘 떠나고 텅 빈 유하의 풍경이기도 했다. 그는 단지 내에 남아 있는 단 하나의 건물 앞에 멈춰 섰다. 길음아파트 301동은 죽을 날을 기다리는 사람처럼 늙어 있었다. 벽면은 빛바랜 살구색을 띠었고 주름살처럼 여기저기 금이 가 있었다. … 그는 젊은 사람들이 떠나고 텅 빈 마을의 스산한 풍경을 떠올리며 몸서리쳤다. 도와달라고 소리를 질러도 달려올 사람이 없었다. 서른두 집이 살던 마을에서 스물한 집이 폐가로 변했다. 그나마 마을에 남아 있는 사람들도 거동이 불편한 노인과 아이들뿐이었다.[42]

『죽은 자』와 『떠난』의 서술자는 이 직업의 소명 의식을 강조한다. 현장 작업이 아무리 고돼도 망자에 대한 애도를 잊지 않는다. 매 순간 윤리적인 책임을 잊지 않고자 노력한다는 다짐을 구구절절 적었다. 하지만 「죽은 개」의 노동자에게는 그런 의무감이 없다. 욕조에 녹아버린 사체를 뜰채로 떠내는 일의 불결함에 치를 떨 뿐이다.

애도의 마음은 거의 없으나 망자가 겪어야 했던 고립을 체험적으로 공감한다. 고향에 그대로 머물러 있었다면 그에게도 벌어졌을 일이기 때문이다. 이 남자의 비정한 시선은 이주 노동, 부동산 광풍의 거시적 맥락에 맞닿은 풍경 앞에 고정된다.[43]

『죽은 자』와 『떠난』은 그렇게 쓰지 않았다. 이 책은 (잠재 고객이기도 한) 독자들이 특수청소업을 부정적으로 인식할 만한 정보는 매우 절제해서 다뤘다. 그래서 복잡한 사회적 맥락에 놓인 에피소드를 청소 현장의 스케일로 한정하고, 비슷비슷한 특징의 현장을 오고 갔던 것처럼 낮은 해상도로 서술한다. 그래서 『죽은 자』와 『떠난』이 연거푸 고약스러운 악취를 이야기할 때마다, 이런 반복 대신에 무엇이 더 설명될 수 있었는지 따져보지 않을 수 없다. 유용한 비교 대상이 「죽은 개」의 진봉이다.

그는 자신의 작업이 신호탄이 되어 시작될 301동 철거 작업에 대해 생각했다. 지도에서 지워지고 사람들의 기억에서 사라질 길음 아파트에 대해. 그리고 그 안에서 죽어간 남자에 대해. 남자는 누구에게든 깨끗하게 지워질 운명이었다. 자신은 그저 누군가 해야 할 일을 할 뿐이었다.[44]

그가 인터넷 지도에서 봤던 작업장의 위치는 '그때 거기'의 현실 풍경을 추월한 표상이었다. 지도의 갱신 속도가 재개발 사업의 진도보다 빨라서 미래의 풍경이 미리 공식화되었다. 사람들은 이 정보를 확정된 현실로 받아들이고 이 지역과 관계한다. 대규모 아파트 단지를 지시하는 균질한 색깔의 도형과 함께 집단적 기억 역시 재조율되고, 이전에 그곳을 촘촘히 채웠던 옛 정보는 빠르게 잊힐 것이다. 토목 자본의 시간이 어떤 속도로 사람들을 동기화하는지 엿볼 수 있는 상징적인 장면이다.[45]

『죽은 자』와 『떠난』의 특수청소업은 주거약자를 약탈, 착취하는 자본 세력과 직간접적으로 공생한다. 도시 전체를 크고 작은 단위로 나누고 부순 다음, 다시 짓는 과정이 되풀이되고 있다. 부동산 자본의 이윤을 극대화하는 건설, 해체, 재건설의 악순환이 반복되는 것이다. 이 과정이 과열될수록 사회적 안전망은 부실해진다. 뉴타운 사업이 본격화된 2003년 이래로 지난 20년 동안 이어진 사태다. 건설 현장에 불도저와 트럭, 굴착기가 투입되어 작업하는 것처럼 특수청소업도 재개발 대상 지역에서 작동하는 시스템의 한 부분이다.

「죽은 개」가 『떠난』보다 더 이야기한 것이 무엇인지 좀 더 짚어보자. 이 소설은 특수청소업계 노동자의 문제를 다루고 있다. 조선족으로 통칭하는 이주 노동자는 어떻게 고용되고 활용되는가? 「죽은 개」에는 특수청소업의 비용 구성과 계산법에 대한 구체적인 내용이 나온다. 『죽은 자』와 『떠난』은 논은 둘째 문제이고, 봉사와 애도를 우선한다는 식으로 서술되어 있다.

견적 비용에 따라 그가 받는 수당도 달라졌다. 하루에 천 원씩. 죽은 지 이십 일이 지난 다음에 발견된 남자는 기본비용 이십에 추가로 이만 원이 덧붙여졌다. 그중 그의 몫은 총견적의 일 할인 이만 이천 원이었다.[46]

적어도 이 시기에 업계 직원 관리에는 문제가 많았던 것으로 보인다. 유품을 훔치는 일은 이 업계에서 가장 예민한 범죄다. 「죽은 개」가 소설이기 때문에 일부 과장이 있을 수 있음을 참작하더라도, 유품을 훔치는 일이 실제로 빈번했다는 것은 『떠난』에서도 언급된 바 있다. 『죽은 자』와 『떠난』이 상당 분량을 할애해 자신들의 작업 원칙에서, 유품을 유가족에게 정확히 전달하는 일을 얼마나 중요하게 여기는지 설명한 까닭도 이 때문이다.

의도했든 그렇지 않든 이 책이 하드웍스와 바이오해저드의 기업 홍보물 역할마저 수행하고 있으니 각별히 공들여 설명해야 했을 것이다.

그는 지방 덩어리를 헤집어 금니를 손으로 집어 들었다. 그리고 작업복에 쓱 닦아낸 다음 입안에 넣고 어금니로 깨물었다. 물렁한 느낌이 들었다. 진짜 금이었다. 그는 선명한 잇자국이 난 금니를 결혼식 사진으로 감쌌다. 그리고 그걸 주머니에 재빨리 넣었다. 값비싼 금이 든 추억이 깃든 사진이든 죽은 사람에게는 아무 쓸모없는 쓰레기에 불과했다. 남겨두면 청소를 담당하는 작업반의 몫이 될 것이었다. 사무실에 가지고 간다고 해도 팀장의 손에 들어갈 것이 분명했다. 유품을 치우는 것은 작업반의 몫이지만 시신을 흔적 없이 치우는 것은 그의 몫이었다. 금니는 사자가 남긴 유품이 아니라 육체의 일부였다. 그는 마땅히 자신이 치워야 할 것을 치우는 것뿐이었다.[47]

「죽은 개」의 노동자에게 일에 대한 자부심, 망자에 대한 애도나 직업윤리를 기대하기엔, 그가 받는 급여는 민망한 액수다. 특수청소업의 작업별 마진율, 원가계산을 더 따져볼 수 있겠지만, 대상으로 삼은 텍스트들에선 찾아볼 수 없는 정보였다.

동물 사체 처리도 특수청소업의 빈번한 처리 업무 중 하나다. 『떠난』에는 망자가 남기고 간 반려동물을 회사에서 구조해 키우는 미담이 소개된다. 하지만 「죽은 개」에 등장하는 개는 애정과 측은지심의 대상이 아니다.

폐허가 된 아파트 단지에서 혼자 스무 번의 낮과 밤을 지켜낸 그 개. 축축한 혀로 죽은 남자의 얼굴을 핥고 움직임 없는 주인을 향해 배를 뒤집어 까며 재롱을 부리다가 결국엔 배고픔을 이기지 못하고 욕조 밖으로 빠져나온 남자의 왼쪽 손을 뜯어 먹었다던 그 개. 진봉은 남자의 손가락을 개껌처럼 입에 물고 질겅질겅 씹고 있는 개의 모습을 상상했다. 더 늦게 집주인이 남자의 집을 방문했다면 남자의 왼쪽 어깨마저 흔적 없이 사라져 버렸을지 몰랐다.[48]

망자의 몸에서 비산된 유기산유(有機酸油)에 뒤범벅된 현장에서도 이웃 사랑과 반려동물에 대한 동정심, 망자에 대한 애도, 생의 지혜를 구하는 『떠난』과 달리 「죽은 개」는 만인의 만인에 대한 모욕, 만물의 만물을 향한 냉소로 일관한다. 키우던 개조차 주인의 시체를 뜯어 먹는다. 이 부정성을 과장과 왜곡이라고 쉽게 폄훼할 수 없는 이유는, 모든 것을 쓰레기 취급하는 우리 시대의 무지막지한 폭력을 어떤 강도로든 체험하고 있기 때문이다. 신자유주의 대한민국에서 벌어지는 만연한 망각의 강제로부터, 기억해야 할 것을 기억하기 위한 사회적 투쟁의 장을 지켜내야 하기에, 이 소설의 부정성은 정당한 평가를 받아야 마땅하다. 『죽은 자』와 『떠난』의 한계와 결핍 역시 냉철히 판단해야 한다.

염기원의 장편소설 『인생 마치 비트코인』은 코로나 팬데믹 시기였던 2022년에 발표됐다.『죽은 자』가 출간된 2020년에서 2022년 시기에 특수청소 업체 창업이 크게 늘어서, 8개 정도였던 관련 업체가 40~50개로 늘어났다. 업계 종사자들은 이 시기의 흉흉한 변화로 "먹을 것이 없어서 굶어 돌아가신 사례"가 급증했고, 40~50대 중년 남성 고독사의 비율이 압도적으로 증가했음을 지적한다.[49]

그럼에도 한편에선 코로나 불황을 막기 위한 통화 공급 증가로 주식, 부동산, 코인 광풍이 이어졌다. 이 흐름에서 이익을 봤거나, 장차 이익을 기대하는 투자자들은 작은 정부를 지향하는 정권으로의 교체를 지지했다. 주지하듯 작은 정부의 정책 기조에서 쉽게 부실해지는 것은 사회적 안전망이다. 이 시기 '동학개미'로 불리는 국내 주식 투자자는 1,300만 명으로 급증했고, '서학개미'인 해외주식 투자자의 수는 300만 명에 달했다.[50] 정권의 향방을 결정할 만한 변수였다. 같은 해 5월 윤석열 정부가 들어섰다.

IMF 이래의 신자유주의 25년 동안 약해질 대로 약해진 사회적 안전망이 코로나 팬데믹 시기를 지나며 최악으로 치달았다. 엎친 데 덮친 격으로 이 문제에 가장 문제의식이 없는 정권이 민주적 절차에 의해 선출됐다. 특수청소 업체가 호황을 누릴 수 있는 조건이 모두 갖춰진 셈이다.[51]

『인생 마치 비트코인』(이하『비트코인』으로 표기)의 주인공 '나'도 노동자다. 그는 오피스텔 주거 임대 사업을 하는 건물주에게 고용되어 온갖 허드렛일을 맡고 있다. 그중 가장 번거롭고 꺼림칙스러운 업무는 자살한 세입자의 방을 청소하는 일이다.
 이런 일은 자주 일어나는 편이어서 대처 방법 역시 미리 준비되어 있다. 단골 특수청소 업체의 연락처를 휴대폰에 항시 저장하고 있다면, 건물주이거나 건물관리인일 확률이 높다.『비트코인』의 첫 장에서도 특수청소업과 임대 사업자 간의 협업 네트워크를 이야기한다. 여기서 노동자는 이 모든 과정이 결국 돈 때문에 하는 일이라는 사실에 솔직할 수밖에 없다. 굳이 윤색할 필요성조차 느끼지 못한다.
 「죽은 개」와 마찬가지로 구체적인 위치와 시명, 주변 환경 묘사에 주저함이 없다. 차이점이 있다면 적극적인 프로파일링이다. 이 오피스텔의 세입자가 되는 것을 선택하는 이들의 공통적인 특징, 출퇴근과 생활 동선의 패턴화된 유형, 출신 지역과 학력, 소득 수준 등을 분석한다. 이런 기준에서 분류할 수 있는 특정 유형의 인간을 유인하는 방법으로, 가성비만 한 것이 없다는 것을 건물주와 임대업자들은 잘 알고 있다.

당곡사거리 근처에 있는 오피스텔 관리인이 내 직업이다. … 여기는 보증금 500만 원에 월세 50만 원이 기본이다. 맞은편 오피스텔보다 월세 2만 원이, 그 옆에 있는 원룸 건물에 비하면 5만 원이 더 싸다. 관리비는 전기세, 수도세, 난방비, 인터넷, TV 요금을 모두 합쳐 12만 원씩 받는다. 공동전기나 수도, 청소 용역비도 다 포함한 금액이다. 다른 오피스텔처럼 기본 관리비에 온갖 요금이 추가되지 않는다. 여름과 겨울에 요금폭탄을 맞을 일이 없으니 입주자들은 이 조건을 좋아한다. … 한 달 치 주거비 지출액을 정확히 예측할 수 있다는 건 큰 장점이다. 그래서 여섯 평밖에 안 되는 방을 보고도 임대차계약서에 도장을 찍는다. 말이 여섯 평이지 실제로는 네 평 정도 된다. 고시원보다 조금 좋을 뿐 싱글침대 하나 놓을 공간도 안 나온다. 그래도 오피스텔이라는 이름을 붙인 덕에 근처에 있는 다른 다세대 주택 원룸보다 인기가 좋다. 주차장과 엘리베이터까지 있고, 주변 시설과 교통도 훌륭하다. 서울에서 냉난방 시설과 세탁기, 냉장고가 있는 집에 월세로 살면서 관리비를 합쳐 한 달에 단돈 62만 원이 든다면 공짜와 다름없다. 그런데도 관리비 12만 원이 아까워 기어이 본전을 찾으려는 세입자들이 가끔 있다. 이를테면 창문을 열어놓은 채 에어컨을 가동하거나, 화장실 샤워기로 온수를 세게 틀어놓아 가습기처럼 쓰려고 시도하는 것이다.[52]

먹자골목이 가깝다는 것과 큰길로 나가면 무려 롯데백화점이 보인다는 게 특별 시민으로 사는 자부심을 채운다. 내가 그랬으니 세입자들도 비슷할 것이다. 입주자 대부분은 지방에서 올라온 대학생과 직장인이다. 여섯 평짜리 방구석에서 육십 평짜리 꿈을 꿀 것이다. 그중 대다수가 얼마 지나지 않아 더 후진 곳으로 떠나는 게 현실이다.[53]

'나'는 건물주의 기지와 수완을 진심으로 감탄한다. 사람들은 그들이 감당할 수 있는 돈의 액수에 묶여 행동 능력의 범위를 제한당한다. 이런 안목과 판단력을 호객, 마케팅, 프로파일링 중에 무엇으로 부르든, 돈을 버는 기술이란 인간 유형을 간파하는 일에서 시작된다는 것을 '나'는 체득하는 중이다.

그는 자신과 다를 게 없는 처지의 가난한 세입자들을 멸시한다. 부자가 되고 싶은 마음 또한 간절해서 비트코인과 주식을 한다. '나'가 세입자와 자신을 동일시하지 않으려는 또 다른 이유는, 죽은 이들의 냄새와 불결한 흔적을 기억에서 잊고 싶기 때문이다. 시취를 감지하고 세입자의 생존 여부를 확인하는 첫 번째 절차는 관리인인 그가 해야 했다. '나'가 오피스텔에서 간파한 인간 유형이란 이런 죽음에 취약한 자들이었다.

청소하는 분에게 몇 호실에서 심상치 않은 악취가 나더라는 말을 전해 듣거나. 세입자 민원이 이어진다면 이미 심각한 상태인게 틀림없다. 그러니 자살한 사람이 발견될 때는 대개 이미 상당한 부패가 진행된 후다. 그럴 때 특수청소업체를 부른다.[54]

『비트코인』에는 『죽은 자』와 『떠난』이 끝내 밝히지 않은 특수청소 작업의 구체적 처리 비용이 공개되어 있다. 픽션이 돈 이야기를 훨씬 더 편하게 한다.

신 대표는 그 정도면 쉽게 끝낼 수 없다며 수백만 원의 견적을 냈고, 작업은 보름이 걸렸다. 지켜보기만 해도 고단한 작업이었다. 첫째 날에는 혈액과 부패액이 묻은 모든 물건을 들어냈다. 벽지도 전부 뜯었다. 둘째 날에는 장판을 떼고 바닥을 청소한 뒤, 탈취제와 항균제 같은 각종 약품을 뿌려두었다. 며칠 뒤에 와서는 바닥을 수선하고 고출력 자외선 오존 살균기를 작동시켰다. 냄새를 없애고 소독하는 지루한 과정이 반복됐다. … 사장님은 자기 코에는 여전히 냄새가 난다며, 시체 썩은 냄새는 쉽게 가시지 않는다고 신 대표에게 추가 작업을 요청했다. 그렇게 민감한 사람이니까 돈 냄새도 잘 맡는 것이다. 냄새 때문이었는지, 찝찝해서였는지, 505호가 살던 옆집과 맞은편 세입자가 차례로 퇴실했다.[55]

건물주는 자기 재산의 상품성을 회복하는 기준에 철저한 사람이다. '나'는 건물주의 민감한 후각이 부의 비결일 수 있다는 생각마저 한다.
 이 오피스텔이 부근의 다른 원룸이나 오피스텔보다 싼값에 세입자를 유인해야 하는 이유는, 거듭된 자살 사건으로 누적된 냄새를 완전히 제거하는 게 불가능하기 때문일 수 있다. 죽음의 소문이나 불길한 냄새에도 불구하고 가성비를 목숨처럼 따지는 이들은 이곳의 세입자가 되는 선택을 할 것이다. 그리고 악순환은 이어진다.
 '나'의 기억에서, 죽어서 나간 세입자들은 특수청소 업체의 처치가 필요한 최악의 쓰레기였다. 그런데 403호 여자는 이런 유형과는 다른 케이스였다. 그이는 죽음 전에 방을 말끔히 청소했고, '나'는 깨끗한 죽음의 현장을 기꺼이 칭찬했다.

 방을 치우면서 403호 여자를 게으르다고 평가했던 내 생각이 조금

달라졌다. 그녀의 옷장 안에는 이불도, 속옷과 양말, 스타킹도, 그 어떤 옷가지도 남아 있지 않았다. 옷걸이도 없었다. 차분하고 꼼꼼하게 죽음을 준비한 것이다. 자신의 존엄을 지키기 위해서였는지, 아니면 자신이 남긴 흔적을 정리할 누군가를 위한 배려 때문이었는지는 알 수 없지만, 곰팡이와 묵은김치 냄새로 엉망이 되어 있을 줄 알았던 냉장고 안에는 달랑 생수병 하나가 들어 있었다. 싱크대 수납장 역시 작은 냄비와 그릇 몇 개가 들어 있는 게 전부였다. 음식 재료나 조미료 같은 것은 하나 남아 있지 않았다. 컵라면조차 없었다. 두근거리는 마음으로 화장실 문을 여니 다행히 변기 커버기 올라와 있고 맑은 물이 고여 있었다. 닫힌 변기 커버를 올리는 것만큼 꺼림칙한 일은 별로 없다. 작은 수납장에는 수건 하나만 달랑 놓여 있었다. 드럼세탁기 안도 텅 비어 있었다. 결론적으로 403호는 구더기가 있는 것을 빼면, 청소하는 여사님이 입주 청소까지 마친 웬만한 공실보다 깨끗했다.[56]

죽음을 앞둔 이의 청소를 어떻게 받아들여야 할까? 죽음 이후에 자신의 몸뚱이와 죽은 자리로 향하게 될 타인의 시선을 의식하며 청소한다는 것은, 필사적인 부탁의 형식일 것이다. 『죽은 자』와 『떠난』에서는 망자가 남긴 마지막 신호를 존중하며, 이 죽음에 부정적인 인상을 받지 않으려고 의식적으로 노력한다. 정갈한 청소 상태를 칭찬하는 말도 빼놓지 않는다. 그렇게 함으로써 이 죽음은 긍정적인 기억으로 매듭지어지게 된다. 『비트코인』의 '나'도 그렇게 했다.

그런데 403호 여자는 모든 물품을 정리했음에도 일기장을 이곳에 남겨뒀고 '나'가 그것을 수취한다. 여기서부터 '나'는 403호 여자를 향한 애도의 순례를 시작한다. 일기장에는 그녀의 생애사, 결혼과 출산, 소설가를 꿈꿨으나 부질없는 과정을 반복했던 기록이 적혀 있었다. 이 일기장은 403호 여자의 가계부이기도 했다. 오피스텔 세입자의 전형과도 같은 소비 패턴이 드러나 있었다.

'나'는 일기장의 내용을 토대로 403호 여자와 관계된 사람들을 찾아다니며 부고를 알렸다. '나'가 만난 사람들은 신자유주의 대한민국의 극단적인 양극화 현상의 가해자이자 피해자였고, 각자도생과 부자 되기를 최선의 미덕이자 생존법으로 삼은 금융화된 인간의 전형이었다. 시대의 풍경을 조망하는 작업은 그 성격상, 장편소설이 아니고서는 담아내기 힘든 넓이와 깊이를 필요로 했다.

하지만 『비트코인』은 『죽은 자』와 『떠난』보다 더한 감상주의로 마무리된다. '나'는 가족과 화해하고 마음의 평화를 찾는다. 그렇더라도 주식과 비트코인 투자는 느긋하게 기다리는 마음으로 계속할 것이며, 숨 돌릴 시간이 필요했을 뿐 오피스텔 관리인 생활을 그만둘 마음은 없다. 표면적으로는 화해와 위안, 그리하여 건강한 체념 상태에 이른 것 같이 보이지만, 그를 둘러싼 세계는 아무것도 변한 게 없다. '나'와 같은 이를 구원할 수 있는 단 하나는 결국 비트코인뿐이라는 판단 역시 달라지지 않았다. 그러니 그동안 살아왔던 삶의 관성에 재차 사로잡힐 게 뻔하다.

403호의 시취 역시 특수청소를 마쳤음에도 소설이 끝날 때까지 제거되지 못했다.

청소당하지 않는 인간의 조건

완전히 청소될 수 없는 쓰레기의 존재론적 순환에 관한 소설이 2022년에 또 한 편 발표됐다. 김인숙의 단편소설 「자작나무숲」이다. 『비트코인』과 「자작나무숲」은 각각 주식과 비트코인 투자, 상속 자본의 굴레에 갇혀 현실의 고통을 부득불 버티는 이야기다. 그것과는 다른 삶의 조건에 도달하기 위해 미래를 준비하는 일에 주인공들은 소극적이다. 이런 관성이 궁극적으로 쓰레기와 쓰레기가 아닌 것을 폭력적으로 분리하는 자본의 질서에 순응하는 삶이라는 것을, 주인공들은 부분적으로만 알아차리고 대부분은 모른 채 살아간다. 두 소설의 한계라기보다는 2022년의 시대상이 반영된 결과일 것이다. '인간 됨'의 완성을 '경제적 자유'의 획득으로 정의하는 금융화된 인간의 급증이 정점에 도달한 시기였기 때문이다.[57] 이런 인간형들이 넘어서지 못한 상상력의 구조적 한계를 『비트코인』과 「자작나무숲」을 통해 진단할 수 있다.

「자작나무숲」은 쓰레기를 쌓아놓고 살아가는 호더(hoarder)를 중심으로 서술된 소설이다.[58] 주인공 손녀는 호더 할머니의 죽음을 오랫동안 기다렸다. 할머니의 쓰레기 집은 금싸라기 부동산 위에 있고, 손녀는 인생을 통째로 걸고 재산상속의 날을 학수고대했다. 그러나 상속의 순간이 다가오자 기뻐하기는커녕 극심한 정신적 혼란에 어쩔 줄 몰라 한다. 손녀가 할머니의 시체를 차에 싣고 향하는 목적지가, 매장이나 화장을 위한 장소인지, 자작나무 숲인지, 그도 아니면 상속받게 될 집에서 되도록 먼 곳에 무단 투기할 작정인지 어느 쪽도 분명치 않다. 어찌 됐든 할머니의 시체를 어떻게 할지 결정하지 않고선 다음 단계의 삶을 정할 방법이 없다는 것만은 인지하고 있다.

할머니는 엄청난 양의 쓰레기 더미로 구축된 자신만의 독자적인 세계에서 아흔 살이 넘도록 살았다. 온갖 잡동사니, 동물과 곤충의 사체, 심지어 죽은 아들의 백골까지 쓰레기 더미에 쌓여 있다.

거기 존재하는 건 쓰레기밖엔 없었으니까. 쓰레기와 쓰레기 사이에서의 무차별성.[59]

유일한 동거인이었던 손녀는 쓰레기 집 생활로 오랫동안 고통받았으나, 이곳이 할머니에게 어떤 의미인지 내밀하게 이해할 수 있는 단 한 사람이다. 손녀 역시 원하든 원치 않든 할머니를 닮은 인간으로 변화하고 있었다.

내가 할머니의 하나밖에 없는 혈육이라는 것. 그러므로 할머니의 집은 어쨌든 내게 상속되리라는 것. 쓰레기가 아니라 집과 땅 말이다. 호더 할머니의 유일한 미덕은 무조건 쌓아놓기만 하는 것이었으므로, 그 집의 어느 한구석도 나 모르게 처분되진 않았으리라는 건 분명했고, 실제로 등기부 등본을 떼어볼 때마다 그 집은 언제나 무사했다.[60]

할머니는 대대로 이어진 가문의 막대한 재산을 물려받은 유일한 상속녀였다. 아들과 며느리가 일찍 죽었기 때문에 다음 상속자는 손녀밖에 없다. 할머니는 상속받은 재산 덕분에 쓰레기 집 바깥세상의 경제권에서 직업을 갖지 않아도 생활할 수 있었다. 경제적인 문제뿐만 아니라, 추미(醜美)를 분별함에 있어서도 독자적인 미의식을 추구할 수 있었고, 타인의 시선 따윈 아랑곳하지 않고 자기 면역력을 신뢰하는 위생 습관과 일상의 루틴을 유지했다. 쓰레기를 극한으로 활용하는 건축양식도 독특하다. 할머니의 쓰레기 집은 기억의 크고 작은 단위들이 결합한 거대한 뇌였다.

공식적인 쓰레기 처리 시스템에 포획된 세계에서는 기존 경제권의 질서를 따르는 삶을 살아야 한다. 위생적인 환경을 유지하는 일은 재산의 경제적 가치를 방어하는 일이면서, 이 재산이 장차 매도 매수되어 다른 이의 소유가 될 수 있는 시장의 순환 관계 속에 있음을 순응하는 과정이기도 하다. 하지만 할머니는 이런 시스템을 상관 않고 지내는 것이 가능한 부자 상속녀였다.

손녀는 소설가를 지망하고 있지만 상속만큼 강렬한 열망은 아니었다. 미래를 꿈꾸게 하는 가장 강한 힘은 돈이고, 상속받기 전까지의 삶이란 그저 버티는 시간에 불과하다.

할머니의 집은 쓰레기 값이 아니었다. 그건 충분히 꿈꾸어도 좋을 엄마의 인생 전체를 걸어도 좋을 만한 액수였다. 내 인생 역시 덜컥 꿈으로 가득찼다. 엄마가 죽었는데도 할머니의 집이 쓰레기로 넘치는데도.[61]

손녀는 한여름 쓰레기 집에서 분출된 가스에 질색해 죽을 고비를 넘기면서도, 이 모든 일이 감내할 만한 가치가 있는 고통이라고 자위한다. 이런 유형의 인간은 부동산 투기 광풍이 멈추지 않는 대한민국에 흔하다. 거액의 은행 빚으로 집을 사고 집값이 급등할 날을 기다리며 막대한 이자 비용을 감내한다. 이들 역시 버티는 삶의 전형이다. 자가 주택의 천문학적 액수가 성공한 삶의 존재 증명 방식이고, 집값의 등락에 따라 이 삶의 기쁨과 자존감도 요동친다. 1,500조 엔의 자산이 공중 분해된 일본의 버블 경제 붕괴와 같은 일이 한국에서도 벌어진다면, 온갖 형태의 부동산 자본과 함께 인내의 시간은 쓰레기가 되고 말 것이다.[62] 하지만 이 소설에선 할머니가 사망한 시점까지 그런 일이 벌어지지 않았다.

할머니가 쓰레기 집을 한 번도 청소하지 않은 것은 아니다. 이웃의 항의와 민원에 떠밀려 어쩔 수 없이 쓰레기를 비워야 할 때가 있다.

주기적으로 구청이나 민간 단체에서 나온 사람들이 할머니의 집에서 쓰레기를 털어 갔다. 할머니의 집은 방송에 나온 적도 있었다. 몇 톤 트럭 몇 대 분량의 쓰레기라는 제목과 함께 토가 나올 정도로 더러운 집의 풍경이 영상에 나오고, 얼굴이 모자이크로 가려진 할머니가 욕설을 뱉을 때마다 날카로운 효과음과 자막의 X자가 그것을 가렸다. … 영상의 끝에는 느닷없이 개과천선한 할머니의 음성이 자막과 함께 떴다. 이렇게 좋은 걸 모르고 살았네. 고맙습니다. 여러분, 국민 여러분 고마워요. 할머니가 거짓말을 하고 있다는 건 단체 사람들도, 방송국 사람들도 다 알았다. 쓰레기가 말짱히 치워진 후 텅텅 빈집을 할머니는 거대한 상실감과 비통함으로 바라봤다. 모든 것을 잃어버린 자의 빈 몸에 고통과 슬픔이 넘쳐 흘렀다. 할머니는 다시 채우기 시작했고 다시 쥐들이 돌아왔고, 다시 벌레들이 알을 깠다. 멀지 않은 곳에 도로가 개통되고 공원이 생기고 플라자가 조성되었다. 땅값이 갑자기 폭등했다. 또 방송국 기자들이 찾아왔다 금싸라기 땅의 쓰레기 집.[63]

텅 빈집을 다시 쓰레기로 채우는 과정에서, 할머니는 죽은 아들의 백골을 파묘(破墓)해서 집으로 가져왔을 것이다. 손녀는 가족의 생사와 관련해 정확히 알고 있는 것이 없다. 모르는 사실들의 공백을 메우기 위해 개연성의 미로를 떠돌며 소설을 썼다.
 할머니의 재산은 원치 않은 청소를 받아들일 때마다 오히려 늘어났다. 그 사실에 기뻐하기는커녕, 시장경제, 부동산 광풍의 아수라장으로 자신을 끌어들이려는 세상을 향해 적대감만 키웠다. "국민 여러분, 아주 고맙습니다!"라는 비아냥은 단언컨대 부자의 기개다. 땅값이 폭등하거나 말거나 자신만의 독자적인 세계에 머물 뿐 그 바깥을 욕망할 필요성 자체가 없기 때문이다. 경제관념이 세상과 동기화되어 있지 않다. 쓰레기 집과 함께 스스로 발명한 새로운 인간형이다.

할머니는 결국 쓰레기 집에서 죽었고, 도시 괴담을 방송하는 인터넷 유튜버에 의해 죽음이 알려졌다. 시신을 수습하려면 쓰레기를 치워 통로를 만들어야 했는데, 이 과정에서 손녀는 아버지의 유골이 집 안에 있음을 알게 된다. 손녀는 쓰레기가 차례로 빠져나가는 집을 바라보며 할머니가 그랬던 것처럼 몹시 고통스러워한다.

아무것도 버릴 수가 없어요.
왜죠?
모든 것에 다 기억이 있어서요.
어떤 기억입니까?
그런 건 중요하지 않아요.[64]

손녀는 할머니의 시체를 출발점으로 쓰레기 집을 재건할 수 있다. 할머니가 개척한 다른 세계와 삶의 실험을 이어갈 수 있을까? 그것과는 다른 손녀만의 세계를 만들 수 있을까? 그런 삶의 가치를 확신하는 데 과연 성공할까? 손녀는 판단을 내리지 못하고 혼란에 빠져 있다. 여기까지가 이 소설의 이야기다.

무엇인가를 쓰레기로 버리고 잊어버리는 일은 감당할 수 없는 존재를 삶에서 방출하는 가장 손쉬운 방법이다. 손녀가 2022년 이후 한국 사회의 전형적인 인간형에 다를 바 없다면, 상속받은 부동산을 팔고 기존 경제권의 질서와 상식을 따르는 삶을 살게 될 것이다. 그러면 기억을 관리하는 방법이 자본을 투자하고 소비에서 기쁨을 얻는 자기 경영과 무관할 수 없다는 사실에 자연스러워질 수 있다. 소비 대중의 기억 문화에 합일되는 길이다.

'쓰레기'로부터 다시 시작하는 삶

특수청소업의 연이은 창업과 증가, 상업성의 증명 그리고 사회적 관심의 고조로 이어지는 흐름은, 2003년 이후의 도시 재개발 사업과 그로 인한 부동산 광풍과 동궤(同軌)를 이룬다. 대규모 생활권이 쓰레기 취급을 받고 해체되어 아파트 단지로 재개발되는 과정에서, 사회적 안전망의 보호를 받지 못한 경제적 약자들이 문자 그대로 죽음에 이르는 일이 속출했다. 하지만 이 죽음은 소비 대중의 기억 문화에서 놀랍도록 쉽게 잊힌다.

이 장에서 대상 텍스트로 삼은 두 편의 논픽션과 세 편의 소설은 사회적 기억의 희소한 보루들이다. 특수청소 현장은 주거 약자를 약탈, 착취하는 자본 권력의 문제가 거대하게 얽혀 있고, 소설이 논픽션보다 적나라한 비판 의식을 표출했다.

쓰레기로 버려지지 않고 시장 질서와 정상성의 체계에 안착하려면, 경제성에 따라 사물을 재빨리 판별하고 효율적으로 이윤 추구에 몰두하는 의식 체계에 익숙해져야 한다. 논픽션과 소설에 등장하는 인물들은, 신자유주의 대한민국의 현실에 과잉 적응하는 한편, 자해하는 저항 끝에 죽음에 이르렀다. 고투의 흔적이 재차 쓰레기 더미로 확인된다. 지금 이 사회의 인간이 대체 무엇인가를 정의할 때, '쓰레기'는 가장 적나라한 척도의 하나다.

특수청소업 종사자들이 망자가 남긴 쓰레기를 통해 그가 어떤 사람이었는지 프로파일링하는 서사는 뜻밖의 발견으로 이어졌다. 『죽은 자』에서는 고립사 현장에서 독자적인 우주의 발생과 심오한 정신의 구성을 읽어낸다. 김인숙의 「자작나무숲」에 등장하는 호더 할머니도 이런 인물이다. 할머니의 쓰레기 집과 생활 방식은 기존 경제 질서를 따르지 않는 영토였고, 이곳에서 쓰레기와 함께 자신을 새로운 인간형으로 발명했다. 이들은 비정상적인 상태에 주저앉은, 구호·구조 대상이 아니라 생각지도 못한 시간과 장소에 출현한 다른 삶과 물질의 신종(新種)이다. 다만 너무 오래 고립되어 있었고, 그만큼 늦게 발견되었다. 모두가 기회를 놓친 것이다.

"사회적으로 쓸모 있는 생산물과 사회에서 거부하거나 경원시하는 쓰레기를 분리하는 경계선"[65]은 자본의 질서와 일맥상통한다. '인간 됨'의 완성을 금융화된 인간이 경제적 자유에 이르기까지의 서사로 여기는 이들이 시대의 대세를 형성하고 있다.

그들이 무엇을 기억할 수 없고, 그렇기에 어떤 세계와 감응할 수 없는 걸까? 우리는 아직 상상조차 하지 못하지만 언젠가 가능한 사회에 닿기 위해서라도, '쓰레기'에서 시작하는 수밖에 없다. 이 논의는 보론에서 더 이어진다.

보론

저장 공존자의 생활 우주

'저장강박'의 병리화와 공공 관리의 대상

'저장강박증(Hoarding Disorder)'은 쓰레기와 더불어 살아가는 삶을 질병으로 규정하는 사회 분류 코드다. 이런 의학적 명칭은 사물과 다른 관계를 맺는 방식을 정신질환의 문제로 손쉽게 환원한다. 이 병(病)이 병이라는 관념조차 없었던 시기가 역사적으로 훨씬 길었다. 시대와 장소에 제한받지 않는 자명한 질병이 아니라, 우리 시대의 특수한 필요가 만들어낸 이름표에 가깝고, 생겨난 지 채 20년도 되지 않았다. 최신의 문화적 구성물이지만, 대중에게는 놀랍도록 빠른 속도로 존재감이 각인되었다.

저장강박증이 미국정신의학회의「정신질환 진단 및 통계 편람 5판(DSM-5)」에서 독립적인 진단 범주로 자리 잡은 것은 2013년이었다. ICD-11에서도 코드 6B24 'Hoarding disorder'로 등재되며, 통찰 수준에 따른 하위 구분 역시 제시되었다. 이

전까지는 강박장애(Obsessive-Compulsive Disorder, OCD)의 한 유형으로 판단됐다고 한다. 병명을 굳이 구분해야 할 필요가 무엇이었을까?

DSM-5의 진단 기준은 다음과 같다.[1] 첫째, 실제 가치와 무관하게 소지품을 버리거나 분리되는 것을 지속적으로 어려워한다. 둘째, 물건을 저장해야 할 필요성을 인지하고 버리는 것과 관련하여 고통을 느낀다. 셋째, 소지품이 쌓여 생활 공간의 정상적인 사용을 심각하게 저해한다. 넷째, 이러한 저장 행동이 사회적, 직업적 또는 다른 중요한 기능 영역에서 임상적으로 심각한 고통이나 손상을 유발한다.

그런데 강박장애의 대표적 증상은 과도한 청결 행위다. 저장강박증과는 정반대 유형의 행동이 특징이다. 청결에 대한 강박은 병리적일지라도 사회가 추구하는 '청결 이데올로기'와 방향성을 같이한다. 그래서 사회가 더러움을 악으로 규정하고 체계적으로 제거하려 할 때, 강박장애 환자는 엄격한 위생 규범과 면역학적 방어 태세를 극단으로 내면화한 존재가 된다. 반면에 저장강박증은 물건을 버리지 못하고 쌓아둠으로써 사회의 핵심적인 작동 원리인 '폐기'와 '망각'에 정면으로 역행한다. 그래서 저장강박증은 일반적인 불안의 파생물이 아니라, 사물, 가치, 기억, 공간이라는 특정 요소와 관련된 장애로 설명된다. 이 요소들은 '망각의 인프라'가 체계적으로 통제하고 말소하려는 대상이기도 하다.

DSM-5 진단 기준은 '병식(病識, insight)'의 수준을 명시하도록 요구하고 있다. 환자들은 자신의 저장 행동이 문제가 있다는 인식이 부족하거나(좋지 않은 병식), 자신의 믿음이 사실이라고 완전히 확신하는(병식 없음/망상적 믿음) 경우가 많다.[2]

'쓰레기 기억상실증'에 잠식된 사회는 폐기와 망각이 정상적이고 합리적이라는 집단적이고 암묵적인 '병식'을 공유하고 있다. 이 사회에서 개인의 '병식 없음'은 사회적 규범을 내면화하는 것에 실패했음을 의미한다. 저장강박증 환자의 병리는 사회가 강요하는 '버리는 것이 합리적'이라는 통념을 받아들이지 못하고, '저장하는 것이 합리적'이라는 대항 논리에 사로잡힌 상태라 이해할 수 있다. 개인의 병리적 병식 부재는, 사회 전체의 비판적 성찰 없는 집단적 망각이라는 또 다른 병리를 역설적으로 비추는 거울이 된다.

저장강박증이 코로나19(COVID-19)만큼 유명해진 것은 미디어 때문이었다. 질병 담론의 수용과 확산 전반의 양상은 전형적인 미디어 스펙터클의 형태였다. SBS 〈순간포착 세상에 이런 일이〉나 〈궁금한 이야기 Y〉가 대표적 방송이다. 이 프로그램들은 '저장 행위자'의 사적 공간을 '쓰레기 집'이라는 자극적인 이름으로 부르고 만인의 구경거리로 만들었다.

방송 내용은 이웃의 민원 제기로 시작해서, 전문가와 자원봉사자들이 개입해 집을 '청소'하고 당사자를 '치료'하는 서사로 구성된다. 이 과정에서 저장 행위의 사회적, 개인적 맥락은 제거되거나 압축된다. 대신에 비위생적인 환경과 기이한 행동에 대한 교정 필요성을 반복적으로 강조한다. 그리하여 저장 행위자가 마치 범죄라도 저지른 것처럼 사회 규범의 이탈자로 지시된다. 결말에선 깨끗하게 비워진 집과 증세 호전을 다행스러워하는 이웃의 말이 나온다.

그러나 미디어의 일회성 개입은 근본적인 해결책이 되지 못했다. 지자체 사례 관리와 전문가 인터뷰에 따르면 단기 청소만으로는 쓰레기를 다시 쌓아두는 일(再積峙)은 재발한다고 한다. 당연한 결과다. 사적 공간으로 밀어닥친 침입자들을 퇴치할 방법이 일시적인 청소 협조밖에 없었기 때문이다.[3]

아파트 공화국의 비정상인

저장강박증에 대한 사회적 관심은 한국의 고밀도 주거 환경인 아파트 문제와 밀접한 관계가 있다. 2022년 기준 국민의 51.9%가 거주하는 아파트 환경에서,[4] 거주민의 극단적인 저장 행위는 공동체의 갈등으로 비화하기 쉽다.

이 문제를 극명하게 보여준 사례가 2024년 경기 고양시의 한 아파트에서 발생한 사건이다.[5] 엄청난 양의 쓰레기로 가득한 어느 거주자의 집에서 극심한 악취와 대량의 해충이 쏟아져나왔고, 고통을 견디지 못한 이웃들이 집단 이주를 고민하는 상황에까지 이르렀다. 이 과정에서 구청, 소방서, 보건소, 경찰 등 다수의 공공기관이 개입했으나, 개인의 주거권과 공동체의 거주권이 충돌하면서, 저장 행위가 개인의 생활양식을 넘어 공공 안전 문

제로 전환되었다. 관련 통계에 따르면 이런 사건이 있을 때마다 평균 8개의 공공기관이 동원된다.[6]

집이 개인 재산의 대부분이고, 일평생 부동산 가치를 방어하고 소유권을 확정하는 투쟁에 몸부림치는 아파트 공화국의 정상인들에게, 모두의 재산을 해치는 저장강박증은 긍정적으로 봐주기 어려운 비정상성이다. 개인의 노력만으로 회복이 어렵다면, 국가와 사회가 사적 공간으로 진입해 필요한 조치를 해야 한다는 주장 역시 당연히 여기게 된다. 공중보건과 집단 면역의 영역에는 사람만이 아니라, 그들이 거주하는 집의 경제적 가치를 지키는 문제가 얽혀 있으니 더 필사적이다.

수십 년에 걸쳐 주택 융자를 갚기 위해서라도 정상인은 건강해야 하고, 시세 차익 실현 시점을 기다리며 오랫동안 건강하게 살아야 한다. 모두가 이렇게 집에 매달려 치열하게 살고 있으니, 쓰레기를 쌓아두고 손해를 끼치는 이들은 혐오의 대상이 되고 만다.

저장강박증에 대한 외부의 개입은 대부분 지역공동체 중심의 감시를 통해 이루어진다. 서울시 지침서에 따르면 발굴 경로 중 가족·이웃 주민 신고가 35.5%로 최다였고, 지자체 보고와 현장 모니터링 자료도 가족·친척·이웃 신고가 주요 경로라고 한다.[7]

아파트 공화국의 정상인은 자신의 삶을 포함하여 세계의 복잡성을 이해하는 서사와 감수성, 상상력이 결핍되어 있다. 이윤 추구를 최우선시하는 수량화, 계량화된 경제 논리가 사회 전반을 좌지우지할수록, 경제성 없는 삶의 형태는 비정상적인 것으로 폄훼당하고, 옮겨선 안 될 전염병을 앓고 있는 것처럼 치부된다.

저장강박증 역시 의료화 담론의 출발점에서부터 문제가 많았다. 이 진단은 특정한 사회, 경제적 맥락 속에서만 의미가 있다. 카일라 볼튼(Kaila Bolton)은 저장강박증 담론이 자본주의와 소비주의가 극단에 달한 고소득 국가들의 특수한 문화적 맥락에서 발생한다고 지적한 바 있다.[8]

한국이 지금과 같은 수준의 경제 강국이 되기 전에는 저장강박증이 없었다. 이런 문제를 질병으로 규정할 담론의 기본 전제부터 성립하기 어려웠다. 물자가 부족했기 때문이다. 한국전쟁과 급속한 산업화를 겪은 기성세대에게 '버리지 못하는 행위'는 생존의 지혜였다. 심리학 전문가들은 이러한 행동의 밑바닥에 만약의 경우에 대한 불안과 상실에 대한 두려움이 깔려 있다고 설명한다.[9]

그럼에도 오늘날 저장강박증의 극단적 사례에 대한 부정 반응은 남녀노소를 불문하고 단일대오를 이루고 있다. 서울시가 2018년 제정한 '서울특별시 저장강박 의심가구 지원에 관한 조례' 역시 생명 정치적 통제의 한국적 양상을 보여준다.[10] 이 법은 개인의 사적 공간을 의료적 감시와 통제하에 두려는 권력 작용의 전형이다.

저항하는 뇌신경계

저장강박증에 대한 다른 관점과 상상력, 서사를 만들어 내는 일은 쉽지 않은 과제이지만, 놀랍게도 의학계에선 상당한 성과를 이미 축적하고 있었다. 저장강박증의 신경생물학적 연구에 따르면, 의사결정, 계획, 주의 집중 등 고위 인지 기능을 담당하는 뇌의 전두엽(frontal lobe), 특히 안와전두피질(orbitofrontal cortex)과 전대상피질(anterior cingulate cortex)의 기능 이상이 관련된다고 한다.[11] 이 영역들은 사물에 가치를 부여하고, 여러 선택지 사이에서 중요도를 판단하며, 행동 계획을 수립하는 데 핵심적인 역할을 한다. 저장강박증을 보이는 이들의 뇌에서는 가치 판단 및 의사결정 회로가 제대로 작동하지 않아, 사소한 물건과 중요한 물건을 구분하지 못하고 모든 것을 보관해야 할 대상으로 인식하게 된다.[12]

억제성 신경전달물질인 감마 아미노부티르산(GABA)과 흥분성 신경전달물질인 글루타메이트(glutamate) 사이의 불균형이 강박장애의 원인일 수 있다는 연구 결과를 통해서는, 저장강박증의 기저에도 유사한 메커니즘이 있을 가능성을 알 수 있다.[13] 세로토닌(serotonin) 시스템과의 연관성 역시 꾸준히 제기되고 있다. 그렇다면 외부의 무엇이 증상을 촉발하는 걸까?

신경생물학적 증거들은 저장강박증이 소비 자본주의가 요구하는 인지적 노동과 신경학적으로 양립 불가능한 상태임을 생각하게 한다. 현대 소비 사회는 개인에게 끊임없이 빠르고 복잡한 가치 판단을 요구한다. 새로운 상품의 유용성을 평가하고, 기존에 소유한 물건의 가치를 절하(切下)하며, 폐기 여부를 신속하게 결정하는 인지적 압박에 지속적으로 노출된다.

종량제 봉투와 같은 '망각의 인프라'는 이러한 복잡한 인지 과정을 단순화하고 가속하기 위해 고안된 사회적 장치다. 그러나 신경생물학적 취약성을 가진 개인에게는 이 시스템이 과부하를 유발한다. 그들의 뇌는 소비 사회의 고속 정보 처리와 가치 변동의 속도를 따라가지 못하기 때문이다. 결국 의사결정 과정에서 병목 현상이 발생하고, 판단을 보류한 채 모든 것을 쌓아두는 방식으로 대응하게 된다. 이 상태를 발병(發病)으로 진단해야 할까? 이들의 병리는 처분 가능한 문화를 유지하기 위해 사회가 요구하는 인지적 노동에 대한 '신경학적 파업(Neurological Strike)'이라고 볼 수 있다.[14]

이 파업은 틀리지 않았다. 저항은 병(病)이 아니다. 참을 수 없는 것을 참고 적응하며 꾸역꾸역 살아내는 것이 정상성이고 건강의 전형인 걸까? 외려 비정상인 것은 저장강박증이 아니라 그 반대 방향이다.

토마스 사스(Thomas Szasz)가 "정신 질환은 신화다"라고 선언했듯, 뇌의 명백한 구조적 손상 없이 행동 패턴에만 근거한 정신과적 진단은 '생활 문제'를 의료화(medicalization) 한 것에 불과할 수 있다.[15] 저장강박증 진단은 정상적인 물질 관계를 규정하고, 이를 벗어나는 개인의 사적 공간을 의료적 감시와 통제 하에 두려는 권력 작용이다. 서울시의 '저장강박 의심가구 지원에 관한 조례'는 복지를 명분으로 하지만, 지역공동체의 감시망 속에서 작동한다. 병리화와 통제의 악순환을 끊기 위해선,[16] '저장 행위자'를 바라보는 새로운 시각이 필요하다.

신경다양성(Neurodiversity) 운동이 대안적 이해를 제시한다. 신경다양성의 관점에서는, 저장 행위는 장애가 아닌 뇌의 자연스러운 변이에 불과하다. 비정상적인 결함이 아닌, 특정 환경에 대한 고유한 적응 방식이자 인지적 스타일의 표현이다.[17]

ADHD(주의력결핍 과잉행동장애) 공동체에서도 저장 행동을 실행 기능의 차이로 해석한다. 성인 ADHD 집단의 임상적 저장 증상 비율이 대조군의 약 10배(20% vs 2%) 수준으로 보고된 연구가 있다. 이는 의사결정과 정보 처리 방식의 차이에서 비롯된 결과일 수 있다.[18]

자폐 스펙트럼 성인을 대상으로 한 연구에서는, 저장 행동이 세 가지 중요한 적응 기능을 수행한다고 분석한다.[19] 첫째, 물건은 예측 불가능한 인간관계보다 안정적인 정서적 도구가 된다. 둘째, 특수 관심사(special interests)와 깊이 연결되어 지식과 탐구의 기반을 제공한다. 셋째, 정체성과 기억을 보존하는 물리적 아카이브 역할을 한다. 이러한 관점에서 저장 행위는 신경학적 차이가 만드는 생존 전략이자, 세상과 관계 맺는 고유한 방식으로 재구성된다.

이러한 이해를 바탕으로 '저장 행위'를 새롭게 해석할 존재론적 패러다임을 구상하고 싶다. 그래서 여기에 '저장 공존자(Hoarder-Coexister)'와 그들이 살아가는 공간인 '생활 우주

(living universe)'에 대한 구상을 밝힌다. 아마도 이 책의 후속 작업으로 이 아이디어를 다루게 되지 않을까 싶다. 우선은 스케치 수준의 생각이나마 이야기하려 한다.

저장강박증은 개인의 병리가 아니라, 소비 자본주의 사회의 구조적 모순에 대한 반응이기에 질병명으로 불려선 안 된다. 대안적 물질 관계를 모색하는 창조적 실험이라는 의미에서 '저장 공존'이라는 이름으로 대체하고 싶다. 이를 실천하는 '저장 공존자'는 사물을 일회용 도구로 취급하는 소비주의적 세계관에서 벗어나 있다. 이들에게 사물과의 관계는 소유나 집착이 아닌 '상호 공존'이다. 물건에 정이 들었다거나, 어떤 사물에서 외로움을 느낀다는 등의 표현은 감정을 나누는 능동적 주체로 사물을 인식하고 있음을 보여준다.

이러한 관계가 강렬히 펼쳐지는 공간이 '생활 우주'다. 이곳은 주류 사회의 질서와는 다른 고유한 리듬과 법칙을 갖춘 하나의 독립된 우주다. 쓰레기 아닌 쓰레기로 가득 찬 사적 공간은 어떤 생활 우주가 될 수 있을까? 이곳에서 악취, 벌레, 질병부터 떠올릴 것이 아니라, 각각의 사물에 내재한 기억, 고유한 시간의 속도와 리듬, 이것들에 감응하며 특유의 패턴을 이루는 '저장 공존자'의 고유성을 생각해 볼 수 있지 않을까?

저장 공존자의 미학

5장에서 다뤘던 특수청소 현장만이 아니라 훨씬 더 넓은 스펙트럼에서 탐구가 가능하다. 우선 특수청소 현장과 미술관이 저장 공존자의 생활 우주에서는 지그재그로 연결된 두 지점이다.

저장 행위는 예술적 창조 과정과 긴밀하게 연결된다. 신경다양성 패러다임으로의 전회를 강렬히 확인할 수 있는 영역이기도 하다. 앤디 워홀(Andy Warhol)의 〈타임캡슐〉이나 게르하르트 리히터(Gerhard Richter)의 〈아틀라스〉처럼 예술가들은 수집과 저장을 통해 창작의 원천을 마련한다.

일찍이 발터 벤야민(Walter Benjamin)의 수집가 개념은 저장된 사물들이 상품으로서의 교환가치에서 해방되어 새로운 '아우라'를 획득하는 과정을 설명한 바 있다.[20] 질 들뢰즈(Gilles Deleuze)와 펠릭스 가타리(Felix Guattari)의 '리좀(Rhizome)'은 위계 없는 수평적 네트워크 구조를 통해 저장 공간을 이해했다.[21]

마르셀 뒤샹(Marcel Duchamp)의 레디메이드 개념은 예술가의 역할을 '제작자'에서 '선택자'로 전환했다. 이때에도 저장 행위는 일종의 '선택의 미학'으로 해석될 수 있다. 버려질 운명에 놓인 물건을 선택하여 보존하는 행위는 그 물건에 새로운 의미와 가치를 부여하는 예술적 행위가 될 수 있다.[22]

설치미술가 최정화의 작품도 저장 공존자의 생활 우주를 보여준다. 그는 플라스틱 바구니, 냄비 등 대량 생산된 일상의 사

2024년 고양국제꽃박람회의 최정화 설치 작품
출처: 최정화 홈페이지(choijeonghwa.kr)

물들을 수집하여 거대한 설치 작품을 만든다. 그의 작업실 겸 창고는 지난 30년간 수집한 수만 개의 오브제들이 정교하게 분류된 거대한 재료 은행이다. 그는 자신을 미래의 보물을 발굴하는 고고학자로 소개하기도 했다. 저장 행위는 모든 사물에 깃든 잠재적 가능성을 탐색하는 창조의 과정이다.[23]

현대 미술에서 쓰레기를 재료로 사용하는 것은 사회 비판의 전략이기도 하다. 토마스 허쉬호른(Thomas Hirschhorn)은 골판지, 알루미늄 포일 등 '가난한 재료'를 사용하여 현대사회의 과잉 소비를 비판하는 거대한 설치 작품을 만든다. 그의 작품 〈너무 많은(Too Too-Much Much)〉(2010)은 미술관 전체를 수천 개의 버려진 알루미늄 캔으로 채웠다.[24]

가나 출신의 작가 엘 아나추이(El Anatsui)는 버려진 술병 뚜껑을 구리선으로 엮어 거대한 태피스트리를 제작한다. 알코올이 대서양 노예무역의 주요 교환 상품이었던 아프리카의 식민지 역사를 재해석한 작업이다. 제국주의 시대로부터 강제된 쓰레기 기억상실증에 맞서는 수행이기도 하다. 쓰레기의 예술적 변환을 통해 억압된 역사가 현재로 소환된다.[25]

중국 작가 쑹둥(宋冬)의 작품 〈버릴 것이 없다(Waste Not)〉는 '버리지 못함'을 관계의 서사로 재해석한 감동적인 사례다. 어머니가 50년간 모은 살림살이를 미술관에 재배치한 작품이다.[26]

토마스 허쉬호른(Thomas Hirschhorn)의 〈너무 많은(Too Too-Much Much)〉(2010)
출처: Museum Dhondt-Dhaenens

생활 우주의 초고밀도 아카이브

저장 공존자는 기억과 사물을 외부로 위탁하기를 거부하고, 자신의 생활 공간을 개인적인 매립지로 전용한다. 이 행위는 집을 물질적 역사의 초고밀도 저장소로 만든다. 공식 역사에서 배제한 사소한 사물들의 역사를 보존하는 비공식 아카이브가 되는 것이다. 버려지지 않고 남겨진 모든 물건은 사회가 강요하는 망각의 명령에 맞선다.

저장 행위의 대안적 가능성은 역사적으로 다양한 사회적 실천 속에서 발견된다. 1997년 IMF 외환위기 이후 등장한 '아나바다 운동(아껴 쓰고, 나눠 쓰고, 바꿔 쓰고, 다시 쓰자)'은 물질과 인간의 관계를 재정의하는 사회적 실험으로 재해석될 필요가 있다. 이 실험을 극한으로 응용하고 강화한다면 어디에 닿을 수 있을까? 그 일이 가능한 장소는 어디에 마련해야 할까? 어떤 식으로든 이 일에 착수할 수 있다면, 저장 공존과 아카이브만이 아니라 시대의 대세와는 다른 인간형으로 자신을 생성하는 과정을 걷게 될 것이다.

2020년부터 시작된 코로나19 팬데믹 기간은 생활 우주의 의미를 다채로운 사례로 발굴할 수 있는 기회였다. 사회적 거리 두기가 강제되는 상황에서 집 안의 물질적 환경이 삶의 질을 결정하는 핵심 요소로 부상했다. 오랜 세월 방치했던 미싱이 마스크를 만드는 소중한 도구가 되고, 오래된 운동기구가 건강을 지키는 수단이 되는 경험을 통해, 사람들은 저장된 물건의 잠재적 가치를 재발견할 수 있었다. 하지만 쓰레기 기억상실증은 이 시기의 기억을 놀랍도록 빠르게 해리(解離)하고 있다.

물건과 기억을 연결하는 공적 공간의 가능성도 탐구해야 한다. 한 사례로 경남 거창군 남상면 임불마을의 '마을 박물관'이 있다.[27] 주민들이 기증한 물건에는 기증자의 이름이 담긴 명패가 붙어 있고, 물건의 사용법을 보여주는 사진도 함께 전시된다. 물건에 사람과 이야기를 덧붙여 수집품을 공동체의 기억으로 전환하는 시도다.

이러한 방식은 크로아티아의 '자그레브 실연 박물관(Museum of Broken Relationships)'에서 다른 차원으로 확장된다.[28] 박물관은 전 세계 사람들에게서 헤어진 연인과 관련된 물건을 기증받아 전시한다. 기증된 사물은 낡은 인형, 편지, 도끼처럼 평범하거나 기이하다. 하지만 각 물건에는 익명의 사연이 덧붙여진다. 쓸모없어진 사물은 사랑과 상실이라는 보편적 감정을 담은 유물로 변모한다. 이곳은 사회가 망각하도록 강요하는 '실패한 관계'의 기억을 역으로 수집하고 보존한다. 개인의 생활 우주 일부를 공적 공간으로 옮겨 공유하는 현대적 실천인 것이다. 두 사례는 저장 공존의 공공성을 실현하는 과제를 제시한다.

기억의 장소는 더 많이 발명되어야 한다. 쓰레기 아닌 쓰레기를 쌓아두는 모든 공간에서, 망각을 거부하는 생활 우주가 자라난다.

경남 거창군 남상면 임불마을의 '마을 박물관'
출처: 거창 한들신문

실연에 관한 물건을 전시하는 자그레브 실연 박물관
출처: Museum of Broken Relationships

제6장

하수도는 도시의 배면을 어떻게 기억하는가

하수도와 망각의 인프라

현대 도시는 제도화된 쓰레기 기억상실증의 시스템 위에 세워져 있다. 생산과 소비의 사이클이 가속화될수록, 그 과정에서 발생하는 막대한 양의 폐기물은 시민의 감각적 체험과 인식의 지평에서 체계적으로 추방된다. 도시 지하에 구축된 하수도망은 이 시스템의 토대 중 하나다.

  하수도는 오물을 위생적으로 처리하는 기술적 기반 시설인 동시에, 그 처리 과정에 수반되는 노동의 고통, 환경적 부담, 그리고 배제된 존재들의 흔적까지 체계적으로 은폐하는 망각의 인프라로 기능한다. 효율적인 은폐와 격리 메커니즘은 생활인이 자신의 배설물과 그 물질이 함의하는 불결한 현실을 인지하지 못하게 한다. 이 작동이 지속 가능한 상태로 유지될수록 사회적 망각 역시 자명한 현상처럼 유지된다. 그렇게 도시의 이면은 일상적 의식에서 지워진다.

  지워진 현실을 어떻게 다시 감각하고 사유할 수 있을까. 매튜 간디(Matthew Gandy)의 도시 생태학은 하수도가 사회적 모순을 감추는 권력 장치임을 지적한다. 그의 분석은 거대 구조를 해부하는 데 머물지 않고, 그 시스템 아래 억압된 존재들의 서사까지 섬세하게 다룬다. 하지만 뉴욕 등의 서구 대도시를 중심으로 전개되는 논의다. 여기서 비롯된 이론적 틀만으로 한국의 역사 공간을 온전히 포착하기는 어렵다. 식민지 경험과 군사 독재의 상처가 스민 한국의 지하 세계는 서구와는 다른 경로를 따라 구축되었기에 많은 차이가 있다. 그 의미를 파고들어 버려지고 잊힌 것들을 언어로 길어 올리는 문학이 있다. 하수도와 정화조라는 극단의 공간에서 무엇을 읽어내야 하며, 어떤 문학적 증언에 귀 기울여야 할까?[1]

간디는 도시 기반 시설을 사회, 정치, 생태학적 문제와 연결하는 분석틀을 제시했다. 그는 도시의 수도와 하수도 네트워크를 기능적 설비로만 보지 않았다. 이것들이 사회적 불평등을 재생산하고 권력관계를 공고히 하는 방식을 탐구했다. 간디의 작업은 지하 배관망이나 폐허의 잡초 같은, 도시의 보이지 않는 공간에서 작동하는 정치 역학에 주목한다.

그럼에도 간디의 정치학적 분석은 식민주의가 남긴 유산이나 전쟁 트라우마의 문제를 온전히 설명하지 못한다. 국가 주도의 압축적 근대화가 만든 기형적 도시 공간 역시 그의 이론만으로 파악하기 어렵다. 박화성 문학이 드러내는 식민지 노동자의 희생, 홍재희의 아버지가 기어가는 낡은 하수관의 역사는 한국적 경험의 특수성을 담고 있기 때문이다. 그렇기에 외부의 이론에 기대기보다, 그 경험을 가장 깊이 있게 담아낸 한국 문학의 증언에 주목하려 한다.

이 장은 간디의 분석틀을 비판적으로 수용하되, '쓰레기 기억 상실증'과 '망각의 인프라'라는 기억의 문제로 확장한다. 간디가 제시한 '기술적 숭고(technological sublime)'와 '사이보그 도시화(cyborg urbanization)' 개념을 "망각의 인프라는 어떻게 구축되고 작동하는가"라는 물음에 적용하려 한다. 기술적 숭고

개념은 거대 기반 시설이 문명과 진보의 상징으로 찬양받는 동안, 그 스펙터클 뒤에서 식민지 노동자의 희생이 은폐되어 잊힌 과정을 이해하는 데 도움이 된다. 박화성의 「하수도 공사」(1932)가 그 사례다.

사이보그 도시화 개념은 망각의 인프라가 아파트라는 주거 공간에 침투하여 개인의 신체와 결합하면서 기억을 지우는 양상을 보여준다. 설재인의 『그 변기의 역학』(2024), 배지영과 김성달의 소설은 균열된 시스템이 개인의 내면을 파괴하고 국가 차원으로 은폐의 메커니즘이 확장되는 모습을 포착한다.

"어떻게 저항하고 기억을 복원할 것인가"라는 물음이 뒤따른다. 그 실마리를 찾기 위해 간디의 '트랜섹트 퀴어링하기(queering the transect)'를 참고했다. 이 장에선 한국적 맥락에 맞게 재구성하여 '폐로탐원(廢路探源)'이라는 개념으로 변용하여 제시한다. 시스템의 흐름을 교란하는 퀴어링의 사유를, 오폐수가 흐르는 길(廢路)을 거슬러 자신의 역사적 근원(源)을 탐사(探)하는 행위로 구체화했다.

'포렌식 생태학(forensic ecologies)'의 관점에서는 편혜영의 「맨홀」(2005)과 한승태의 노동 3부작(2013~2024)을 살핀다. 폐기된 존재의 흔적을 '물질적 증인'으로 내세워 진실을 증언하는 방식을 보여주는 작품이다. 그리고 폐로탐원 개념을 홍재희의 「틈니를 찾아서」(2015)에 적용하여, 망각의 흐름을 거스르는 개인의 저항에 대해 생각해보려 한다.

망각의 인프라는 기술적 장치들의 연합이기만 한 것이 아니다. 한국 사회에서 근대성이란 이름 아래 자행된 폭력의 역사를 은폐하고 정당화하는 정치적 구조물이기도 하다. 공식 기록이 지워버린 고통을 증언함으로써, 망각에 저항하는 대항 기억의 가능성을 모색하는 일에 문학의 역할이 있다.

하수도 공사와 '기술적 숭고'의 이면

근대 도시 형성 과정에서부터 망각의 인프라는 체계적으로 구축되었다. 특히 서울의 하수도 변천사는 위생과 진보라는 근대 서사 이면에 감춰진 차별의 정치학이 압축되어 있다. 서구화된 하수도가 등장하기 이전인 전근대 시기의 한양을 우선 살펴보자.

조선 시대 한양의 오폐수 처리는 주로 청계천 중심의 자연 하천에 의존했으나, 도시 규모가 자연정화 능력을 넘어서면서 한계에 직면했다. 1900년대 초, 대한제국 시기부터 근대적 도시 기반 시설에 대한 논의가 시작되었으나, 본격적인 계획과 실행은 일제강점기에 들어서야 이루어졌다.[2] 식민 통치자들에게 경성은 제국의 위상을 과시하고 식민 통치의 효율성을 극대화해야 하는 전략적 공간이었다. 따라서 시급히 해결해야 할 과제 중 하나가 '위생'이었다.

일본 식민주의자들의 눈에 비친 경성은 분뇨와 오물이 길거리에 방치된 비위생적인 공간이었다. 1918년 귀향길 경부선에서 청년 이광수는 모욕적인 경험을 한다.

조선인으로서 2등실에 탄 사람은 누구나 반드시 얼굴이 붉어지고 등에 땀이 차서 얼굴을 처들 수 없는 경험을 할 것이다. 같은 객실 내지인의 조선인에 대한 평은 실로 혹독하기 때문이다. 3등실에서는 흰 옷 입은 사람이 다수라서 내지인도 다소 조심하는 것 같고 1등객은 대개 상류 신사라서 점잖지 않은 악평을 삼가지만, 2등실에는 조선인도 그리 많지 않고 승객도 그다지 점잖지 않아서 실로 조선인에 대한 내지인의 적나라한 평을 듣는 데 가장 적합하다. 평은 대개 조선에 처음 오는 신참의 질문과 고참의 대답으로 이루어진다. 예컨대 "조선인에게는 변소가 있소?"라고 신참이 물으면, "아니오. 요보에게는 변소다운 변소가 없소. 그들에게는 위생 사상이 결여되어 있으니까"라고 고참이 대답하는 것이다.[3]

일본인뿐만 아니라 식민지인이 된 조선인에게도 위생은 식민 지배를 정당화하는 강력한 이데올로기로 작동했다. 미개하고 더러운 조선을 문명적이고 깨끗한 일본이 근대화시켜야 한다는 위생 담론은 끊임없이 확대 재생산되었다.[4]

이광수는 「민족개조론」(1922)에서 덕육(德育), 지육(智育), 체육(體育) 등 '삼육(三育)'을 제시하면서, 체육과 위생을 통한 신체·생활습관의 개조를 강조하였다. 특히 사회적 인프라로서의 위생 설비와 위생 교육의 필요성을 강조했다. 상시 공급되는 깨끗한 물을 사용하고, 오수를 위생적으로 처리할 수 있는 상하수도가 전제되어야 가능한 목표였다.[5]

하지만 총독부의 계획에서 도시 인프라의 우선적인 수혜자는 식민지 조선인이 아니라 재조(在朝) 일본인이었다. 1918년부터 총 4기에 걸쳐 추진된 '경성하수개수공사(京城下水改修工事)'는 식민 통치 기관과 일본인 거주 지역을 중심으로 이루어졌다. 1기 공사(1918~1925)는 주로 일본인들이 밀집한 남촌 지역에 집중되었고, 이후 공사 역시 용산의 신시가지나 관공서 주변에서 먼저 시행되었다.[6] 조선인들이 주로 거주하던 북촌 지역은 후순위로 밀려나거나 공사에서 배제되기 일쑤였다. 이뿐만 아니라 식민 권력의 도시 계획은 일본인 거주지에 폐기물의 신속한 배출을 위한 급경사를 부여하고, 조선인 거주지에는 오물이 정체될 수밖에 없는 완만한 구배(俱背)를 할당하는 방식이었다. 이러한 공간적 차별은 식민지 근대화가 내포한 인종주의적 위계를 물리적 인프라로 구현한 것이었다.[7]

이 지점에서 매튜 간디가 주목하는 '기술적 숭고(technological sublime)'를 참고해보자.[8] 숭고는 본래 18세기 유럽 낭만주의 미학에서 중요하게 다루어진 개념이다. 알프스의 광활한 설경이나 폭풍우 치는 바다처럼, 인간의 이해와 통제 능력을 압도하는 거대한 자연 현상 앞에서 느끼는 경외감과 공포가 뒤섞인 복합적인 감정을 의미했다. 그런데 근대 사회에 이르러 산업혁명과 기술 발전이 가속화되면서, 숭고의 감정은 자연 대신에 인간이 만든 거대한 기술적 창조물로 옮겨간다. 최초의 철교, 거대한 증기기관, 초고층 빌딩, 정교한 수로 시스템은 자연을 정복하고 인간 이성의 위대함을 과시하는 새로운 시대의 상징이 되었다.[9]

간디는 『콘크리트와 진흙(Concrete and Clay)』(2003)에서

19세기 뉴욕에 건설된 크로톤 수로(Croton Aqueduct)를 '기술적 숭고'의 대표적 사례로 분석한다. 당시 콜레라와 같은 수인성 전염병으로 고통받던 뉴욕 시민들에게, 깨끗한 물을 풍요롭게 공급하는 거대한 수로는 기쁨과 평안, 더 나아가 숭고의 의미로 여겨졌다. 과학과 이성의 힘으로 질병과 죽음의 공포를 몰아내고 문명의 삶을 가능케 하는 구원의 상징이었기 때문이다. 시민들은 도시 곳곳에 세워진 화려한 분수를 보며 풍요로운 물 공급을 시각적으로 확인할 수 있었고, 이것들을 시민적 자부심의 원천으로 여겼다.

하지만 '기술적 숭고'는 무언가를 가리는 화려한 장막으로 기능한다. 크로톤 수로의 깨끗한 물은 도시의 번영을 상징했지만, 그 이면에는 수로 건설을 위해 터전을 잃고 강제로 이주해야 했던 농민 공동체의 막대한 피해가 있었다. 부유층 거주지에는 물이 풍족하게 공급되어 개인 정원을 가꾸는 데 사용되었지만, 가난한 이민자들이 모여 사는 빈민가에서는 오염된 우물물에 의존해야 했다. 도시 전체에 균질하게 기능하는 문명의 수혜가 아니었다. '기술적 숭고'는 사회적 불평등과 폭력적 배제의 현실을 감추고, 문명과 진보라는 거대 서사를 정당화하는 이데올로기 장치였다. 간디는 어떤 기술적 성취가 숭고하다고 칭송될 때, 반드시 질문해 봐야 한다고 강조한다.[10] 이 숭고함의 대가는 무엇이며, 그 빛나는 풍경 아래에는 어떤 이들의 고통과 희생이 가려져 있는가?

다시 식민지 경성으로 돌아가 보자. 박화성의 소설을 읽어볼 차례다. 박화성의 「하수도 공사」는 일제강점기 경성에서 벌어진 하수도 공사를 배경으로, '기술적 숭고'의 이면에 감춰진 착취와 폭력을 고발한다.

소설 속 건설 현장의 노동 조건은 참혹하기 이를 데 없다. 당시 조선인 토목 노동자들은 저임금과 장시간 노동에 시달렸고, 기본적인 안전 장비조차 갖추지 못하고 위험천만한 작업에 내몰렸다. 박화성의 소설은 이러한 당대 현실을 정밀하게 포착하여, 일제 식민주의자들이 내세우는 근대 문명 개발 서사가 실제로는 조선인 노동자들의 피와 땀 위에 세워진 것임을 폭로한다.[11]

노동자들의 상처 입은 신체는 하수도 건설 과정에서 자행된 폭력의 흔적을 증언한다. 그들의 폐, 피부, 근육에 새겨진 상처와 질병은 총독부 공문서에 기록되지 않았을 뿐, 엄연히 존재하는 현실이었다.

맨홀 작업을 하던 노동자들이 유독가스에 질식해 사망하는 사건은 지금도 해마다 벌어지고 있고, 박화성이 포착한 착취 구조와 사고 원인마저 여전하다.[12] 안전 장비 미비, 작업 매뉴얼 부재, 하청 업체의 비용 절감 압박은 왜 없어지지 않는 걸까? 하수도 시스템이 노동자의 생명을 소모하면서도 그 희생을 체계적으로 은폐하는 메커니즘과 공모하고 있기 때문이다. 박화성은 소설 말미에서 이렇게 일갈한다. 이 비판이 한 세기가 다 되어가는 현재까지도 유효하다는 것은 우리 시대의 수치가 아닐 수 없다.

이 굉장한 하수도를 보는 자 돈과 문명의 힘을 탄복하는 외에 누군가 삼백 명 노동자의 숨은 피땀의 값을 생각할 것이며 죽교의 높은 이 다리를 건너는 자 부청의 선정을 감사하는 외에 누구라 이면의 숨은 흑막의 내용을 짐작이나 하랴.[13]

하수도라는 기능적 인프라는 도시 발전이라는 공식 기억의 영역에 남는다. 그러나 이것을 만든 노동자들의 고통은 기록되지 못한 채 잊힌다.

망각의 인프라는 도시의 면역학적 논리에 따라 사회에서 소외된 이들을 주류 세계 바깥으로 내몬다. 내쫓긴 자들과 누가 동행하며 그들을 애써 기억하려 할까? 1966년 8월 『청맥』에 발표된 양문길의 단편소설 「공중변소근처」는 서울 도시 빈민들의 무기력한 삶을 다룬다. 시멘트 블록으로 쌓아 올린 구조물, 코를 찌르는 암모니아 냄새, 오줌으로 질펀한 바닥 등의 도시 변두리 공중변소에 대한 집요한 묘사가 인상적이다. 정체된 불결함의 현장은 망각의 인프라가 실패한 지점이기도 하다. 이곳을 최후의 거처로 삼은 사람들의 생활은 비참하기 짝이 없다.

그는 그 변소 안에서 살고 있는 것이다. 낮에는 어디 가서 무엇을 하는지 보이지 않다가 밤이 되면 그는 어김없이 이 변소로 찾아와 잠을 자는 것이었다. 그는 오줌 냄새와 똥 냄새가 푹푹 풍기는 그 좁은 공간 속에서 웅크리고 잠을 잤다. 어느 날 밤 나는 그가 변소간 안에서 잠을 자고 있는 것을 보았다. 그는 누더기를 덮어쓰고 웅크리고 있었는데 얼핏 보기에는 넝마조각을 뭉쳐놓은 것 같았다.

나는 소름이 끼치는 것을 느끼며 한동안 그의 모습을 지켜보고 있
었다. 그는 그 지독한 냄새를 맡으면서도 잠을 잘 수가 있는 것일
까. 어쩌면 그는 자기 자신의 몸에서 풍기는 악취 때문에 변소의 구
린내쯤은 대수롭지 않게 여기는 것인지도 모른다.[14]

    소설은 화자의 시선을 빌려, 악취에 무감각해진 몸뚱이를 '넝
마조각'으로 묘사한다. 삶과 악취를 구분 짓지 않는 서술은, 도
시 근대화가 가장 낮은 곳의 인간을 '집계하지 않는 쓰레기'로
취급했음을 드러낸다.
    이 소설이 발표되었을 무렵, 박정희 정부는 불결과 비위생을
국민정신의 문제로 보고 대대적인 계몽을 강조했다. 박정희는
민족개조론의 에피고넨이었다.[15] 「공중변소근처」의 고발은 구조
적 현실 문제 해결을 외면한 채 위생 문제를 개인의 정신력 문제
로 간주했던 국가 담론의 기만성을 폭로한다.

'사이보그 도시화'와 U자형 트랩의 아날로지

변기와 하수도는 망각의 인프라가 현대인의 일상과 내면을 지
배하는 대표적인 접촉점이다. 이 문제를 소재로 한 설재인의 『그
변기의 역학』은 생활 위생 시스템의 불능이 개인의 내면을 파괴
하는 과정을 다룬다.
    현대 도시에서 개인의 신체가 주거 공간만이 아니라 도시 전

체와 통합되어 있다는 현실 인식이 이 소설의 핵심 전제다. 각 세대의 배관은 건물 전체의 통합 시스템과 직결(直結)된다. 그래서 개개인의 배설 행위는 공적 시스템으로 즉시 이관된다. 이 구조는 기술적 안정성에 대한 절대적 신뢰가 요구된다.[16]

이것은 이데올로기나 다름없다. 쓰레기 종량제 역시 동일한 이데올로기를 확산하고 강화한다. 종량제는 폐기물 처리의 책임을 국가나 기업과 같은 거대 시스템이 아닌, 배출량을 측정할 수 있는 개별 가구인 개인의 윤리적 실천의 문제로 전환한다. 이러한 책임의 개인화는, 아파트 배관과 같은 거대한 시스템에 문제가 발생했을 때, 그 원인을 시스템의 구조적 결함에서 찾기보다 개인의 사용 미숙이나 과도한 요구 탓으로 돌린다.

> 변기를 뚫어달라고 요청하는 내가 혹시나 저들이 말했던 불량 입주자는 아닐까? 지금 전화를 받은 이 센터 직원이 나에 대해 혹독한 점수를 매기진 않을까? 별것도 아닌데 징징댄다고 … 진상이 될 씨앗이 보인다고, 그렇게 평가하지는 않을까?[17]

> 그러나 이건 타인이 아니라 아정의 일이었다. 잔고와 자존감, 두 분야의 누적 수치를 어떻게 변환해야 할지 아직도 수식을 세우지 못한 아정은 봉수 파괴 현상이 자신을 괴롭히고 있다고 누구에게도 말할 수가 없었다.[18]

『그 변기의 역학』의 주인공이 고통에 빠져드는 상황을 깊이 이해하기 위해, 매일 사용하는 위생 설비의 핵심 기술을 살펴볼 필요가 있다.

변기나 세면대 아래를 보면 배관이 U자 형태로 구부러져 있는 것을 볼 수 있다. 이것이 바로 'U자형 트랩'이다. 이 단순한 구조는 현대 위생 공학의 위대한 발명품 중 하나로 꼽힌다. 이 U자 굴곡에는 항상 일정량의 물이 고여 있는데, 이 물을 '봉수(封水, trap seal)'라고 부른다. 봉수의 역할은 간단하지만 결정적이다. 하수관을 타고 역류하는 악취, 유독가스, 벌레 등이 실내로 침입하는 것을 물리적으로 차단하는 경계선 역할을 한다.[19] 봉수는 도시의 거대한 공적 배관 시스템과 지극히 사적인 개인의 거주 공간을 분리하고 보호하는 액체로 된 문인 셈이다. 이 문이 굳건히 닫혀 있을 때, 비로소 하수도의 존재를 잊고 안락한 일상을 누릴 수 있다. 도시민의 후각과 감각이 상시 제한되는 효율적인 은폐와 격리의 메커니즘이 배관에서 작동하고 있다.

이 소설의 주인공 성아정이 겪는 봉수 파괴 현상은 경계선이 무너지는 사건이었다. 공용 배관 내부의 급격한 압력 변화로 인해 변기 트랩의 봉수가 배관 쪽으로 빨려 들어가 사라져 버린 것이다. 이 사태의 의미는 기능적인 고장 하나에 국한되지 않는다. 굳게 닫혀 있던 사적 공간과 공적 공간 사이의 문이 예고 없이 활짝 열려버렸음을 의미하기 때문이다.

여기에서 매튜 간디가 제시하는 '사이보그 도시화(cyborg urbanization)'를 응용해 보자. '사이보그'는 인공두뇌학적 유기체(cybernetic organism)의 줄임말로, 1960년대 우주 탐사를 위

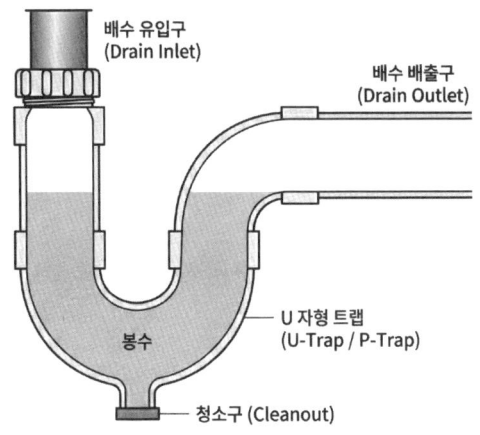

U자형 배관 트랩은 U자 굴곡에 물(봉수)을 고이게 하여 하수구의 악취와 벌레 유입을 차단한다. 이 방식은 가동 부품이 없어서 고장 가능성이 낮고, 물리적 구조로 악취와 벌레 유입을 막는 방법으로 오랫동안 검증받았다.

출처: 코드첵(codecheck.com)

해 인간의 신체 능력을 기계적으로 확장하는 상상력에서 탄생한 개념이다. 이후 인간과 기계, 자연과 문화의 이분법을 해체하는 중요한 이론적 개념으로 발전했다. 간디는 이 개념을 도시로 확장한다. 현대 도시는 인간 신체, 기술적 네트워크(수도, 전기, 통신, 하수도), 그리고 다양한 비인간 존재들이 복잡하게 얽혀 함께 작동하는 거대한 사이보그와 같다.[20] 예를 들어, 우리가 스마트폰을 통해 외부 세계의 정보를 실시간으로 받아들이고 기억을 저장하는 것은 마치 스마트폰이 우리의 뇌와 신경계의 일부가 된 것과 같다. 마찬가지로 도시의 하수도 시스템은 각 개인의 소화기관과 배설 기능을 도시 전체의 거대한 순환계로 확장하는 외부화된 신체라 할 수 있다.

간디는 기술과 인간의 경계가 허물어진 현실을 직시하는 과제에 이 개념을 제시한다. 우리는 도시라는 거대한 기술적 생명 유지 장치에 연결되어 살아가는 존재다. 이 체계의 안정성은 개인의 정신적, 신체적 안정성과 직결된다. 수도꼭지를 틀면 깨끗한 물이 나오고, 변기의 물을 내리면 오물이 즉시 사라지는 예측 가능한 시스템의 작동이 소비 대중 개개인의 일상적 항상성을 유지하는 필요충분 조건이 된다.

그래서 '사이보그 도시화'의 관점은 시스템의 균열이 왜 개인에게 불편을 넘어 실존적 위협이 되는지를 설명한다. 기술적 기반의 붕괴는 우리 신체와 정신의 일부가 붕괴하는 것과 같은 충격을 주기 때문이다.

『그 변기의 역학』의 '봉수 파괴'는 사이보그적 결합의 균열을 의미한다. 안정된 자아는 몸을 둘러싼 환경의 예측 가능한 입출력 운동의 산물인데, 위생 설비의 붕괴는 아정의 심리 방어 기제마저 무너뜨린다. 타인의 오물이 자신의 공간을 침범할 수 있다는 가능성은 그녀를 끊임없는 오염 불안 상태로 몰아넣는다.

> 어떤 종류의 분노는 타고난 두려움조차 쫓아버릴 수 있단 걸 아정은 처음으로 알게 되었다. 지금껏 살면서 이렇게 행동하지 못했던 것은, 언제나 무르게 굴면서 가족들을 답답하게 만들었던 건, 자꾸만 손해 보는 사람이라는 이미지로 평생을 살아야 했던 건, 어쩌면 이런 식의 분노가 없었기 때문일까. 이런 원초적이고 냄새나는 분노가. 똥물을 끼얹었다는 말이 문자 그대로 실행되는 식의 분노가.[21]

그리고 아정은 위생 시설의 완벽한 작동에 의존하는 수동적 소비자가 아니라, 시스템의 모순을 온몸으로 체험하고 분노할 줄 아는 존재로 변모한다. 이 또한 봉수 아래 잠재해 있다가 역류한 길들지 않은 심신의 힘이다.

미시적 봉인의 실패는 더욱 거대한 규모의 국가적 은폐 시스템과 맞닿아 있는 경우가 있다. 이런 문제야말로 분노해야 마땅하지만, 이런 현실에 기생하며 살아가는 이들이 수두룩하다. 배지영의 「그것」(2019)은 국가와 자본이 협잡하여 핵폐기물로 추정되는 물질을 전국의 외진 산속에 비밀리에 매설하고 있음을 폭로한다.

세상에는 폐기물이 아주 많았다. 그 가운덴 정부가 직접 관리하는 폐기물도 있었다. 그것이 무엇인지 정확히 알 수 없었고 알아서도 안 됐다. 다만 그의 회사가 산림청 소속인 이유는, 자유롭게 산을 다니며 작업하기 위한 일종의 설정에 불과했다. 주인 있는 산이 있기 마련이라 적합한 곳이 나오더라도 사유지에 저장드럼을 막무가내로 묻을 수 없었다. 이때마다 지진 관측 시설을 설치한다는 이유로 작업이 진행되었다.[22]

위험한 물질의 존재와 그에 대한 기억을 사회의 눈에 띄지 않는 곳으로 옮겨 틀어막고, 궁극적으로 그 사실 자체를 잊게 만드는 현실을 비판하는 소설이다.

하수도에 연결된 정화조 역시 기억 처리 장치이다. 폐기물을 즉시 이동시키는 하수도와 달리, 정화조는 생활 공간 바로 아래에 오물을 밀봉하고 정체시킨다. 정화조의 망각 논리는 '이동과 격리'가 아닌 '봉인과 지연'에 기반한다. 기억은 소멸하지 않고, 주기적인 청소라는 필연적 개입의 순간까지 유예된다. 김성달의 「아무도 모른다」는 정화조에서 벌어지는 비참한 사건을 보여 준다.

"어머니. 저 똥 무더기 위에 죽은 제가 있습니다."

종학은 미친 듯이 소리를 내질렀다. 결국 이런 모습을 보이고 말았다는 자괴감이 가슴에 불을 질렀다. 누구에게도 보이기 싫은 모습이었다. 혼자라는 두려움에 휩싸여 불쑥 뱉어버린 자신의 입을 찢어버리고 싶었다. 정화조 속의 종학과, 옆에 서 있는 종학을 번갈아 보면서 어머니가 부들부들 몸을 떨었다.[23]

청소 노동자 종학은 정화조에서 아무도 모르게 죽음을 맞이한다. 그의 죽음은 사회적으로 주목받지 않고, 악취 나는 폐기물과 함께 잊힐 운명에 놓인다. 정화조 위로 수십 수백의 상하수도관이 연결되어 있고, U자형 트랩의 봉수는 저 아래의 죽음을 감추며 일상을 정상 작동시킨다.

이 사이보그는 쓰레기 기억상실증을 건강처럼 앓고 있다.

포렌식 실천

'망각의 인프라'에서 작동하는 가장 극단적인 흔적 지우기는 불로 태우는 것이다. '소각로'는 열(熱) 기술을 통해 기억의 물리적 기반을 파괴한다.

편혜영의 「맨홀」은 사람을 불로 태워 없애는 방식을 이야기한다. 이 소설은 사회 시스템의 공식 기록에서 배제된 아이들이 등장한다. 이들을 관리하는 아동보호 센터의 운영 논리는 '사회 정화'를 명분으로 무고한 시민과 아동을 강제 수용했던 형제복지원 사건을 연상시킨다.[24] 인간의 존엄을 경제적 이익을 위해 짓밟았던 최악의 범죄였다. '형제', '복지', '정화' 그 어느 단어도 그곳을 정직하게 부를 만한 이름이 아니었다. 이제는 '쓰레기장', '인간 농장', '소각장'으로 지목하는 일에 머뭇거릴 이유가 없다.

비인간이 이런 폭력에 가장 취약하다. 한국 사회에서 가축 전염병이 발생했을 때 반복적으로 시행된 '살처분' 정책은, 생명을 경제적 효율성과 잠재적 위험 관리라는 명목 아래 대규모로 폐기하는 것에 대한 사회 감각을 무디게 만들었다. 경제적 가치를 상실한 인간 역시 효율성의 논리에 따라 처리될 수 있다는 것은, 강도의 차이가 있을 뿐 엄연히 반복되고 있는 현실이다.

생명을 폐기물로 처리하는 논리는 구체적인 기술을 통해 수행된다. 편혜영 소설의 '소각로'가 그 대표적인 장치다. 현대식 쓰레기 소각로는 850도 이상의 고열로 투입된 모든 유기물을 분해하여 재와 연기로 바꾸는 장치다.[25] 극단적인 열은 기억의 물리적 기반인 신체의 고유한 형상과 개별적 특성을 단시간에 소거하는 효율적인 수단이다. 흙이나 물속에서의 부패가 점진적이고 미생물 활동과 같은 다른 생명과의 관계 속에서 흔적을 남기는 과정이라면, 소각은 모든 관계와 흔적을 끊어내는 산업적인 절차에 해당한다. 열은 망각의 촉매로 작용하여, 애도의 대상이 될 수 있었던 시신을 그저 처리해야 할 익명의 폐기물로 바꾼다. 사회적 기억의 활성화 자체를 원천적으로 차단하는 것이다.

열을 이용한 직접적인 파괴가 소각로의 방식이라면, 한승태의 노동 3부작이 묘사하는 공장식 축사의 '슬랫 바닥(slatted floor)'과 '슬러리 피트(slurry pit)'는 사육 공간을 폐기물 관리 시스템에 통합하는 방식으로 작동한다. 현대식 돈사는 동물이 생활하는 공간의 바닥을 격자무늬의 구멍이 뚫린 '슬랫 바닥'으로 만든다. 동물의 배설물은 이 격자무늬 틈을 통해 아래층에 위치한 거대한 분뇨 저장조인 '슬러리 피트'로 곧바로 떨어진다. 이 구조는 분뇨를 치우는 노동력을 최소화하는 효율적인 시스템이다. 그러나 이 구조에서 동물은 자신의 배설물 위에서, 배설물이 발산하는 유독가스를 마시며 살아가게 된다. 생명이 살아가는 공간과 죽음의 찌꺼기가 모이는 폐기 공간이 통합된 것이다.[26] 한승태가 자신의 노동을 끝없는 똥 치우는 일로 요약하는 대목은, 이 시스템 안에서 생명을 기르는 행위가 폐기물을 관리하는 행위와 동일시되는 현실을 말한다.

이러한 극단적 배제를 분석하기 위해, 간디가 설명하는 '면역학적 패러다임(immunological paradigms)'과 '포렌식 생태학(forensic ecologies)'을 살펴보자. '면역학적 패러다임'은 도시를 하나의 거대한 유기체로 보는 관점에서 출발한다. 우리 몸의 면역 체계가 외부의 병원균이나 이물질을 적으로 규정하고 공격하여 제거하듯이, 도시 역시 특정 집단이나 존재를 '오염원' 또는 '사회적 위협'으로 규정하고 이들을 격리하거나 제거함으로써 시스템 전체의 '건강'과 '안전'을 유지하려 한다. 이 논리는 위생과 질서의 이름으로 노숙인, 빈민, 이주민 등 사회적 약자를 도시의 주요 공간에서 추방하는 정책의 기저에 작동한다.[27] 이때 결정적인 것은 무엇이 '정상적인 우리'이고 무엇이 '위험한 외부인'인지를 결정하는 권력의 문제다. 면역학적 패러다임은 이러한 구분이 결코 자연적이거나 중립적이지 않으며, 사회적 편

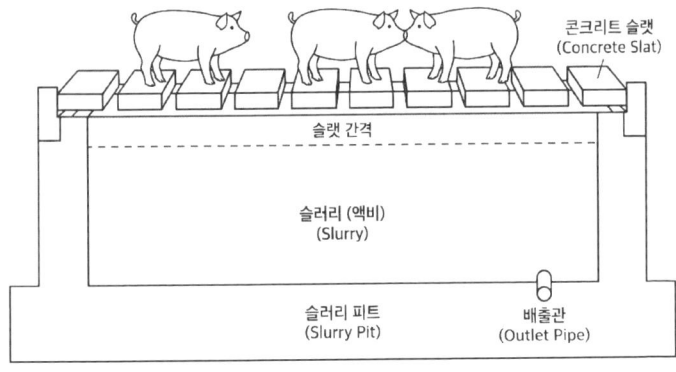

슬랫 바닥(slatted floor)은 동물이 생활하는 바닥을 일정한 격자무늬 틈으로 설계한 공학적 구조물이다. 이 틈으로 가축의 분뇨가 아래쪽으로 배출되어, 동물과 폐기물을 물리적으로 분리한다. 슬러리 피트(slurry pit)는 슬랫 바닥 하부에 위치하여 분뇨를 수집하고 저장하는 저장조이다.

출처: 포르캣(porcat.org)

견과 정치적 이해관계가 깊이 개입된 과정임을 드러낸다.

하지만 '포렌식 생태학'은 면역 체계에 의해 제거되고 잊힌 존재의 목소리를 복원하려는 적극적 시도다. '포렌식(forensic)'은 '법의학적인'이라는 뜻으로, 범죄 현장에 남은 미세한 증거를 통해 사건의 진실을 재구성하는 과학수사 기법을 말한다. 간디의 탁월한 아이디어는 이 방법론을 생태학에 접목한 것이다.[28]

간디는 오염된 토양, 파괴된 숲, 혹은 상처 입은 인간의 신체 자체가 사회적 범죄와 국가 폭력을 증언하는 '물질적 증인(material witness)'이 될 수 있다고 주장한다.[29] 법의학자가 시신에 남은 상처를 통해 사인을 밝혀내듯, 포렌식 생태학은 비인간 존재나 사회적으로 죽은 자들의 몸에 새겨진 흔적을 읽어내어 망각당한 역사를 고발하고 사회적 정의를 요구한다. 그래서 문학이 고통받는 이들의 신체를 세밀하게 묘사하는 행위는 망각의 인프라에 맞서 진실을 증언하는 '포렌식 실천'이 된다.

「맨홀」의 아이들은 도시 면역 체계가 외부 위협으로 분류한 존재들이다. 이들은 시스템이 인식하지 못하거나, 인식을 거부하는 이물질로 취급된다. 소설에서 가장 충격적인 장면은 아이들의 시체가 다른 쓰레기와 뒤섞여 소각장에서 처리되는 묘사다.

소각장을 뒤지는 것은 두려운 일이다. 얼어 죽은 아이의 시체를 볼 수도 있기 때문이다. 거리에서 죽은 아이들은 그냥 소각장에 버려진다. 소각장에는 다양하고 불쾌한 냄새가 끊이지 않기 때문에 시취가 묻힌다. 쓰레기를 뒤지다가 시커멓게 썩은 몸통이나 얼굴을 볼 때면 우리가 또 하나의 쓰레기가 되어 소각장에 던져지는 처지가 될 것을 깨닫고 경악하지만 그렇다고 해서 달라지는 것은 없다.[30]

한승태의 노동 3부작은 이 완전한 소거가 산업 시스템 내부에서 어떻게 일상적으로 작동하는지를 포렌식 생태학의 글쓰기를 통해 폭로한다.[31] 그는 자신의 글쓰기를 통계가 아닌 '클로즈업'으로 규정하는데, 통계가 제거한 표정과 촉감, 냄새를 복원하여 독자의 감각을 직접 개입시키는 방식을 의미한다. 부화장에서 산란계 수컷 병아리가 경제적 가치가 없다는 이유로 태어나는 순간 폐기물로 분류되는 장면은, "쓰레기는 수를 세지 않기 때문"이라는 뼈아픈 깨달음을 준다.

쓰레기는 수를 세지 않는 법이다. 그 사실을 나는 먼 길을 돌아 깨닫게 됐다. 부화장에 여름이 다가올 때쯤 직원 하나가 감기에 걸렸다. … 그 당시 내 퇴근 후 일과 중 하나는 수시로 가득 차는 휴지통을 비우는 것이었다. 파란 플라스틱 통을 뒤집자 코 푼 휴지들이 우수수 떨어졌다. 내게는 휴지가 컨테이너에 쏟아붓던 병아리처럼 보였는데 문득 내가 방금 버린 휴지의 개수를 모른다는 사실이 떠올랐다. 그러자 예전부터 품었던 궁금증 하나가 풀렸다. … 나는 살아 있는 병아리보다 죽여야 하는 병아리에 관심이 더 많았기 때문에 아저씨들에게 오늘 버리는 병아리 수가 얼마나 되는지 묻곤 했다. 반응은 한결 같았다. 나를 멀뚱히 쳐다보다가 피식 웃으며 지나가 버렸다. 단 한 번도 대답을 들어본 적이 없다. 당연한 일이었다. 쓰레기였으니까. 내가 코 푼 휴지 개수를 굳이 알려고 하지 않았듯 그들이 애써 폐기시킨 병아리 수를 알고 있어야 할 이유가 없었다. 수평아리들은 처음부터 화장실 휴지였고 자신들이 깨고 나온 알껍질보다 조금도 나을 게 없는 존재였다.32

집계되지 않음으로써 기억에서 소거된다. 이것은 「맨홀」의 아이들이 소각장에서 일반 쓰레기와 구별되지 않는 방식으로 처리되는 장면과 일치하는 논리다. 경제적 가치나 사회적 인정을 받지 못하는 존재는 생명의 본질적 가치마저 부정당하며 쓰레기로 전락한다.

폐로탐원

포렌식 실천의 방법으로 문학은 무엇을 할 수 있을까? 홍재희의 『아버지의 이메일』에 수록된 「틀니를 찾아서」는 절망적 현실 속에서 기억을 복원하는 저항이 어떻게 펼쳐지는지 보여준다.

「틀니를 찾아서」에서 아버지가 하수도에 들어간 의미를 이해하려면, 그가 탐사하는 공간의 기술적 특징부터 살펴봐야 한다. 아버지가 들어간 하수도는 신식 아파트의 좁고 미끄러운 PVC 배관이 아니다. 낡은 구(舊)주택가의 '합류식 하수관'이다. 합류식 하수관은 생활하수와 빗물을 하나의 관으로 함께 흘려보내는 방식이다. 현대 도시의 오수와 우수를 별도의 관으로 분리해서 처리하는 '분류식'과 구별된다. 합류식의 가장 큰 특징은 대량의 빗물을 감당해야 하므로 관의 직경이 상당히 크다는 점이다. 주기적인 점검과 퇴적물 제거를 위해 성인 남성이 기어들어가 작업할 수 있는 최소한의 공간(보통 직경 90센티미터 이상)을 확보하도록 설계되고, 그 기준에 맞춰 설치된다. 자연적인 경사를 따라 물이 흐르는 자연유하식(自然流下式) 구조다. 평소 수위가 낮고 경사도 완만하다.[33]

구주택가의 일상을 유지하던 이 낡은 구조가, 아버지에게는 비일상적 탐사를 위한 통로를 열어준다. 현대의 '분류식 하수관'은 인간의 접근을 원천적으로 차단한다. 반면 낡고 비효율적인 합류식 하수관은 그 불완전성 때문에 인간의 개입을 허용하는 틈을 품고 있다. 어둡고, 더럽고, 위험하다. 하지만 그곳에선 잃어버린 틈니를 되찾기 위한 물리적 탐사가 가능하다.

아버지의 행위를 이해하기 위해 매튜 간디가 제안한 '트랜섹트 퀴어링하기(queering the transect)' 개념을 생각해 보자.[34] '트랜섹트(transect)'는 생태학자들이 식물상 조사를 위해 설정하는 직선 경로를 뜻하는 과학 용어다.[35] 연구자는 정해진 길을 따라 걸어 표준화된 방식으로 데이터를 수집한다. 간디는 직선의 방법론이 과학적 도구에 머물지 않고, 효율성과 합리성을 최우선으로 하는 근대성의 통제 논리를 상징한다고 본다. 도시 계획의 직선 도로는 최단 거리를 추구하고, 표준화된 아파트는 효율적인 공간 관리를 목표로 한다. 모두 '곧은(straight)' 길을 따르는 트랜섹트의 논리다.

간디는 직선의 논리에 저항하는 대안적 방식으로 '퀴어링(queering)'을 제안한다. 퀴어링은 '정상'이나 '표준'으로 규정된 모든 경로를 의심하고 교란하는 실천이다. 하수도라는 시스템의 정상적인 경로는 폐기물을 한 방향으로 흘려보내 도시의 중심에서 잊히게 한다. 따라서 이 시스템을 퀴어링하는 행위는, 정해진 물길을 따르기를 거부하고 그 흐름을 역행하는 것에서 시작된다.

망각의 흐름을 거슬러 올라가는 여정의 끝에 마주하는 것은 무엇인가? 폐기되기 이전의 상태, 잊혔던 사물의 역사, 자신의 근원(源)이다. 여기서 규범을 비트는 행위(queering)는 근원을 파고드는 행위(探源)가 된다. 이 글에서는 사회가 버린 길(廢路)을 거슬러 자신의 뿌리를 탐사(探)하는 저항이라는 의미로, '폐로탐원(廢路探源)'이라 부르려 한다. '폐로탐원'은 정해진 직선 경로를 따르기를 거부하고, 주변을 맴돌거나 길 없는 길을 가며 기존 질서에 의문을 제기하는 실천이다. 나아가 사회가 폐기한 것들 속에서 잊힌 근원을 발굴하는 고고학적 작업이기도 하다.

하수도는 오물이 정해진 방향으로 신속하게 흘러가도록 설계된 트랜섹트 공간이다. 동시에 사회가 버린 기억들이 지나가는 폐로(廢路)이기도 하다. 아버지의 저항은 하수도라는 폐로에서 자신의 생존사(生存史)라는 근원을 탐사하는 행위로 구체화된다.

가족들에게 하수도에 빠진 틀니는 즉시 폐기되어야 할 오염된 쓰레기다. 새것으로 교체하자는 제안은 낡고 더러운 것은 버리고 잊어야 한다는 상식적 소비 논리를 대변한다. 아버지는 그 논리를 온몸으로 거부한다. 그는 목숨을 걸고 하수도로 직접 들어가 자신의 역사가 압축된 사물을 되찾아온다. 폐로탐원의 저항은 쓰레기로 분류된 사물을 다시 의미 있는 기억의 매개체로 되돌리는 행위에서 기쁨에 도달한다.

아버지에게 하수도는 과거의 기억을 복원하는 통로였다. 목숨을 걸고 38선을 넘어온 것과 죽을 각오를 하고 하수도를 헤맨 것이 동일한 의미일 수 있음을 딸은 나중에야 깨닫는다.

> 아버지가 목숨을 걸고 38선을 넘어온 것과 죽을 각오를 하고 하수도를 헤맨 것. 이 둘은 아버지에게 어쩌면 같은 의미이지 않을까. 뫼비우스의 띠처럼 둘은 기이하리만치 아버지 삶과 닮아 있었다. 이 두 사건이 마치 아버지 인생의 시작과 끝을 의미하는 것처럼 느껴졌다. 오물로 뒤덮인 하수도 터널은 어린 소년 아버지가 살아남겠다는 각오로 이를 악물고 기어갔던 진흙탕 갈대밭이었는지도 모른다.[36]

아버지의 행위로부터 하수도는 폐기물을 처리하는 기능적 공간에 머물지 않고, 한 개인의 생존사와 역사적 트라우마가 침전된 기억의 저장고가 된다. 그의 탐사는 사회가 망각한 역사적 경험을 되살리는 의례와 같다. 이처럼 몸으로 기억을 복원하는 실

하수관에서 분실된 틀니를 되찾는 장면이다. 홍성섭 님(홍재희 감독 아버지) 일화는 하수도의 단반향적 논리를 거스르는 역설적 상황을 보여준다. 하수도에서 60여 년 전의 생존 기억이 현재로 소환된다.

출처: 홍재희 감독, 〈아버지의 이메일〉(2012), 이야기보따리영화제작소·㈜인디스토리

천은 글쓰기라는 '포렌식 실천'으로 이어지고 쓰레기 기억상실증에 대항하는 문학이 된다. 한승태가 자신의 기록을 '사회적 백신'에 비유한 것도 같은 맥락이다.

기억과 기록을 촉발하기

망각은 이동과 격리, 봉인과 소거라는 메커니즘으로 작동한다. 신체가 갈려 나간 식민지 노동자, 아파트 배관의 균열로부터 불안이 악화되는 개인, 소각로에서 흔적 없이 사라지는 소외된 생명은 모두 망각의 인프라가 낳은 피해자들이다.

기술적 숭고의 장막이 식민지 노동자의 고통을 가리고 사이보그 도시화의 안정성이 개인의 내면을 잠식할 때, 그 보이지 않는 폭력의 흔적을 드러낼 수 있는 것이 문학이다. 글쓰기는 버려진 길(廢路)을 거슬러 잊힌 근원(源)을 탐사(探)하는, 완강한 폐로탐원의 실천이다.

편혜영과 한승태는 소각로와 슬러리 피트라는 소거 장치 속에서 폐기된 존재들의 마지막 물질성을 발굴한다. 글쓰기는 법의학적 탐사가 된다.

이러한 실천은 망각에 맞서 기억의 다른 가능성을 제시하는 정치적 행위로 이어진다. 현실 고발은 그 시작일 뿐이다. 폐기된 존재들의 목소리를 현재로 소환하는 문학은 우리가 발 딛고 선 현실의 기반 자체를 되묻는다. 하수도가 도시의 배면(背面)을 망각으로 흘려보낼 때, 문학은 발굴과 증언의 힘으로 독자를 그 기억 앞에 세운다.

닫는 글

쓰레기 풍선의 기억

내란의 명분이 된 쓰레기

남북한 생활인의 집단 기억을 선택적으로 구성하고 나머지 역시 선택적으로 배제하는 방식의 기억 정치는 분단 체제와 밀접한 관계가 있다. 장장 70년 넘게 이어온 역사의 관성이니 쉽게 벗어나기도 쉽지 않다. 여기에는 수많은 물리적 산물이 뒤따르는데, 그중 하나가 수십 년에 걸쳐 남북이 서로를 향해 날려 보낸 선전용 풍선이다.

  정치적 메시지를 담고 하늘에 띄웠으나, 대부분은 의도된 목적지에 도달하지 못한 채 쓰레기가 된다. 낮은 확률로 목적지에 도달하더라도, 발견 즉시 청소해야 할 사상적으로 오염된 폐기물로 인식된다. 하지만 바로 그 이유에서 분단의 기억을 적나라

하게 노출한 기록물이기도 하다.¹

 태평양 전쟁 말기부터 한국전쟁을 거쳐 최근에 이르기까지 '삐라'와 '선전용 풍선'은 늘 살포되었기 때문에 전쟁 가능성까지 걱정할 만한 사안은 아니었다. 외려 남북 양쪽 모두에서 내부 체제 결속의 명분으로 활용하기 좋았다. 남북 어느 쪽이든 전쟁 의지와는 별개로 대민 기만술(對民 欺瞞術)의 소재로 써먹었다.

 그런데 지난 2024년 상황은 이례적이었다. 북한 김정은 국무위원장은 2023년 12월 30일 노동당 중앙위원회 전원회의에서 "북남 관계는 더 이상 동족 관계가 아닌 적대적인 두 국가 관계, 전쟁 중에 있는 두 교전국 관계로 완전히 고착됐다"고 선언했다.² 이보다 더 큰 문제는 윤석열 정권의 전쟁 의지였다. 결과적으로 실패하긴 했으나 비상계엄을 실제 실행에 옮겼고, 전면전(全面戰)을 유발하려는 공작을 추진했다.

 한반도가 우크라이나처럼 전쟁 상태에 들어서면 '국가긴급권'을 선포할 수 있다는 발상이었다. 전시·사변은 헌법에 명시된 계엄선포의 요건이다. 윤석열의 거사에서 계엄과 전쟁은 불과 기름의 관계였다. 나라 전체를 불바다로 만들어야 했다. 그래야만 전쟁통의 우크라이나처럼 기약 없이 정권을 연장할 기회를 잡을 수 있다. 2024년 4월 총선에서 국민의 힘이 대패하고 정권의 온갖 부정부패가 폭로되던 상황이었다. 윤석열로서는 당장의 위기를 타파할 방법만이 아니라 영구 집권의 길이 필요했다. 이런 자가 대한민국의 대통령이었다.

 하지만 한국 헌법에서는 전쟁이라는 이유만으로 선거를 무기한 연기하고 정권을 연장하는 것은 불가능하다. 2024년 12월 3일 밤 비상계엄령이 선포되었을 때도, 국회의 계엄 해제 요구권과 긴급명령 거부권이 헌법으로 보장되었기 때문에 긴박한 견제가 가능했다.[3]

한반도는 부지불식간에 전쟁의 화염 속에 던져질 수 있는 위험 지대다. 이 땅의 모든 것이 쓰레기가 되어 사라질 수 있다. 남북이 축적한 화력은 공멸의 비대칭성을 이루고 있다. 극단적인 힘의 경합 속에서 체제가 유지되고 있기 때문에, 양측 어느 쪽이든 군사적 도발에 나서면 돌이킬 수 없는 파국으로 이어질 수 있다. 그래서 오랫동안 전쟁이 되풀이되지 않은 것이지만, 대통령의 광기가 헌법과 상식을 무시하는 상황에선 합리적인 판단 너머의 일이 벌어진다. 쓰레기 풍선이 한반도 비극의 방아쇠가 되는 일은 얼마든지 가능했다. 이런 일이 절대로 되풀이되지 않도록 사회 전반의 시스템을 점검해봐야 한다.

한국 사회가 체계적으로 구축해 온 쓰레기 처리 시스템과 망각의 인프라 역시 평화 시대의 산물이다. 쓰레기와 쓰레기 아닌 것을 구분하는 정상성, 일상성의 기준이 잿더미가 된 뒤에도, 소비 대중의 기억을 문제 삼을 수 있을까? 망각의 인프라를 탐구한다는 것은 대량 생산과 대량 소비가 쉼 없이 이어지는 체제의 물질적, 비물질적 순환을 추적하는 일이다. 외적의 침입이나 열강의 군사적 충돌 때문이 아니라 어리석은 정치인의 자기 파괴적 술책으로 평화가 깨질 수 있음을 기억해야 한다. 우리 사회가 그들의 뒷뒷이를 진정 못 알아봐서 이 지경에 이르렀을까? 쓰레기와 쓰레기 아닌 것을 구분하는 시스템에 적용되는 최소한의 상식마저 부조리한 권력과 치졸한 언론 장사에 교란된 결과였다.

이런 일이 처음도 아니다. 역사를 돌이켜보면, 쓰레기 정치를 선별 폐기하는 기능이 절망적으로 고장 날 때가 많았다. 쓰레기에 얽힌 우리 시대와 사회의 성찰이 무르익을 수 있다면 유권자의 안목을 높이는 데 도움이 될까?

이 책에서는 수도권 매립지 아래 묻힌 소비의 지층부터 살처분 구덩이에 던져진 동물의 비명, 그리고 고독사 현장에 남겨진 사회적 타살의 흔적에 이르기까지, 쓰레기 처리 시스템이 은폐했던 현실의 단면들을 살펴봤다. 폐기물을 위생적으로 격리하고 그 존재를 일상 감각에서 지워냄으로써, 소비 대중의 쓰레기 기억상실증이 유지되고 있지만 현실 도피와 책임 회피에 더 가깝다. 해결, 해소 대신에 기억상실을 택한 것이다.

분단의 기억 정치 역시 작동 방식은 유사하다. 분단의 역사는 여러 성격의 평화가 복잡하게 층을 이루고 있는데, 그중 현실 도피와 책임 회피로 유지된 평화가 있다. 전쟁은 남북 어느 쪽에도 도움이 되지 않기 때문에, 서로를 향해 사납게 으르렁거려도 선을 넘지는 않았던 것이다. 하지만 이마저도 온전히 작동하지 못한 것이 2024년의 국면이었다.

쓰레기 풍선은 사회 곳곳에 편재하는 망각의 인프라에서 처리하기 어려운 대상이었다. 쓰레기 풍선의 물리적 실체보다 더 빠른 속도로 증식하는 것이 소문과 상상이다. 바이러스처럼 게

걸스럽게 퍼져나갔다. 이것이야말로 쓰레기 풍선의 예측 불가능한 낙하 경로였다. 오물은 쉽게 잊히지 않고 분단의 현실에 침투해 대중의 입방아에 오르내렸다. 남한만이 아니라 북한에서도 비슷한 일이 벌어졌을 것이다. 보잘것없는 종이와 오물로 시작된 침입은 집단적 혐오와 공포를 생산하는 장치로 변모했고, 헌정 질서를 무너뜨리려는 내란의 명분이 되었다.

이 책의 마무리를 '쓰레기 풍선'에 대한 글로 정한 이유는 찜찜한 불안감 때문이다. 모든 것이 쓰레기가 될 뻔한 위기에서 우리가 벗어난 게 확실한 걸까? 더 나쁜 미래가 점점 더 가까이 다가오고 있는 것이 아닐까? 쓰레기 기억상실증의 역사와 사례를 들여다볼수록 불길한 예감을 떨쳐버리기 어렵다. 이 사회와 체제는 현실 도피와 책임 회피의 무지막지한 게임 값을 면할 수 있을까?

'쓰레기 풍선'을 징후나 상싱이 아니라 역사로 받아들이고 싶다. 이 책이 쓰레기 기억상실증에 저항하는 방법으로 내세우는 것은 역사와 현실을 외면하지 않는 기억 투쟁이기 때문이다.

쓰레기 풍선이 실제로 어떤 무기였고, 2024년 12월 3일 비상계엄 선포와 내란 사태의 배경으로 동원된 과정을 되짚어 보려 한다. 이것은 수십 년간 지속된 저강도 회색지대 분쟁(Gray Zone Conflict)[4]의 중간 결산이기도 하다.

2024년 10월 4일 북한에서 내려보낸 쓰레기 풍선
출처: REUTER

닫는 글 쓰레기 풍선의 기억

2024년 6월 1일 밤, 북한에서 보낸 쓰레기 풍선의 내용물을 한국군이 조사하고 있다. 다음 날인 6월 2일 한국 국방부는 촬영한 사진을 언론에 공개했다.

출처: 국방부

냉전의 풍선

1980년대 초반, 남한 언론은 북한의 대남(對南) 전단을 상투적이고 치졸한 선전 공세라고 비난했다.[5] 남한 사회의 질서를 교란하는 '더러운 것'이 휴전선을 넘어 남한으로 틈입하고 있다는 사실만으로도 위협은 과소평가되기 어려웠다. 풍선을 날려 도달할 수 있는 가까운 거리에 적(敵)이 있고, 적의 영향권이 내 일상에 느닷없이 등장한다는 것은 반공 멸공에 강박된 한국 사회에선 몹시 두려운 일이었다.

메리 더글러스가 지적했듯 '더러움'은 제자리를 벗어난 사물이며, 하늘에서 떨어진 풍선은 남한의 체제 질서를 어지럽히는 경계의 위반이었다. 하지만 남한 땅에 떨어진 다음에는 체제 내에서 쓸모를 부여받는 사물로 뒤바뀐다. 반공 멸공의 책략은 이분법적인 생활 규제보다 고차 방정식이다. 전단에 담긴 선전 문구는 오물 풍선이라는 매체의 물질성과 비교하면 부차적인 것에 불과했다. 전단 뭉치에 동봉된 건전지에 새겨진 "미제침략 물리치자"와 같은 문구는 북에서 의도한 선전 효과의 정반대로 남한 정부의 반공 통치에 활용될 수 있는 자원이었다.

그렇다고 오물 풍선이 추상적인 위협에 그친 것은 아니었다. 1984년 6월 8일 밤, 난지도에서 가까운 서울 마포구 상암동 주택가에 북한 오물 풍선이 떨어졌다. 이 일로 주차된 승용차의 뒷유리창이 파손됐다.[6] 1988년 3월 11일에는, 서울 강남구 삼성동의 한 가정집 옥상에 유인물이 담긴 상자가 떨어져 지붕이 부서졌다.[7] 북한의 위협은 통일의 당위성을 논하는 고담준론(高談峻論) 같은 것이 아니라, 느닷없이 들이닥친 좀도둑이나 취객의 행패만큼이나 현실적 위험으로 인식됐다.

서울 올림픽을 보름 앞둔 1988년 9월 1일에는, 서울 중심부에 위치한 주한영국대사관 구내에서 북한의 것으로 추정되는 풍선이 폭발하는 사건이 발생했다.[8] 이 사건 이후, 대남 풍선은 인명 살상이 가능한 테러 무기로 각인됐다. 대한항공 858기가 김현희의 폭탄 테러로 폭파된 것이 1년 전이었던 1987년 11월 29일의 일이었다. 주한영국대사관 사건은 남한의 수도 한복판, 외교 공간의 안전이 하필이면 올림픽 시즌에 위협당한 심각한 안보 문제였다.

북에서 띄운 풍선이 향한 곳이 서울이기만 했던 것도 아니었다. 풍선 살포 방식은 그 예측 불가능성이 단점이자 장점이었다. 1985년 6월, 북한이 남한을 겨냥해 보낸 대남 공작 풍선 5개가 의도와 달리 일본 에히메현과 히로시마현에서 발견되는 사건이 발생했다.[9] 조총련 창립 30주년이 되는 시기와 겹쳐서 일본 사회의 북한에 대한 경계와 불신이 고조됐다. 바람을 이용한 저기술 방식의 심리전이 의도치 않은 지정학적 문제로 연결된 것이다.

1990년대에 들어서면서 남한은 풍선을 이용한 심리전에서 공세적인 입장으로 돌아선다. 1989년 북한이 임수경의 방북 사실을 대대적으로 선전하는 전단을 살포하자,[10] 남한 역시 맞대응에 나섰던 것이 본격적인 전환점이었다. 1994년 9월 평양 상공에서는 김정일 타도를 주장하는 남측 전단이 날렸다. 동유럽 외교관의 목격으로 알려진 사실이다. 특히 이 전단에는 고위급 탈북자 강명도 씨의 사진이 실려 있었다.[11] 북한의 공식 기억에 균열을 내는 대항 기억의 살포였다.

이 시기에는 전단의 내용보다 풍선에 실린 물건이 더 큰 메시지를 전했다. 1994년 5월, 탈북자 여만철 씨는 함흥에서 남한의 삐라를 접했던 경험을 증언하며, 내용보다는 북한 지폐보다 더 좋은 종이 질에 깊은 인상을 받았다고 밝혔다.[12] 이것은 남한의 경제적 풍요가 어떤 선전 문구보다 강력한 메시지가 될 수 있음을 보여준다. 버려진 전단지의 종이 질감 하나만으로도 체제의 차이가 생생하게 전달된 것이다. 이 전략의 효과가 확인되면서, 남측 풍선에는 컵라면, 비누, 과자 등 소비재가 더 많이 동봉되기 시작했다.

하지만 1990년대 남한의 풍선 심리전은 어설프고 비전문적인 면이 다분했다. 기술보다는 물량 공세를 중시했기 때문이었다. 1990년대 중반, 풍선 제작 과정에서 예기치 못한 폭발 사고가 발생해 관련자들이 중상을 입는 사건마저 있었다. 북으로 향하려던 무기가 자국민에게 상해를 입힌 것이다.[13] 당시 전단에는 활기찬 서울 거리와 깜깜한 평양 거리를 비교하는 내용이 담겨 있었다고 한다.

민간 차원에서는 국가 주도의 이념 대결과 차별화된 풍선 날려 보내기 행사가 있었다. 1997년 7월 29일, 서울외 초등학생들이 북녘 어린이들에게 보내는 편지를 담은 풍선을 통일전망대에서 날려 보냈다.[14] 한 어린이가 쓴 "너희는 우리 모습을 볼 수 없지만, 우리가 날린 풍선을 볼 수는 있을 거야"라는 메시지는 표면적으로는 어른들의 정치와 차별화된 순수한 소통과 우애를 소망하는 행위처럼 보이지만, 휴전선을 건너온 풍선은 그 안에 어떤 말을 담았든 체제를 더럽히는 오물에 지나지 않았다. 그날의 민간단체는 메시지가 아니라 매체를 더 고민해야 했다.

이 시기에도 엉뚱한 곳으로 날아간 풍선이 외교 문제의 빌미가 되었다. 1996년 7월, 남한이 보낸 풍선 100여 개가 편서풍을 타고 일본 전역에서 발견되었다.[15] 주택가와 차량에 떨어져 재산 피해를 일으켰다고 한다. 남한의 풍요를 과시하기 위해 담았던 컵라면과 생필품이 제3국의 안전 문제를 초래하면서 외교 망신을 자초했다.

민영화된 심리전과 쓰레기 무기

2000년대 이후 대북 전단 살포는 국가 주도의 공식 심리전에서 탈북민 단체 등의 민간단체가 주도하는 민영화된 대리전으로 전환한다. 2004년 미국의 '북한인권법'이 통과되고, 미국 정부와 단체의 지원이 탈북민 단체에 집중되면서 활동은 더 활발해졌다.[16] 군사 충돌의 빌미가 될 위험성도 비례해서 높아졌다.

2000년 남북정상회담과 2004년 남북 장성급 군사회담 합의에 따라 정부 차원의 공식적인 전단 살포는 중단되었다.[17] 그러나 2003년부터 탈북민 단체와 보수 성향 시민 단체들이 그 역할을 이어받으며 새로운 방식을 도입했다. 이들은 수소나 헬륨가스를 채운 대형 비닐 풍선에 타이머, GPS까지 부착해서 목표지 도달 확률을 높였다. 내용물도 1달러 지폐, K팝 USB 메모리, 지도부 비방 전단 등으로 다양화했다.[18] 문제는 이러한 민간 전단 살포가 접경 지역 주민들을 위험에 빠뜨렸다는 점이다. 북한은 풍선 살포 원점을 직접 타격하겠다고 위협했다. 북한 당국으로서는 이런 풍선들이 주민들에게 매력적인 외부 정보로 받아들여질 가능성을 차단해야만 했다.

2020년 '대북전단금지법'이 제정되었으나, 표현의 자유를 과도하게 침해한다는 비판 속에 2023년 헌법재판소에서 위헌 결정이 내려졌다.[19] 이 결정으로 민간의 전단 살포를 통제할 법적 수단이 사라졌다. 표현의 자유는 보장했을지 모르나 남한 사회의 내부 갈등을 부추길 수 있는 여지를 북한에 제공한 것이나 다름없었다. 민간단체의 행동을 빌미로 군사적 압박을 가할 직접적인 이유가 생겼기 때문이다.

북한의 대응은 이전부터 '불균형 보복'이라는 명확한 패턴을 보였다. 2014년 10월, 탈북민 단체의 전단 살포에 북한이 고사총을 발사하자 남북 간 대응 사격이 벌어졌고, 접경 지역에 '진돗개 하나'가 발령됐다.[20] 2020년 6월에는 대북 전단을 명분으로 남북 협력의 상징인 개성 남북공동연락사무소를 폭파하는 전례 없는 도발이 감행되었다.[21] 민간단체의 행위가 국가적 안보 위기로 직결되는 악순환의 고리는 2024년으로 이어졌다.

2024년 10월 19일 평양에서 발견된 한국군 드론

출처: 북한 조선중앙통신

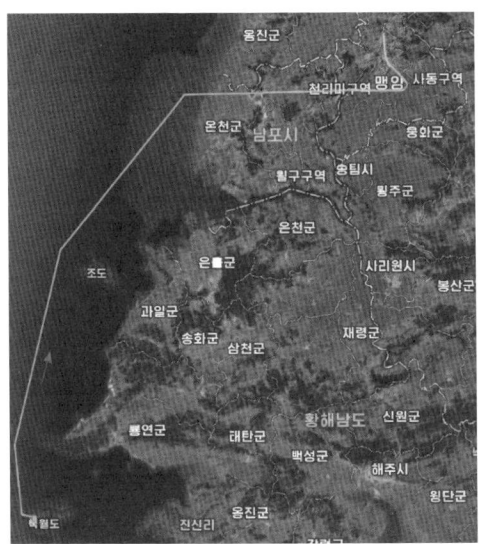

한국구 드론의 비행경로와 추락 후의 무인기

출처: 북한 노동신문

2024년 5월 말부터 11월 말 무렵까지 북한은 30여 차례에 걸쳐 수천 개의 오물 풍선을 남쪽으로 보냈다. 9월 23일 기준 22차에 약 5,500개로 집계됐고, 12월 보도에선 누계가 6,600개 안팎으로 보고됐다.[22] 그들이 보낸 것은 인분에서 유래한 기생충 알과 화재 유발이 가능한 기폭 장치까지 포함된 '쓰레기 무기'였다.[23] 분단 체제에서 비롯된 생물학적, 심리적 위협은 구체적이고 즉각적인 현실이 됐다.

피해는 이전 어느 시기와 비교할 수 없이 광범위했다. 관악구에서 경미한 부상이 보고된 직후, 차량과 주택 파손, 기폭 장치로 인한 화재가 잇따랐다. 특히 9월 8일 파주 창고 화재는 단일 건으로 8,729만 원의 재산 피해를 낳았다.[24] 인천국제공항 활주로 일시 폐쇄와 운항 지연이 누적 발생하는 등 국가 핵심 기반시설 운영에 차질을 빚었다.[25]

사건이 이어질수록 남한 사회에서는 북한의 풍선 살포 원점을 타격해야 한다는 강경론이 부상했다. 극우 스피커들은 단순 방어 차원이 아니라 공세적 대응으로 전환하자는 주장을 폈다. 이른바 북침론이었다. 전면전으로 비화할 수 있는 극도로 위험한 발상이었다. 군 당국은 공식적으로 포격 계획을 검토한 바 없다고 부인했지만, '원점 타격'이라는 단어가 공공연히 거론되면서 한반도의 군사적 긴장이 임계점까지 높아졌다.[26]

돌이켜보면 가장 위험했던 순간은 2024년 10월 11일이었다. 북한은 대한민국 소속 무인기가 평양의 심장부인 노동당 본부 청사 상공에 침투해 전단을 살포했다고 주장하며, 이를 중대한

2022년 4월 자유북한운동연합이 북에 살포한 쓰레기 풍선

출처: 자유북한운동연합

군사 도발로 규정했다.[27] 대한민국 합동참모본부는 즉각 부인했지만, 이후 내란 수사 과정에서 당시 국방부 장관의 지시로 비밀 작전이 수행되었다는 의혹이 제기됐다. 머지않아 이 사태의 진상이 밝혀질 것이다.[28]

작전에 사용된 것으로 추정되는 S-BAT 무인기는 소음과 레이더 탐지 문제로 군에서 정찰 임무 부적합 판정을 받은 기체였다.[29] 하늘에 소음 쓰레기를 흩뿌리며 노골적으로 평양을 자극했다. 그런데도 광기 대 광기의 구도로 치닫지 않은 것은 천운이었다.

북한으로서는 무턱대고 화를 낼 것이 아니라 윤석열 정부의 의도가 정확히 무엇인지부터 파악해야 했다. 북한은 10월 11일 사건을 빌미로 10월 15일, 남북 연결의 마지막 상징이었던 경의선과 동해선 육로 및 철로를 폭파했다.[30] 남에서 북으로 올라올 수 있는 길을 끊어버린 것이다. 저들은 남한의 북침에 대비하고 있었다.

저강도 회색지대 도발이 무인기를 매개로 주권 침해 논쟁으로 비화하고, 관계 단절과 극단적 군사 보복 직전 상황으로 이어졌다. 여기까지의 과정은 언제든 전쟁이 발발할 수 있다는 공포를 사회 전반에 퍼뜨렸다.

쓰레기가 될 뻔한 헌법

2024년 12월 3일 밤 10시 27분, 윤석열 대통령은 북한 공산 세력의 위협과 종북 반국가 세력 척결을 명분으로 비상계엄을 선포했다. 화기로 무장한 계엄군은 대한민국 국회와 중앙선거관리위원회로 향했다. 곧이어 국회와 정당 활동을 금지하고 영장 없는 체포를 허용하는 포고령이 발표되었다. 하지만 위헌적 내란 시도는 국회의원들과 시민들의 저항, 그리고 계엄 해제 요구 결의안 가결(재석 190명, 찬성 190명)로 6시간 만에 저지됐다.

계엄의 공식 명분으로 내세운 것은 '반국가 세력'의 위협이었으나, 실제로는 2024년 내내 고조된 안보 위기가 그 배경을 이루고 있다. 오물 풍선과 화재, 인명 피해, 공항 마비, 그리고 원점 타격과 무인기 침투 공방으로 증폭된 전쟁 위기감은 윤석열 정부가 반대 세력을 제거하는 초법적 조치를 정당화하는 결정적인 구실로 악용되었다. 분단의 굴레가 민주주의를 파괴하는 도구로 이용되는 역사가 회귀한 것이다.

윤석열은 국민들이 북한의 위협 상황을 생생하게 기억하기를 원했다. 언론에서도 강박적으로 반복 보도를 이어갔다. 이것은 '망각의 인프라'가 역으로 작동한 사례라 할 수 있다. 평시에는 불편한 진실을 보이지 않게 처리하여 사회적 평온을 유지하는 기능을 수행하지만, 내란 과정에서는 특정 위협을 지속적으로 강조하고 공포를 증폭시켜 민주주의를 희생양으로 삼으려 했다.

12·3 내란의 본질은 대한민국 헌법과 민주적 절차, 그리고 수

십 년간 시민들이 쌓아 올린 정치적 합의를 쓸모없는 쓰레기로 치부하고 한순간에 무너뜨리려는 시도였다. 만약 이 시도가 성공했다면, 이 나라는 법치주의가 파괴된 극단적 독재 사회로 전락했을 것이다. 참고로 윤석열이 집권 내내 유독 관심을 쏟았던 두 나라가 우크라이나와 캄보디아였다. 캄보디아는 30년 넘게 권위주의 독재 정권이 집권하고 있다.

무엇을 쓰레기로 규정할 것인가?

이 책을 관통하는 핵심 질문은 결국 무엇을 버리고 무엇을 기억할 것인가의 문제로 수렴된다. 한 사회가 쓰레기를 처리하는 방식은 그 사회의 가치 체계를 반영한다. 난지도 쓰레기 매립장은 압축 성장의 그늘을, 살처분 매립지는 경제 논리 아래 스러져간 생명의 무게를, 고독사 현장은 사회적 안전망의 붕괴를 증언하는 기억의 지층이다. 그리고 문학에서 망각의 인프라에 맞서 버려진 것들의 목소리를 되살리는 역할을 찾아보았다.

  2024년의 쓰레기 풍선은 대한민국 민주주의가 벼랑 끝에 몰렸던 집단적 기억과 떼어놓을 수 없는 관계가 되었다. 이 사건은 회색지대의 위협이 평화와 전쟁의 경계를 흐릴 뿐만 아니라, 분단의 위협이 내부 정치 공격의 도구로 악용될 때의 파국을 보여주는 뼈아픈 교훈이다.

  '윤 어게인'을 외치는 극우 세력은 아직도 계엄의 정당성을 주장하고 있다. 그들은 왜 버리지 못하는 걸까? 왜 하필 그를 기억하고 싶어 할까? 이 나라는 외부의 적이 아닌 내부로부터 치명상을 입었다.

내란 범죄의 핵심 증거가 은폐되거나 파기될 뻔했던 상황도 기억해야 한다. 죄지은 자들은 자신의 죄를 기록한 증거가 소각되거나 발견될 수 없는 곳에 매립되길 바랄 것이다. 그들에게 무엇이 쓰레기인지 골라낼 기회를 줘서는 안 된다.

민주주의의 실천과 쓰레기를 기억하는 일은 멀리 떨어져 있는 문제가 아니다. 사회에서 배제된 존재, 역사 속에서 삭제된 진실, 훼손된 민주적 가치를 되찾으려는 노력이야말로 우리 사회가 희망 없는 폐허로 전락하는 것을 막는 출발점이다.

결국 우리가 무엇을 쓰레기로 규정하느냐가 이곳이 어떤 사회인지를 말해준다. 그 선택의 순간마다 민주주의의 운명이 걸려 있다.

미주

여는 글 우리는 기억상실증을 앓고 있다

1   여기서 '물질대사(material metabolism)'는 도시가 존속하고 확장하기 위해 자원을 투입하고 폐기물을 배출하는 일련의 순환 과정을 의미한다. 이 개념을 자본주의 도시의 작동 방식을 비판적으로 분석하는 틀로 발전시킨 것이 도시 정치 생태학이다. 지리학자 매튜 간디는 에릭 스윙게도우(Erik Swyngedouw)의 논의를 인용하여, 수정된 물질대사 개념이 "자본의 순환과 건축 환경의 생산 사이의 교차점"을 강조한다고 설명한다. 스윙게도우의 관점에서 도시화 과정은 "자연의 영구적인 물질대사적 변형"에 기초한다. 그 연장선에서 수도권 쓰레기 매립지는 도시의 생산과 유지를 위한 '생물물리학적 투입'의 결과물을 처리하는 공간이자 자본의 흐름이 낳은 거대한 '문화적 인공물(cultural artifacts)'이기도 하다. 따라서 매립지의 시대적 종언은 도시를 지탱해 온 물질대사 과정의 근본적 전환을 뜻한다. Matthew Gandy, *Natura Urbana: Ecological Constellations in Urban Space*, MIT Press, 2024, p.224.

2   대한민국 정책브리핑, 「수도권매립지 2025년 종료? … 대체부지 공모 3차례 무산」, 2023.9.20.

3 환경부,「전국 폐기물 발생 및 처리현황」, 2023.12.28.
4 「흉물로 방치된 '의성 쓰레기산' 4년 8개월 만에 처리 완료」,『연합뉴스』, 2023.12.21.
5 국가법령정보센터,「폐기물관리법」.
6 원주영,「의식 개선을 통한 환경관리: 1970년대 초 도시의 환경 문제와 도시 새마을운동」,『한국과학사학회지』45-1, 2023, 43-69쪽.
7 「전국 15개 시도서 쓰레기 줍기운동」,『조선일보』, 1990.9.9.
8 황교련,「원진레이온 직업병과 두가지 과학적 삶: 이황화탄소 중독증의 인식 가능성과 판정을 둘러싼 논쟁을 중심으로」,『과학기술학연구』21-1, 2021 참고.
9 박은주,「기계도 행위할 수 있는가?: 브루노 라투르의 행위자네트워크 이론을 중심으로」,『교육철학연구』42-4, 2020, 6-17쪽.
10 환경부,『환경백서』, 2006, 645-663쪽.
11 「환경부 폐기물 처리 '올바로 시스템' 구멍 숭숭」,『연합뉴스』, 2017.9.19.
12 수도권매립지관리공사,「통계연감」, 2021.
13 소준철,『가난의 문법』, 푸른숲, 2020 참고.

제1장 '쓰레기 기억상실증'과 대항 기억으로서의 문학

1 폐기물관리법(법률 제19997호, 2024.3.22. 일부개정), 자원의 절약과 재활용촉진에 관한 법률(법률 제20108호, 2024.3.22. 일부개정) 참고.
2 제임스 글릭 저, 박래선·김태훈 역,『인포메이션』, 동아시아, 2017, 26쪽.

3 폴 비릴리오 저, 배영달 역, 『정보과학의 폭탄』, 울력, 2002, 43쪽.
4 어떤 냄새(신호)를 맡았을 때, 그 냄새는 다른 감각적 '잡음'에 비해 매우 압도적이고 직접적으로 뇌에 전달된다. 그 냄새를 '저해상도'로 만들거나 다른 배경과 섞어 흐릿하게 만들기는 어렵다. 즉, 후각/촉각에서 발생하는 특정 기억 신호는 다른 감각 정보(잡음)에 비해 매우 강력하여 S/N 비율이 높은 상태다. 이를 '프루스트 효과(Proust phenomenon)'라고 부른다. 베티나 파우제 저, 이은미 역, 『냄새의 심리학』, 북라이프, 2021 참고.
5 Robert N. Proctor and Londa Schiebinger eds., *Agnotology: The Making and Unmaking of Ignorance*, Stanford: Stanford University Press, 2008, pp.8-9.
6 김성달, 「아무도 모른다」, 『이사간다』, 도화, 2021, 92쪽.
7 배지영, 「삿갓조개」, 『근린생활자』, 한겨레출판, 2019, 202쪽.
8 Bernard Stiegler, *Technics and Time, 1: The Fault of Epimetheus*, trans. Richard Beardsworth and George Collins, Stanford: Stanford University Press, 1998, pp.17-18.
9 베르나르 스티글러 저, 김지현·박성우·조형준 역, 『자동화 사회 1 - 알고리즘 인문학과 노동의 미래』, 새물결, 2019, 127-128·149쪽.
10 앤디 클라크 저, 윤초희·정현천 역, 『수퍼사이징 더 마인드』, 교육과학사, 2018, 407-414쪽에서 오토와 잉가 사례에 적용된 인지 외부화의 기준을 확인할 수 있다. 확장된 마음 이론의 주요 쟁점들에 관해서는 이영의, 「확장된 마음 이론의 쟁점들」, 『철학논집』 31, 2012을 참조할 수 있다.
11 앤디 클라크 저, 윤초희·정현천 역, 2018, 41-42쪽.
12 알라이다 아스만 저, 채연숙·변학수 역, 『기억의 공간: 문화적 기억

의 형식과 변천』, 그린비, 2011, 22-23쪽.
13 앤디 클라크 저, 윤초희·정현천 역, 2018, 139-141쪽.
14 제임스 글릭 저, 박래선·김태훈 역, 2017, 64쪽.
15 베르나르 스티글러 저, 김지현·박성우·조형준 역, 2019, 289-292쪽.
16 베르나르 스티글러 저, 김지현·박성우·조형준 역, 2019, 424쪽.
17 베르나르 스티글러 저, 김지현·박성우·조형준 역, 2019, 334-335쪽.
18 알라이다 아스만 저, 채연숙·변학수 역, 2011, 215쪽.
19 알라이다 아스만 저, 채연숙·변학수 역, 2011, 26쪽.
20 배지영, 「청소기의 혁명」, 『근린생활자』, 한겨레출판, 2019, 271-272쪽.
21 하성란, 「곰팡이꽃」, 『옆집여자』, 창작과비평사, 1999, 178-179쪽.
22 Peter Sloterdijk, *Spheres III : FOAMS*, Trans. Wieland Hoban, Semiotext(e), 2016, p.348.
23 형태학적, 면역학적 관점에서 형이상학 시대 신의 가장 중요한 행위는 무(無), 외부, 그리고 무한에 대항하여 경계를 확보하는 것이었다. 모든 경계 중 가장 민감했던 그 경계선은 오직 외피(shell)를 구축해야만 방어가능했다.[Peter Sloterdijk, *Spheres II: Globes*, trans. Wieland Hoban, Semiotext(e), 2014, p.125] 면역학적 관점에서 거주란, 침입자와 불쾌함을 가져오는 다른 요인들로부터 안녕의 영역을 격리하는 방어적 조치이다. 모든 면역 체계는 정당화의 요구 없이도 교란을 막아낼 권리를 주장한다. 면역 체계가 논쟁의 대상이 되는 경우는, 문화 체계 안에서 공동 면역 영역의 형식이 선험적으로 고정되어 있지 않기 때문이다.(Peter Sloterdijk, 2016, p.500)
24 프리드리히 키틀러 저, 유현주·김남시 역, 『축음기, 영화, 타자기』,

문학과지성사, 2019, 39쪽.
25 홍재희, 『아버지의 이메일』, 바다출판사, 2015, 287쪽.
26 하성란, 「옆집여자」, 『옆집여자』, 창작과비평사, 1999, 31쪽.
27 메리 더글러스 저, 유제분·이훈상 역, 『순수와 위험』, 현대미학사, 1997, 68-69쪽.
28 줄리아 크리스테바 저, 서민원 옮김, 『공포의 권력』, 동문선, 2001, 28쪽.
29 한승태, 『어떤 동사의 멸종』, 시대의창, 2024, 296쪽.
30 한승태, 『고기로 태어나서』, 시대의창, 2018, 190쪽.
31 Maurice Halbwachs, *La mémoire collective*, Presses Universitaires de France, 1997, p.157.
32 강영숙, 「문래에서」, 『아령하는 밤』, 창비, 2011, 27쪽.
33 김숨, 「구덩이」, 『기억하는 소설』, 창비, 2021, 58쪽.
34 라즈 파텔·제이슨 무어 저, 백우진·이경숙 역, 『저렴한 것들의 세계사』, 북돋움, 2020, 41-42쪽.
35 라즈 파텔·제이슨 무어 저, 백우진·이경숙 역, 2020, 72-73쪽.
36 Manuel De Landa, *A Thousand Years of Nonlinear History*, Zone Books, 1997, pp.59-62. 데란다는 지층이 다양한 물질적, 사회적, 생물학적 과정에서 과거의 흔적들이 퇴적되고 현재의 구조를 형성하는 방식으로 작동한다고 본다. 이러한 관점에서 지층은 과거의 정보와 물질성이 누적되는 동시에, 시간의 흐름에 따라 일부는 변형되거나 새로운 층위에 의해 덮이는 일종의 망각 과정을 겪는 공간으로 이해할 수 있다.
37 서울과 도쿄 같은 대도시에서 발생하는 대량의 폐기물을 처리하기 위해 도시 외곽 지역이었던 난지도와 유메노시마가 매립지로 활용되었다. 난지도의 쓰레기 매립지 형성과 재활용, 위생매립기술 적

용 과정은 배상희의 연구(「난지도 쓰레기 매립지의 형성과 재활용: 위생매립기술의 발견과 적용을 중심으로」, 서울대학교 석사학위논문, 2020)에서 상세히 다루어진다. 유메노시마 사례에서 나타난 '도쿄 쓰레기 전쟁'은 폐기물 처리 부담이 특정 자치구에 집중될 때 발생하는 극심한 환경 문제와 사회적 갈등을 통해 외부화의 폐해를 명확히 보여준다. 해당 갈등의 구체적인 양상과 영향에 관해서는 요리모토 가쓰미(寄本勝美,『ゴミ戦争地方自治の苦悩と実験』, 日本経済新聞社, 1974)의 기록에서 확인할 수 있다. 또한 최민경(「'도쿄 쓰레기 전쟁'과 해역: 희생과 재생의 착종」,『일본문화연구』89, 2024)의 연구는 그 착종 양상을 심층적으로 분석한다.

38 정연희,『난지도』, 정음사, 1984, 20쪽.
39 유재순,『난지도 사람들』, 글수레, 1985, 29쪽.
40 황석영,『낯익은 세상』, 문학동네, 2011, 37쪽.
41 니콜라 부리오 저, 정은영·김일지 옮김,『엑스폼: 미술, 이데올로기, 쓰레기』, 현실문화A, 2022, 11쪽.
42 니콜라 부리오 저, 정은영·김일지 옮김, 2022, 12-13쪽.
43 헤더 로저스 저, 이수영 역,『사라진 내일』, 삼인, 2009, 116-119쪽.
44 김령주, 신호정, 강홍윤은「국내 도시광산산업 현황 조사·분석」,『자원리싸이클링』133, 2016에서 도시광산산업의 통계가 산업 육성과 현황 이해에 필수적인 자료라고 언급한다. 해당 연구는 국가 통계를 활용하는 Top-down 방식과 개별 기업현황을 조사하는 Bottom-up 방식을 병행하여 도시광산 재자원화 규모 및 업체 현황을 조사했다.

제2장 '난지도 쓰레기 매립장'이 가리키는 미래

1   프리드리히 키틀러 저, 유현주·김남시 역, 『축음기, 영화, 타자기』, 문학과지성사, 2019, 30쪽.
2   티모시 모턴 저, 김지연 옮김, 『하이퍼객체』, 현실문화, 2024, 84쪽.
3   티모시 모턴 저, 김지연 옮김, 2024, 115쪽.
4   티머시 모턴 저, 안호성 옮김, 『어두운 생태학』, 갈무리, 2024, 110쪽.
5   그레이엄 허먼 저, 김효진 옮김, 『네트워크의 군주: 브뤼노 라투르와 객체지향 철학』, 갈무리, 2020, 156쪽.
6   도나 해러웨이 저, 황희선 옮김, 『해러웨이 선언문 - 인간과 동물과 사이보그에 관한 전복적 사유』, 책세상, 2019.
7   렘 콜하스·프레드릭 제임슨 저, 임경규 옮김, 『정크스페이스 | 미래 도시』, 문학과지성사, 2020, 32-33쪽.
8   렘 콜하스·프레드릭 제임슨 저, 임경규 옮김, 2020, 87-88쪽.
9   이기석 외, 『고산자 김정호 기념사업 연구보고서』, 국립지리원, 2001, 90-93쪽.
10 김태웅, 「1925년 일제의 京城府 二村洞 水害對策과 都市開發 構想」, 『역사연구』 33, 2017, 99-100쪽.
11 김종근, 「일제하 京城의 홍수에 대한 식민정부의 대응 양상 분석: 정치생태학적 관점에서」, 『한국사연구』 157, 2012, 310-314쪽; 주정민, 「도시화에 따른 하천 경관의 변화 연구」, 한국교원대학교 석사학위논문, 2006, 73-74쪽. 한강에서 멀리 떨어진 도심부의 북촌 일대(안국동, 인사동) 가옥 수백 채도 물에 잠겼다.
12 「災地一巡 (五)」, 『동아일보』, 1925.7.28.
13 전우용, 「서울 楊花津이 간직한 근대의 기억」, 『서울학연구』 36,

2009, 210쪽.
14 정기용, 「선유도 공원: 잊혀진 땅의 귀환」, 『문화/과학』 31, 2002, 248쪽.
15 윤세외 외, 『을축년(1925년) 대홍수의 평가 및 홍수기록 복원 연구』, 국토해양부 한강홍수통제소, 2012, 23-25쪽.
16 「조선 사람의 경성이 망하여가고 일본인의 경성은 흥하여간다」, 『동아일보』, 1922.2.6. 총독부의 대규모 도시개발 사업이었던 대경성 도시개발 계획의 수혜자는 일본인 토건 세력이었다. 수해복구 사업의 최대 수혜자 역시 일본인 상공인과 건설업자였다.
17 「산업구락부」, 『동아일보』, 1936.2.29.
18 「망월사 왕복 유람선 열차 운행」, 『동아일보』, 1950.4.1.
19 「녹색의 회랑」, 『동아일보』, 1963.8.6. 1960년대 초까지의 난지도는 한 폭의 산수화처럼 아름다웠다고 한다.
20 「대한소년단서 하계 야영대회」, 『동아일보』, 1953.8.8. 지금으로 치면 난지도가 남이섬이나 강촌, 대성리 같은 곳이었다.
21 「즐거운 관광 여행은 난지도 피서 관광회」, 『경향신문』, 1961.7.30.
22 「소자본경영 희망설계 박하재배」, 『경향신문』, 1962.4.22. 신문에선 삼동소년촌을 '뽀이스 타운', '소년도시'라고 부르며 꾸준히 근황을 소개했다. 하지만 삼동소년촌 아이들은 난지도에 정착한 지 16년째 되던 해인 1969년에 샛강 맞은편인 상암동 언덕으로 이주한다. 해마다 반복되는 수해를 더는 견딜 수 없었기 때문이다.
23 「市政 73 ⑤ 오물 收去」, 『경향신문』, 1973.12.25. 이 시기의 분뇨처리 문제는 19세기 말 한성의 전근대적인 위생 상태를 걱정한 김옥균의 「치도약론(治道略論)」을 생각나게 한다. "외국 사람이 우리나라에 왔다 가며 반드시 사람들에게 말하기를 '조선은 산천이 비록 아름다우나 사람이 적어서 부강해지기 어려울 것이다. 그보다도 사

람과 짐승의 똥, 오줌이 길에 가득하니 이것이 더 두려운 일이다'라고 한다 하니 어찌 차마 들을 수 있는 말인가."(『한성순보』, 1884.7.3)
24 송은영, 『서울 탄생기』, 푸른역사, 2018, 53-56쪽.
25 「漢江하류 난지도일대 李正雨씨 조사」, 『경향신문』, 1976.10.25.
26 「공사비 19억 원을 투입, 준공된 난지도 제방」, 『매일경제』, 1977.7.26.
27 「서울 새 명물 남산 3호 터널」, 『경향신문』, 1978.4.29.
28 「난지도 일대 땅값 오름세」, 『매일경제』, 1977.6.24.
29 「제방축조 끝낸 난지도 쓰레기처분장 고시」, 『경향신문』, 1977.8.3.
30 「쓰레기 매립지로 난지도를 지정」, 『동아일보』, 1977.8.3.
31 헤더 로저스 저, 이수영 역, 『사라진 내일』, 삼인, 2009, 116-124쪽 참고. 1939년 뉴욕 세계박람회의 주제는 '내일의 세계를 건설하며'였다. 미래가 쓰레기 위에 건설된 것이다.
32 브라이언 딜 저, 한유주 옮김, 『쓰레기』, 플레이타임, 2017, 80-81쪽.
33 지그문트 바우만 저, 정일준 옮김, 『쓰레기가 되는 삶들: 모더니티와 그 추방자들』, 새물결, 2008, 176쪽.
34 장 폴 사르트르 저, 김희영 옮김, 『구토』, 주우, 1982, 30쪽. 로카탱이 해변에서 주운 돌의 겉면은 보드랍게 말라 있지만, 아래쪽 면은 더럽고 끈적거렸다.
35 이탈로 칼비노 저, 이현경 옮김, 『보이지 않는 도시들』, 민음사, 2007, 148-149쪽.
36 브뤼노 라투르는 신유물론과 인류세의 관점을 다음과 같이 설명한 바 있다. "인류세의 인류/인간(anthropos)은 하나의 단일한 사람으로 행위할 수 없는 보편화된 행위자(universalized agent)라는 위험한 픽션에 다름 아니다. … 대문자 H로 시작하는 인간(Human)은 거

대한 아틀라스 같은 역사의 행위자처럼, 많은 19세기 신화에서처럼, 정확히 인류세가 무너뜨리고 완전히 해체해버린 것이다. 인류세는 인간중심주의뿐만 아니라 인류(Human race)의 너무 이른 단일화를 끝장냈다." Bruno Latour, *Facing Gaia: Eight Lectures on the New Climatic Regime*, Gifford lectures, 18-28 February 2013, p.115(김상민·김성윤,「물질의 귀환: 인류세 담론의 철학적 기초로서의 신유물론」,『문과과학』 97, 2019, 67쪽 재인용).

37 「쓰레기로 삶을 잇는다」,『매일경제』, 1981.9.19.
38 카트린 드 실기 저, 이은진·조은미 옮김,『쓰레기, 문명의 그림자』, 따비, 2014, 100-101쪽.
39 이동학,『쓰레기책』, odos, 2020, 42-68쪽.
40 정연희,『난지도』, 정음사, 1984, 37쪽.
41 유호현,「일본 사례를 통해 본 도시광산의 미래」,『LG Business Insight』1038, 2009, 48쪽. '도시 광산(Urban Mining)'은 1980년대 토호쿠대학 선광제련연구소의 난조 미치오(南條道夫) 교수진에 의해 금속 재활용의 의미로 최초로 사용된 개념이다. 한국에서 이 용어가 정부와 산업계의 시선을 끈 것은 2000년대 중반이나 되어서였다. 하지만 난지도는 세계 최대 규모의 쓰레기 매립장이었고 자원 획득률이 무척 높았다. 난지도의 쓰레기 기반 경제는 자원시장에서 상당한 규모를 차지하는 영역이었다.
42 유재순,『난지도 사람들』, 글수레, 1985, 29쪽.
43 서울연구데이터서비스 서울통계연보 참고(http://data.si.re.kr/node/376).
44 정연희, 1984, 18-19쪽.
45 유재순, 1985, 28쪽.
46 유재순, 1985, 39쪽.

47 정연희, 1984, 45쪽.
48 「난지도 주변 항공 소독」,『경향신문』, 1982.11.25.
49 황석영,『낯익은 세상』, 문학동네, 2011, 92-94쪽.
50 「난지도 쓰레기장 5일째 불. 신촌 여의도까지 악취 매연」,『동아일보』, 1987.10.12.
51 유재순, 1985, 186쪽.
52 황석영, 2011, 197쪽.
53 「환경청 환경영향평가 난지도 공원계획 너무 위험」,『동아일보』, 1985.10.16.
54 서울연구원,『2014 경제발전경험모듈화사업: 난지도 생태공원 복원』, 서울특별시, 2014, 62-68쪽.
55 정연희, 1984, 133쪽.
56 에드워드 흄즈 저, 박준식 옮김,『102톤의 물음』, 낮은산, 2013, 33-35쪽.
57 정연희, 1984, 244쪽.
58 「쓰레기 처리 공장 연내 폐쇄」,『경향신문』, 1988.11.7.
59 유시 파리카 저, 심효원 옮김,『미디어의 지질학』, 2025, 53-55쪽.

보론 63빌딩과 난지도

1 김희춘,「대한생명 63층 빌딩」,『建築士=Korean architects』181, 1984, 50-53쪽. 63빌딩 개장일은 1985년 7월 27일이다.
2 「63빌딩 준공식」,『대한뉴스』제1543호, 1985.5.31.
3 「대한생명 63층 빌딩 준공」,『동아일보』, 1985.5.30.
4 「국가재정운용과 85년예산」,『매일경제』, 1984.10.8.

5   「내집장만 싼곳을 찾아라 실수요자를 위한 주택정보」,『동아일보』, 1981.6.29.
6   윤민용,「1985년 63빌딩 준공」,『경향신문』, 2011.7.26.
7   「63빌딩건축 특혜 없었나」,『경향신문』, 1988.10.17.
8   지표누리 국가발전지표에서 연도별 1인당 국민총소득 데이터를 확인할 수 있다.(www.index.go.kr/unify/idx-info.do?idxCd=4221)
9   「보험사 보유땅 1조원대 넘어」,『조선일보』, 1988.10.6.
10 「88성화대 63빌딩에도 세운다」,『경향신문』, 1988.5.24; 한화 보도자료,「63빌딩 개관 30주년」, 한화그룹, 2015.6.14.
11 공영민,「영화인 구술 아카이브의 활용 방안 연구 – 주제사 구술 〈1960~1990년대 수입외화의 변화〉를 중심으로 –」,『한국학연구』 72, 2024 참고.
12 이연호,『전설의 낙인: 영화감독 김기영』, 한국영상자료원, 2007, 20쪽.
13 최진석,「생성과 그로테스크의 반(反) 문화론 – 미하일 바흐친의『라블레론』다시 읽기」,『기호학 연구』39, 2014, 185-190쪽.
14 장선우,『장선우 창작시나리오집 성공시대』, 학민사, 1991, 213쪽.
15 장선우, 1991, 171쪽.
16 심승우,「미학으로서 정치와 '도래할' 민주주의」,『인문과 예술』17, 2024, 185-210쪽.

제3장 쓰레기 처리 제도의 변화와 소비 대중의 기억 문화

1   윤만영·유권재·신현창·양준석·정종남,「광자기 매체의 재질 안정성 및 수록내용 보존성 연구」, 국립중앙도서관, 2010, 48-50쪽.

2 알라이다 아스만의 『기억의 장소』를 쓰레기 이론의 유형학으로 학습할 수 있었던 것은 최은아의 연구로부터 배운 것이다. 최은아, 「쓰레기 이론의 유형학」, 『독일어문화권연구』 23, 2014, 214-218쪽.
3 프리드리히 키틀러 저, 유현주·김남시 역, 『축음기, 영화, 타자기』, 문학과지성사, 2019, 68-69쪽.
4 김성환은 이동철의 『꼬방동네 사람들』(1981)과 『목동 아줌마』(1985)에 대해, 도시 하층민의 삶을 르포의 사실성과 소설의 상상력을 한데 결합한 소설적 성과로 평가한 바 있다. 김성환, 「하층민 서사와 주변부 양식의 가능성-1980년대 논픽션을 중심으로」, 『현대문학의 연구』 59, 2016, 403-442쪽.
5 서울시는 1964년부터 여의도, 영등포, 회현 등지의 무허가 주택을 철거하며, 이곳 거주민을 안양천 뚝방과 천변 저지대로 강제 이주시켰다. 수도도 전기도 없는 황폐한 저개발 지역이었고, 1980년대 초까지 서울시의 행정력이 미치지 않는 소위 '깡패동네'로 버려졌다. 한종수·강희용, 『강남의 탄생』, 미지북스, 2016, 291-292쪽 참고.
6 목동지구공영개발의 초기 계획에 관해선 다음의 논문을 참고했다. 안상영, 「도시와 공영개발: 목동지구공영개발의 방향과 내용」, 『도시문제』 18-12, 1983, 36-50쪽. 변경된 개발 계획에 관해선 김철하의 연구를 참고했다. 김철하, 「서울·목동 신시가지개발사업 현황」, 『건축』 31-4, 1987, 46-54쪽.
7 「목동 개발이익 1조 원 어디 썼나」, 『한겨레신문』, 1988.10.4.
8 이호, 「난지도와 난지도 주민들의 주거권」, 『도시와 빈곤』 21, 1996, 54쪽.
9 박기효, 「난지도매립지 부도심 개발」, 『매일경제』, 1994.12.28.
10 이용규, 「목동 신시가지 거대한 아파트 타운 모습 드러내」, 『매일경제』, 1985.9.19.

11 조균형, 「에너지 절약을 위한 아파트 단지 배치 계획에 관한 연구」, 『論文集』 4, 1986, 449-473쪽.
12 연탄 사용이 늘어나는 겨울철만 되면 거리와 골목 곳곳에 연탄재와 쓰레기 산이 쌓여서, 문제 해결을 호소하는 논설이 수시로 실렸다. "서울 용산구 주택가 일대는 서울시가 연휴 기분에 들떠 지난 1일부터 지금까지 열흘 동안이나 쓰레기를 한 번도 치워주지 않아 곳곳에 쓰레기가 산더미같이 쌓여 골목길을 막고 있는가 하면 집안에까지 연탄재가 날아들고 있는 실정이다. 후암동 수도여고 뒷골목에는 폭 3미터, 길이 100미터가량의 거대한 연탄 더미가 길목을 막아 차량 통행은 물론, 주민들의 보행에까지 막대한 지장을 주고 있고."(「골목에 쓰레기 山」, 『동아일보』, 1967.1.10) 가정 입장에서도 연탄 쓰레기 처리는 번거롭고 힘든 일이었다. "요즘은 연탄만 보면 신경질이 날 지경이다. 게다가 다 타고 난 재를 버리기에도 큰일이다. 그 무거운 놈을 세 개, 네 개, 머리에 얹곤 쓰레기차 오기를 기다리느라 대문 앞에 서 있는 꼴이란, 이 무슨 팔자냐 말이다. 아, 연탄 없는 나라에서 살고 싶구나."(「식모의 탄식」, 『조선일보』, 1962.8.22)
13 「大都市의 쓰레기 問題」, 『조선일보』, 1978.9.22.
14 「25坪 이상 新築 주택에 煉炭 보일러 施設 금지」, 『조선일보』, 1978.7.20.
15 『83 한국사회지표』, 경제기획원, 1983, 305쪽.
16 「1일부터 배럴當 최고41弗까지 産油國들 油價 인상」, 『매일경제』, 1981.1.1; 김종칠(대한석유협회 홍보과장), 「이란·이라크 8년 전쟁」, 『石油協會報』 9, 1988, 88-89쪽 참고.
17 「油價 5달러線 폭락」, 『동아일보』, 1986.7.9.
18 「연탄난방 가구 격감 4년 새 25% 기름·가스 사용 급증」, 『경향신문』, 1991.5.20.

19 김석규, 「363개 炭鑛 중 244개 문 닫아」, 『매일경제』, 1988.5.16.
20 이상록, 「1980년대 중산층 담론과 호모 에코노미쿠스의 확산」, 『사학연구』 130, 2018, 292-294쪽 참고.
21 김수근(대성그룹 회장), 「우리나라 도시가스사업의 현황과 전망」, 『온돌난방』 4, 1988, 48쪽. 이촌동에는 LPG/AIR 혼합방식으로 공급했으나 사업성 문제로 1975년 11월에 폐쇄했다. 천연가스(LNG)가 도시가스용으로 사용되기 시작한 것은 1986년 10월부터였고, 수입처는 인도네시아였다.
22 「쓰레기에 종이 많은 곳이 富者 마을」, 『경향신문』, 1977.8.6.
23 환경처 폐기물관리국, 「폐기물관리법해설」, 『환경관리인연합회보』 61, 1991, 62-67쪽; 「쓰레기 분리수거」, 『경향신문』, 1991.9.6.
24 「廢자원 재활용 산업 내년부터 적극 육성」, 『매일경제』, 1991.8.12.
25 『87 한국사회지표』, 경제기획원, 1987, 102쪽.
26 김민정·최홍철·최현자, 「한국 중산층 가계의 소비양식 변화: 1990-2016 통계청 가계동향조사 분석」, 『소비문화연구』 23-1, 2020, 120-122쪽.
27 김영찬, 「무라카미 하루키, 사라지는 매개자와 1990년대 한국문학」, 『한국학논집』, 2018, 23-28쪽; 최성실, 「일본문학의 한국적 수용과 특징: 무라카미 하루키 소설과 문화번역」, 『아시아문화연구』 13, 2007, 74-77쪽 참고.
28 하성란, 「곰팡이꽃」, 『옆집여자』, 창작과비평사, 1999, 187쪽. 쓰레기 종량제 시행 초기만 해도 음식물 쓰레기 전용 봉투가 없었다. 1997년에서도 지자체별로 전용 봉투를 제작해서 보급했다. 쓰레기 종량제 시행 후 1년까지의 상황에 대해선 이동훈의 논문을 참고했다. 이동훈, 「쓰레기 관리 현황과 종량제 시행실태-쓰레기 종량제 시행 1년을 맞이하며」, 『도시문제』 31-330, 1996, 111-123쪽.

29 「돈벌이 눈먼 가스公 安全 관리 投資 뒷전」,『매일경제』, 1994.12.10.
30 한국에서 GIS에 대한 학술연구가 본격화된 것은 1993년 9월에 대한공간정보학회가『한국GIS학회지』를 펴내면서부터였다.
31 「大邱 가스폭발 地下 불안 땅속 뇌관 언제 어디서 터질지」,『동아일보』, 1995.4.29;「뭐가 묻혔는지 몰라… 도로 굴착은 운수소관」,『조선일보』, 1995.5.2.
32 안용모,「대구 도시가스 폭발사고」,『대한토목학회지』 43-6, 1995, 94-101쪽.
33 GIS 개발을 가장 빨리 완료한 것은 광주였다. 1995년 8월까지 삼성데이터시스템으로부터 개발툴을 공급받아 완료했고, 서울시는 쌍용정보통신과 공동으로 GIS 개발을 시작했다. 대구는 1996년 10월에 LG 소프트웨어와 함께 도시가스 GIS 개발을 완료한다.「地自體 지리정보시스템 구축 활발」,『매일경제』, 1995.8.10;「도시가스GIS 개발」,『매일경제』, 1996.6.27.
34 「과소비 계절病」,『동아일보』, 1990.12.15.
35 「삼풍백화점 붕괴 잔해처리비용 얼마」,『중앙일보』, 1995.7.6.
36 「'제2의 삼풍 현장' 난지도 비애」,『한겨레신문』, 1995.7.23;「三豊 실종자 가족 난지도에 기대」,『매일경제』, 1995.7.22. 삼풍백화점 잔해물은 난지도 외에도 서울 서초구 염곡동 건축폐자재 중간 집하장(2,400여 톤), 한강 둔치(50여 톤), 양천구 신월동 공사장(270여 톤)에도 적치됐다. 이 사실을 밝혀낸 것은 실종자 가족들이었다.「삼풍백화점 붕괴 - 잔해물 여러곳에 버려 혼선」,『중앙일보』, 1995.7.26.
37 박인석,『아파트 한국사회』, 현암사, 2013.
38 지그문트 바우만 저, 정일준 옮김,『쓰레기가 되는 삶들: 모더니티와 그 추방자들』, 새물결, 2008, 176쪽.
39 「노인·부녀회원·아파트 관리인 쓰레기 감시원 활용」,『경향신문』,

1996.1.31.
40 사회학 방법론의 '가볼러지'에 대해선 다음의 책을 참고. Edward Humes, *Garbology: Our Dirty Love Affair with Trash*, Avery, 2013.
41 '배출', '수거', '처리'는 폐기물관리법의 기본 구성 체제이기도 하다. 「폐기물관리법」, 국가법령정보센터(law.go.kr) 참고.
42 대부분의 지자체에서 정한 환경미화원 복무 규칙에 따르면, 환경미화원 또는 환경미화원이었던 사람은 직무상 알게 된 다음 각 호의 어느 하나에 해당하는 사항을 타인에게 누설하거나 부당한 목적을 위하여 사용하여서는 안 된다고 정해져 있다. 1. 법령에 의하여 비밀로 지정된 사항 2. 정책의 수립이나 사업의 집행에 관련된 사항으로서 외부에 공개될 경우 정책결정이나 사업집행에 지장을 초래하거나, 특정인에게 부당한 이익을 줄 수 있는 사항 3. 개인의 신상이나 재산에 관한 사항으로서 외부에 공개될 경우 특정인의 권리나 이익을 침해할 수 있는 사항 4. 그 밖에 국민의 권익보호 또는 행정목적 달성을 위하여 비밀로서 보호할 필요가 있는 사항. 자치법규정보시스템(elis.go.kr) 참고.
43 「쓰레기실명제 16개 시·군으로 확산」, 『한겨레신문』, 1997.11.29. 관련 내용은 이어지는 본론에서 자세히 다뤘다.
44 「종량제봉투 실명제 반대 자칫 범죄에 이용될 우려」, 『동아일보』, 1996.5.15; 「쓰레기봉투 실명제 유명 무실」, 『연합뉴스』, 1999.5.7.
45 「정부 '쓰레기와의 전쟁' 나섰다」, 『경향신문』, 1997.8.21.
46 원래는 종량제 봉투는 속이 잘 보이는 투명한 색이었다. 하지만 시범 기간 중이었던 1994년 동안 가장 많이 접수된 개선 사항은 투명한 색상과 약한 재질이었다.(「쓰레기 종량제 수거봉투 투명하고 약해 비실용적」, 『동아일보』, 1994.5.31) 지자체에 따라 투명, 반투

명 종량제 봉투가 혼용되어 사용되다가 2001년에 환경부에 의해 규격이 통일됐다. 핵심 내용은 가정에서 많이 사용하는 10~20리터 용량의 종량제 봉투를 불투명하게 제작해 사생활을 보호하도록 한다는 것이다.(「환경부, 쓰레기종량제 개선 계획 발표」, 『매일경제』, 2001.12.20)

47 일반쓰레기는 소각이나 매립하게 될 쓰레기를 통칭하는데 일반쓰레기의 경우 서울시의 각 자치구는 쓰레기봉투를 가정용, 영업용, 사업자용으로 나누고 이를 다시 용량별(2, 3, 5, 10, 20, 30, 50, 75, 100리터)로 나누어 제작, 판매한다. 소비자로부터 배출된 외부화된 기억은 일반쓰레기 또는 음식물 쓰레기로 분류되고, 다시 용량으로 구분된다. 기억의 세부 정보는 말소되고 이 두 가지 정보만으로 처리된다. 이신·허유경·김혜미, 「생활폐기물 종량제」, 『서울시환경정책 패키지』, 서울연구원, 2015, 199-218쪽.

48 하성란, 「옆집 여자」, 『옆집 여자』, 창작과비평사, 1999, 32-33쪽.

49 하성란, 「곰팡이꽃」, 『옆집 여자』, 창작과비평사, 1999, 177-178쪽.

50 작가의 과잉된 자의식만 너울거릴 뿐 사회적 참사에 접근하는 성찰과 희생자를 대하는 최소한의 윤리조차 실망스러운 수준이다. 서울문화재단이 2016년 펴낸 『1995 서울, 삼풍』(동아시아, 2016)에는 삼풍백화점에서 희생된 사람들의 상세한 사연과 지옥이나 다름없던 사고 당시의 기록이 담겨있다.

51 황지우, 「물질적 남자」, 『현대문학』 584, 2003, 248-249쪽.

보론 반투명 종량제 봉투의 제도화 과정

1 이재형, 「쓰레기 종량제 시행 25주년, 얼마나 변했나?」, 『대한민국

정책브리핑』, 2020.8.10.

2 「지역 이기주의의 기승」, 『경향신문』, 1995.12.27.
3 박병도, 「국제환경법상 오염자부담원칙의 우리나라 환경법의 수용」, 『환경법연구』 34-1, 2012 참고.
4 채영근, 「폐기물 관련 법령체계의 문제점 및 개선방안」, 『환경법연구』 31-2, 2009, 145-169쪽.
5 김성구, 「양심도 없고 준비도 없고 종량제 첫날 쓰레기 범벅」, 『조선일보』, 1995.1.4; 구건서, 「쓰레기 소동 누구 탓인가」, 『경향신문』, 1995.1.5.
6 아브라함 슈래그, 안혜진, 「한국 쓰레기 종량제 정책의 교재 개발 연구」, 기획재정부, 2014 참고.
7 이번송 외, 「쓰레기 종량제의 평가 및 개선방안」, 서울시정개발연구원, 1996 참고.
8 엄진아, 「쓰레기봉투 '실명제' 논란 … 암호화가 대안?」, KBS뉴스 (2016.4.28); 박정아, 「'쓰레기에 내 집 주소를?' 종량제봉투 실명제 논란」, 『뉴스웨이』, 2016.4.28.
9 정광호·서재호·홍준형, 「쓰레기 종량제 정책효과 실증분석: 광역시도를 중심으로」, 『한국행정학보』 41-1, 2007 참고.
10 「투명쓰레기봉지, 사생활침해 우려」, 『중앙일보』, 2013.5.17.
11 Matthew Gandy, *RECYCLING and the POLITICS of URBAN WASTE*, Earthscan, 1994, pp.106-107.
12 鈴木颯太, 「都市における相互扶助的処理としてのごみ集積所管理と町内会・自治会-浜松市の事例」, 『日本都市社会学会年報』 42, 2024, 90-110쪽.
13 김정애, 「쓰레기 종량제 개선에 대한 평가 연구」, 조선대학교 석사학위논문, 2007 참고.

14　이희선,「쓰레기 수수료 종량제 성과평가 및 개선방안 마련 연구」, 한국환경정책 평가연구원, 2011, 157-166쪽.
15　환경부,『음식물쓰레기 저감과 자원화, 그 성과와 미래』, 2017 참고.
16　환경부,『환경백서』, 2006, 645-663쪽.
17　강찬수,「쓰레기종량제 그후 10년, 절반의 성공 … 처리비 절감 등 8조원 효과」,『중앙일보』, 2005.1.4.
18　환경부,『환경백서』, 2012, 122-142쪽.
19　박은주,「기계도 행위할 수 있는가?: 브루노 라투르의 행위자네트워크 이론을 중심으로」,『교육철학연구』42-4, 2020 참고.

제4장 '살처분'이 말해주는 것들

1　종량제 쓰레기의 직매립 금지는 2026년에 시행될 예정이다. 환경부 자원순환 정책과 보도자료,「종량제쓰레기, 2026년부터 수도권매립지 직매립 금지」, 환경부, 2021.7.6; 이정임·동그라미,『경기도 생활폐기물 직매립 제로화 방안』, 경기연구원, 2015, 27-63쪽.
2　가축전염병 예방법 제20조 살처분 명령의 내용은 다음과 같다. ① 시장·군수·구청장은 농림축산식품부령으로 정하는 제1종 가축전염병이 퍼지는 것을 막는 데 필요하다고 인정하면 농림축산식품부령으로 정하는 바에 따라 가축전염병에 걸렸거나 걸렸다고 믿을 만한 역학조사·정밀검사 결과나 임상 증상이 있는 가축의 소유자에게 그 가축의 살처분(殺處分)을 명하여야 한다. 다만, 우역, 우폐역, 구제역, 돼지 열병, 아프리카돼지열병 또는 고병원성 조류인플루엔자에 걸렸거나 걸렸다고 믿을 만한 역학조사·정밀검사 결과나 임상 증상이 있는 가축 또는 가축전염병 특정 매개체의 경우(가축전염

병 특정 매개체는 역학조사 결과 가축전염병 특정 매개체와 가축이 직접 접촉하였거나 접촉하였다고 의심되는 경우 등 농림축산식품부령으로 정하는 경우에 한정한다)에는 그 가축 또는 가축전염병 특정 매개체가 있거나 있었던 장소를 중심으로 그 가축전염병이 퍼지거나 퍼질 것으로 우려되는 지역에 있는 가축의 소유자에게 지체 없이 살처분을 명할 수 있다. 제24조 매몰한 토지의 발굴 금지 및 관리는 다음과 같이 정해져 있다. ① 누구든지 제22조 제2항 본문, 제23조 제1항 및 제3항에 따른 가축의 사체 또는 물건을 매몰한 토지는 3년(탄저·기종저의 경우에는 20년을 말한다) 이내에는 발굴하지 못하며, 매몰 목적 이외의 가축사육시설 설치 등 다른 용도로 사용하여서는 아니 된다. 국가법령정보센터(han.gl/jD91o) 참고.

3 문화체육관광부 홍보지원국, 「120여 일 구제역과의 전쟁이 남긴 것」, 『정책브리핑』, 2011.3.31.(han.gl/wvyT1)
4 김정수, 「구제역 정책실패로 인한 환경문제와 시민 과학」, 『환경사회학연구 ECO』 15-1, 2011, 85-119쪽.
5 살처분지의 토양오염 실태에 관해선 문선희의 『묻다-전염병에 의한 동물 살처분 매몰지에 대한 기록』(책공장더불어, 2019)을 참고.
6 김동광, 「우리에게 구제역은 무엇인가?: 국가 주도의 살처분 정책과 그 함의」, 『민주사회와 정책연구』 20, 2011, 12-40쪽.
7 김희국·현진희, 「구제역 방역에 참여한 공무원의 외상후 스트레스 장애와 우울」, 『정신보건과 사회사업』 40-4, 2012, 205-229쪽; 김희국·현진희, 「구제역 방역에 참여한 공무원의 정신건강-추후조사를 중심으로」, 『Crisisonomy』 14-4, 2018, 151-163쪽.
8 국가인권위원회, 「가축매몰(살처분) 참여자 트라우마 현황 실태조사」, 2017.
9 주윤정·조하영·박효민, 「가축전염병 살처분 노동과 위험의 외주

화」,『담론201』23-3, 28-30쪽. 관련하여 다음 탐사 보도를 참고. 황춘화,「"한해 50억만 벌었으면"… AI 살처분을 기다리는 사람들」,『한겨레신문』, 2019.2.16.(han.gl/hRxQC)

10 이 글에서 대상 텍스트로 삼은 작품을 제외하고 2010~2021년 사이 '살처분'을 직간접적으로 다룬 소설의 목록은 다음과 같다. 정유정,『28』, 은행나무, 2103; 김종광,「가금을 처분하라고」,『숨어버린 사람들』, 예옥, 2017; 한현정,「하얀짐승」(2016 농민신문 신춘문예 당선작); 정연희,「몰이꾼」,『땅끝의 달』, 개미, 2021. 이 작품들은 이후의 연구에서 새로운 주제로 접근하고자 한다. 계급과 기억의 문제에 집중하는 이 장의 문제의식과는 다른 관점이 필요하다.

11 이주 노동자들은 한국 사회의 가장 예리한 관찰자들이다. 그들이 이 나라의 민낯을 이야기할 수 있도록 도와야 한다. '살처분'을 포함하고 있지 않지만, 뻐라짓 뽀무와 네팔 이주 노동자 35인의 시를 모은『여기는 기계의 도시란다』(삶창, 2020)는 더욱 지지받고 확장되어야 할 기획이다.

12 생태문학 연구의 성과를 시기마다 상세히 정리 평가한 논저 목록이다. 이승준,「한국 현대소설의 생태학적 쟁점 연구」,『우리어문연구』27, 2006, 87-100쪽; 변지연,「생태주의의 쟁점과 그 문학적 적용의 문제-생태미학의 정립을 위한 기본 전제들-」,『우리문학연구』19, 2006, 428-458쪽; 손민달,「『문학과 환경』10년, 한국 생태주의 문학 이론 연구의 성과와 과제」,『문학과환경』11-1, 2012, 7-34쪽; 손민달,「소비욕망과 생태주의 문학의 상관성」,『문학과환경』16-1, 2017, 33-71쪽; 손민달,「한국 생태주의 문학 담론 연구」, 고려대학교 박사학위논문, 2008; 전혜자,『한국 현대생태소설의 서사적 유형과 분석』, 새미, 2007.

13 티머시 모턴 저, 김용규 옮김,『인류-비인간적 존재들과의 연대』,

부산대학교출판문화원, 2021; Timothy Morton, *Dark Ecology: For a Logic of Future Coexistence*, Columbia University Press, 2018; 도나 해러웨이 저, 최유미 옮김, 『트러블과 함께하기: 자식이 아니라 친척을 만들자』, 마농지, 2021.

14 음식서비스 인적자원개발위원회, 「2020년 음식서비스 분야 산업인력현황 보고서」, 한국외식산업연구원, 2020, 3쪽; 박유신, 「수치로 풀어본 대한민국 축산의 현주소」, 『농축산신문』, 2017.4.11.(han.gl/b6X8E)

15 데보라 코웬 저, 권범철 옮김, 『로지스틱스』, 갈무리, 2017, 26쪽.

16 가축전염병 예방법 시행령 중 보상금의 지급 및 감액 기준(제11조 제1항 관련) 참고, 국가법령정보센터(han.gl/j2CPA).

17 정혜윤 외 34인 저, 이동시 엮음, 『절멸』, 워크룸프레스, 2021, 13쪽. 이 책에 실린 '절멸선언문'에는 기후, 동물, 생태계의 이슈가 총망라되어 있다. "하나, 동물이 최대의 피해자이자 취약 계층임을 인정하라. 동물 앞에서 약자인 척하지 말라. 둘, 서식지 파괴를 중단하라. 동물과 거리두기. 셋, 세 자기 마약을 끊어라. 탈성장, 탈개발, 탈육식! 넷, 기후 위기를 진짜 위기처럼 대하라. 다섯, 우리 조상들의 화석은 연료가 아니니 도굴을 삼가라. 여섯, 사람 중심이란 말은 더 이상 아름답지 않다. 사람은 너무 많다. 일곱, 당신들이 이룬 모든 건 '값싼 자연' 덕분이었다. 이젠 제값을 치르라. 여덟, 지속 가능성 말고, 가능성의 지속을 추구하라. 아홉, 썩지 않는 물건 그만 좀 써라. 당신들은 어쩌자고 영혼만 썩어가냐? 열, 앞으로 동물한테 경어체를 써라."

18 강영숙, 「문래에서」, 『아령하는 밤』, 창비, 2011.

19 김연진, 「도시재생과 젠트리피케이션」, 『환경논총』 61, 2018, 12-17쪽.

20 김숨, 「구덩이」, 『기억하는 소설』, 창비, 2021.
21 이승윤·박승호·김윤영, 『한국의 불안정노동자』, 후마니타스, 2017, 30-57쪽.
22 존 서덜랜드 저, 차은정 옮김, 『오웰의 코』, 민음사, 2020, 11-82쪽; 이경훈, 「냄새 맡는 인간, 냄새 나는 텍스트 – 한국 근대문학과 냄새」, 『구보학보』 23, 2019, 173-231쪽 참고.
23 Susannah Radstone, *Memory and Methodology*, Routledge, 2000, p.7.
24 윤대녕, 「검역」, 『도자기박물관』, 문학동네, 2013.
25 캐서린 하킴 저, 이현주 옮김, 『매력 자본』, 민음사, 2013, 46-49쪽.
26 마우리치오 라자라토 저, 허경·양진성 옮김, 『부채인간』, 메디치, 2012, 30쪽.
27 윤대녕, 「구제역들」, 『도자기박물관』, 문학동네, 2013.
28 박종현, 「구제역 백신접종 실시 청정국의 인증조건에 대한 고찰」, 『대한수의사회지』 48-7, 2012, 395-399쪽.
29 강종구·김민성, 「20년간 1억 가축 파묻었다」, 『한국경제』, 2019. 10.22.(url.kr/wh63jk)
30 「아프리카돼지열병(ASF) 실시간 현황판」, 『돼지와 사람』, 2020.2.10. (han.gl/QBljT)
31 노성룡, 「1910년대 식민지 가축방역체계 연구」, 『사학연구』 142, 2021, 43-81쪽; 야마노우치 카즈야 저, 노정연·천명선 옮김, 『우역의 종식: 근대 전염병 연구의 역사』, 학술정보, 2016; 천명선·심유정, 「근대 우역 개념 및 방역제도의 변화」, 『농업사연구』 14-1, 2015, 17-36쪽.
32 임송수, 「OECD보고서: 가축질병 관리 – 한국, 칠레, 호주 사례연구 – 」, 『세계농업』 204, 2017, 100-101쪽.

33 통계청, 「통계로 본 축산업 구조 변화」, 2020.12.4.

34 이수철, 「구제역 담론의 형성과 전파를 통해 본 한국 축산정책의 과제」, 『한국위기관리논집』 8-2, 2012, 90-107쪽.

35 이상권, 「삼겹살」, 『고양이가 기른 다람쥐』, 자음과모음, 2013, 19-20쪽.

36 국가인권위원회, 「가축매몰(살처분) 참여자 트라우마 현황 실태조사」, 2017, 25쪽.

37 홍성장, 「이방인이 아닙니다」, 『전남일보』, 2021.6.6.(han.gl/zEWGD)

38 이상권, 「젖」, 『고양이가 기른 다람쥐』, 자음과모음, 2013, 191쪽.

39 김희국·현진희, 2012, 215-221쪽 참고.

40 김숨, 「구덩이」, 『기억하는 소설』, 창비, 2021, 72-73쪽.

41 김동광, 2011, 23-26쪽 참고.

42 이상권, 「젖」, 『고양이가 기른 다람쥐』, 자음과모음, 2013, 205-207쪽.

43 도나 해러웨이 저, 최유미 옮김, 2021, 177-179쪽.

44 세슘의 경우, 일본은 음료수는 1리터당 10Bq, 고기나 채소는 100Bq을 안전기준으로 정했다. 하지만 일본 지방자치단체에 따라선 안전 기준치를 1Bq로 정한 곳도 있다. 후쿠시마 야생 멧돼지의 고준위 방사능 오염도는 가장 낮은 안전 기준치보다도 3만 배나 심각한 것이다. 강상구, 『대한민국에서 안전하게 살아남기』, 알마, 2017, 75쪽 참고.

45 環境省福島地方環境事務所, 「放射性物質に汚染されたイノシシ等の軟化処理施設建設・運営の手引き」, 2020 참고.(han.gl/0XkpZ)

46 이케다 미노루 저, 정세경 옮김, 『후쿠시마 하청노동 일지』, 두번째 테제, 2019, 31-79쪽 참고.

47 이곳에 대한 정보와 함께 사진을 보여주신 분은 니혼대 국문학과 교

수이신 고영란 선생님이다. 니혼대학은 여러 학부가 도쿄와 수도권에 집중되어 있지만, 공학부 캠퍼스가 후쿠시마현 고리야마시(郡山市)에 있다.
48 엔렌커 저, 김태성 옮김, 『침묵과 한숨』, 글항아리, 2020, 46-50쪽.

제5장 죽은 자의 빈집에서, '특수청소'와 사회적 기억의 관리

1 서지 정보와 발표 지면은 다음과 같다. 김새별·전애원, 『떠난 후에 남겨진 것들』, 청림출판, 2015. 이 책의 개정판은 2020년에 나왔다. 김인숙, 『물 속의 입』, 문학동네, 2024. 여기에 수록된 「자작나무숲」은 계간지 『자음과모음』 2022년 겨울호에 발표했다. 염기원, 『인생 마치 비트코인』, 은행나무, 2022. 김완, 『죽은 자의 집 청소』, 김영사, 2020. 김민정, 『홍보용 소설』, 실천문학사, 2016. 이 소설집에 수록된 「죽은 개의 식사 시간」은 2013년 『문장 웹진』(한국문화예술위원회)에 게재됐다.
2 일찍이 프리드리히 엥겔스는 "공기가 자본주의 체제의 본질적 불평등과 맞물려 있다"고 비판한 바 있다. 피터 에디 저, 임지원 옮김, 『공기』, 반니, 2015, 109쪽.
3 이에 앞서 각각 2009년과 2012년에 요시타 슈이치의 『유품정리인은 보았다!』와 NHK 무연사회 프로젝트팀의 『무연사회(無緣社會)』가 한국에 출판된 바 있다. 이 책을 통해 알려진 '무연사(無緣死)'는 한국에선 '고독사'로 통한다. 『유품정리인은 보았다!』는 2019년에 개정판이 나오면서 번역자 김석중이 덧붙인 19개의 국내 사례가 추가됐다.
4 『죽은 자의 집 청소』의 저자 김완은 특수청소업체 '하드웍스'의 대

표다. 이 밖에도 현직 검찰관 권종호가 쓴 『고독사는 사회적 타살입니다』(산지니, 2003)가 있다.

5 김새별·전애원, 2015, 12-13쪽.
6 김소연, 「환경미화원에 웬 보완 서약요구?」, 『한겨레』, 2010.10.20.
7 폐기물관리법(법률 제19666호, 2023.8.16, 시행 2024.8.17)
8 김완, 2020, 134쪽.
9 김완, 2020, 54-55쪽.
10 김완, 2020, 55쪽.
11 김새별·전애원, 2015, 83-84쪽.
12 『죽은 자의 집 청소』의 김완이 운영하는 '하드웍스' 홈페이지에 공개된 자료에 따르면, 사생활 보호(잊힐 권리), 유품 찾기만을 전문적으로 담당하는 부서를 운영하고 있다고 한다.
13 김새별·전애원, 2015, 166-167쪽.
14 근래에는 출판보다는 유튜브 채널이 특수청소업의 홍보 수단으로 활발히 활용되고 있다. 『떠난 후에 남겨진 것들』의 저자인 김새별 역시 '바이오해저드김새별'이라는 채널을 운영하고 있고 구독자는 11만 명에 달한다. '트라우마 특수청소부'(구독자 4.4만 명), '청소오빠'(구독자 3.8만 명)의 인기도 상당하다.
15 2021년에는 『떠난 후에 남겨진 것들』을 모티브로 넷플릭스 드라마가 제작되기도 했다. 윤지련이 각본을 쓰고 김성호가 연출한 〈무브 투 헤븐: 나는 유품정리사입니다〉이다.
16 김새별·전애원, 2015, 117-118쪽.
17 김새별·전애원, 2015, 124-125쪽.
18 김완, 2020, 64쪽.
19 김완, 2020, 62쪽.
20 김완, 2020, 66쪽.

21 김완, 2020, 22쪽.
22 김완, 2020, 41쪽.
23 김완, 2020, 108쪽.
24 프랑코 베라르디 비포 저, 유충현 옮김,『봉기: 시와 금융에 대하여』, 갈무리, 2012, 150-153쪽.
25 줄리아 크리스테바 저, 서민원 옮김,『공포의 권력』, 동문선, 2001, 40쪽.
26 콘스탄스 클라센·데이비드 하워즈·앤소니 시노트 저, 김진욱 옮김,『아로마: 냄새의 문화사』, 현실문화연구, 2002, 133쪽.
27 A. S. 바위치 저, 김홍표 옮김,『냄새: 코가 뇌에게 전하는 말』, 세로, 2020, 140-143쪽.
28 김완, 2020, 36쪽.
29 김완, 2020, 6쪽.
30 김완, 2020, 33쪽.
31 김새별·전애원, 2015, 154-155쪽.
32 김새별·전애원, 2015, 164쪽.
33 김완, 2020, 100쪽.
34 김완, 2020, 102쪽.
35 "요컨대 쓰레기란 물건의 이름이 아니라 어떤 특정한 사회경제 상황 속에서 그 물건의 최종 형태를 나타내는 말에 불과하다." 후지하라 다쓰시 저, 박성관 옮김,『분해의 철학』, 사월의책, 2002, 19쪽.
36 질 들뢰즈 저, 신지영 옮김,『대담』, 갈무리, 2023, 291쪽.
37 김민정,「죽은 개의 식사 시간」,『홍보용 소설』, 실천문학사, 2016, 8쪽.
38 천현숙·김선희,「도시재생사업지구 거주자 유형별 사회적 자본 차이 분석 연구: 길음뉴타운사업구역을 중심으로」,『국토연구』63,

2009 참고.

39 A. S. 바위치 저, 김홍표 옮김, 2020, 184-192쪽. 한국 문학을 대상으로 한 관련 연구로는 이경훈, 「냄새 맡는 인간, 냄새 나는 텍스트 – 한국 근대문학과 냄새」, 『구보학보』 23, 2019 등이 있다.

40 "소비자 사회의 가난한 사람들은 전적으로 무용하다. 제대로 된, 그리고 정상적인 사회의 성원 – 진정한 소비자 – 은 그들에게 아무것도 원하지 않으며 기대하지 않는다. 아무도 그들을 필요로 하지 않는다. 그들에게는 무관용 원리가 적용된다. … 내부에 그들이 없다면 세상은 그만큼 훨씬 더 살 만하고 즐거워질 것이다. 가난한 사람들은 필요가 없으며, 따라서 원해지지 않는 존재다." 지그문트 바우만 저, 궁선영 옮김, 『소비하는 삶 소비되는 삶』, 새물결, 2024, 201쪽.

41 김민정, 2016, 99쪽.

42 김민정, 2016, 101쪽.

43 뉴타운 사업 이후 원주민의 재정착 비율은 25.4%에 불과하다. 연구모임 공간담화·도시사회학회, 『서울은 기억이다』, 서해문집, 2023, 302쪽.

44 김민정, 2016, 101-102쪽.

45 "남한의 시뮬라시옹은 컴퓨터를 이용한 시뮬라시옹으로, 상상력과 소통의 전 공간을 점유함으로써 본래의 생을 집어삼키는 일종의 디지털 후생(後生)이다." 프랑코 베라르디 비포 저, 송섬별 옮김, 『죽음의 스펙터클: 금융자본주의 시대의 범죄, 자살, 광기』, 만비, 2016, 233쪽.

46 김민정, 2016, 103쪽.

47 김민정, 2016, 104-105쪽.

48 김민정, 2016, 107쪽.

49 윤우성·강재은,「고독사 현장, 그 이후…"코로나 후 굶어 숨진 분들도 있어"」,『연합뉴스』, 2022.2.28.

50 서형교,「서학개미 300만 시대… 해외주식 과세 가이드라인도 없었다」,『한국경제』, 2022.5.4.

51 안지현,『퍼센트: 통계로 읽는 한국 사회』, 이데아, 2024, 244-250쪽.

52 염기원, 2022, 11-12쪽.

53 염기원, 2022, 14쪽.

54 염기원, 2022, 10-11쪽.

55 염기원, 2022, 28-29쪽.

56 염기원, 2022, 32-33쪽.

57 권창규,「대중 투자 텍스트의 담론 구조: '경제적 자유'와 화폐 상상의 결합」,『한국문학연구』67, 2021 참고.

58 전중옥·이은경,「'죽어도 못 버리는 사람의 심리': 저장강박행동의 심리적 기제」,『마케팅연구』28-6, 2013 참고.

59 김인숙,「자작나무숲」,『자음과모음』55, 2022.

60 김인숙, 2022, 9쪽.

61 김인숙, 2022, 14쪽.

62 여인만,「버블기 일본에서 나타난 투기·투자의 특징과 그 의미」,『역사비평』138, 2022 참고.

63 김인숙, 2022, 9-10쪽.

64 김인숙, 2022, 35쪽.

65 니콜라 부리오 저, 정은영·김일지 옮김,『엑스폼: 미술, 이데올로기, 쓰레기』, 현실문화A, 2022, 143쪽.

보론 저장 공존자의 생활 우주

1 American Psychiatric Association, "What Is Hoarding Disorder?," psychiatry.org.(buly.kr/DPUdpTY)
2 D. H. Kim, "Common Mental Disorders in Primary Care," *Korean Journal of Family Practice*, vol. 11, no. 2, 2021, pp.97-105.
3 김재현, 「7년 전 방송 나왔던 '쓰레기 집'… 다시 쓰레기 쌓였다」, 『서울신문』, 2022.9.12; 김문경, 「저장강박증 쓰레기집 구조 현장 동행해보니」, 『전북일보』, 2025.7.21; 김한영, 「겨우 설득, 치우면 또 쌓아. 저장강박 사례관리 진땀」, 『노컷뉴스』, 2024.7.30.
4 관련 데이터는 국토지리정보원(nationalatlas.ngii.go.kr) '국가아틀라스'에서 확인할 수 있다.(buly.kr/612odIr)
5 최수진·이성훈, 「악취·파리떼 진동하는 '저장강박' 이웃, 어떡하나요」, 『국민일보』, 2024.6.9.
6 「'저장강박' 모녀 집에서 쓰레기 80톤 나왔다… 사흘간 수거」, 『동아일보』, 2025.7.3.
7 「서울 '쓰레기 집'은 모두 300여곳… 주인 대부분은 노인」, 『헤럴드경제』, 2018.6.27.
8 Kaila Bolton, "Hoarding as a 'Harmful Dysfunction': A Philosophical Examination of Hoarding as a Mental Disorder," *Philosophia*, 2014. 다음의 글도 참고했다. Ananya Singh, "Hoarding Disorder is on the Rise. Is Capitalism to Blame?," *The Swaddle*, 2022.
9 이하늬, 「집 안에 잔뜩 쌓아놓고 버리지 못하는 사람들」, 『주간경향』, 2019.5.20.

10 서울특별시 법무행정서비스(legal.seoul.go.kr)에서 조례 전문을 확인할 수 있다. 자치구 단위에서도 '저장강박 의심가구 지원 조례'가 2020년대에 다수 제정/개정되었다. 서울특별시 양천구의회 복지건설위원회, 「서울특별시 양천구 저장강박 의심가구 지원 조례안 검토보고서」, 의안번호 제2523호, 2020.

11 H. S. Suh, et al., "The neurobiology of hoarding disorder," *CNS Spectrums 17*, 2012, pp.187-192.

12 L. S. Vieira, et al., "Identifying psychiatric and neurological comorbidities associated with hoarding disorder through network analysis," *Journal of Psychiatric Research 156*, 2022, pp.16-24.

13 D. R. Tolin, R. O. Frost, G. Steketee, and K. M. Muroff, "A brief interview for hoarding disorder: The Hoarding Interview (HI)," *Psychiatry Research 293*, 2020.(doi.org/10.1016/j.psychres.2020.113469)

14 프랑코 베라르디 비포 저, 서창현 옮김, 『노동하는 영혼』, 갈무리, 2012, 17-18쪽. 이케가미 에이코의 『자폐 스펙트럼과 하이퍼월드』(눌민, 2023)도 중요한 참조점을 제공한다. 이 책에선 자폐인의 내면세계가 '결여(deficit)'된 상태가 아니라, 오히려 과도한 정보가 몰아치는 '하이퍼월드(Hyper world)'라고 설명한다. 이들은 감각 정보의 과잉(excess)과 지각 과민(sensory hypersensitivity)을 경험한다. '저장 공존자' 역시 사물의 가치와 기억이라는 정보가 과잉된 세계를 경험하며, 소비 사회가 강요하는 망각에 저항하는 이들이다.

15 T. S Szasz, "The myth of mental illness," *American Psychologist 15*, 1960, pp.113-118.(doi.org/10.1037/h0046535)

16 '정상성'의 기준은 자본주의 생산 방식에 기여할 수 있는가에 따라

규정되었다. '신경다양성'조차 자본주의가 경쟁적 이점이나 '생산성'의 도구로 상품화하는 경향이 존재한다. 조디 헤어 저, 최인 옮김, 『바깥의 존재들』, 이상북스, 2025, 116-117·140-141쪽 참고.

17 스티브 실버만의 『뉴로트라이브』(알마, 2018)는 '신경다양성'이 자폐인 당사자들이 자신의 정체성을 결함이 아닌 '자연발생적 인지 변이'로 재정의하며 시작한 시민권 운동임을 설명하고, 조디 헤어의 『바깥의 존재들』은 여기서 한 걸음 더 나아가 신경다양성 운동이 정상 뇌와 비정상 뇌라는 이분법 자체를 거부하는 사회 운동이라고 정의한다.

18 D. R. Tolin, R. O. Frost, G. Steketee, and K. M. Muroff, "A brief interview for hoarding disorder: The Hoarding Interview (HI)," *Psychiatry Research 293*, 2020.

19 T. St-Amour, et al., "Understanding Hoarding in Autistic Adults," *Autism in Adulthood 4*, 2022, pp.143-152.

20 조르주 아감벤 저, 윤병언 옮김, 『행간』, 자음과모음, 2015, 99-101쪽.

21 질 들뢰즈·펠릭스 가타리 저, 김재인 옮김, 『천개의 고원』, 새물결, 2001, 47쪽.

22 M. Duchamp, "The Creative Act," paper presented at the *American Federation of Arts*, Houston, April 1957. Reprinted in *ARTnews 56(4)*, Summer 1957, pp.28-29.

23 G. I. See, "An Interview with Choi Jeong Hwa," *The Artling (Artzine: Features & Interviews)*, Dec 18, 2018.

24 M. Schum, "Thomas Hirschhorn," *Flash Art*, Jan 23, 2016(buly.kr/EzjSgUI); 현오아, 「토마스 허쉬호른의 공공미술프로젝트와 민주주의의 비판적 모색」, 『미술사학보』 41, 2013 참고.

25 A. Young, "El Anatsui, 'Old Man's Cloth'," Smarthistory(buly. kr/DlK9otN)
26 S. K. Sanyal, "Song Dong, 'Waste Not'," Smarthistory(buly.kr/ChpbvxG)
27 박재영, 「작은 마을 박물관 이야기」, 『거창 한들신문』, 2016.5.20.
28 박물관의 공식 사이트(brokenships.com)로 전시 정보와 기증 방법 등을 확인할 수 있다.

제6장 하수도는 도시의 배면을 어떻게 기억하는가

1 케임브리지대학교 지리학과 교수인 매튜 간디(Matthew Gandy)는 '도시 신진대사(urban metabolism)' 개념을 통해 도시를 자원과 에너지를 소비하고 폐기물을 배출하는 유기체로 분석한다. 그의 연구 주제에서 쓰레기는 도시의 신진대사 과정에서 발생하는 정치적 산물이자 사회생태학적 모순이 드러나는 지점으로 재발견된다. 이 계열 연구의 첫 번째 저작인 *Recycling and the Politics of Urban Waste*(Routledge, 1994)는 폐기물 시스템이 푸코의 생명정치와 결합하여 사회적 불평등을 재생산하는 과정을 밝혀냈다.
2 서울특별시, 「2030 하수도정비 기본계획 서울시 하수도 역사 조사」, 2018, 3-19쪽.
3 이광수, 「차중잡감 車中雜感」, 『이광수 초기 문장집 II (1916-1919)』, 소나무, 2015, 689쪽. 원문은 『京城日報』 1918년 4월 12일에 실렸다.
4 김상은, 「'조선오물소제령' 실시 전후의 경성부 청소행정의 구성과 운영」, 『도시연구: 역사·사회·문화』 21, 2019, 71-101쪽. 근현대 도

시 위생사 연구의 지형을 정리한 박윤재 논문에서도 큰 도움을 받았다. 박윤재,「한국 근현대 도시위생사 연구의 성과와 전망」,『도시연구: 역사·사회·문화』23, 2020.

5   이광수,「民族改造論」,『開闢』1922년 5월호; 고미숙,『한국의 근대성, 그 기원을 찾아서-민족, 섹슈얼리티, 병리학』, 책세상, 2001 참고.

6   염복규,「차별인가 한계인가?-식민지 시기 경성 하수도 정비의 '좌절'」,『역사비평』126, 2019, 281-299쪽.

7   고아라·양승우,「일제강점기 경성 '하수개수' 사업의 시행과 물리적 도시공간변화 연구」,『도시연구: 역사·사회·문화』30, 2022, 37-98쪽.

8   Matthew Gandy, *Concrete and Clay: Reworking Nature in New York City*, MIT Press, 2003, pp.43-45.

9   류주희·성기문·김형우,「현대건축에 있어서 숭고의 표현방식에 관한 연구-에드먼드 버크의 숭고론을 중심으로-」,『대한건축학회연합논문집』13-1, 2011 참고.

10   Matthew Gandy, 2003, p.72. 관련하여 일본 근대 도시 위생사에서 빈민/부락민과 위생 정책에 관한 연구도 참고할 수 있다. 김영수,「일본의 도시위생사 연구동향과 전망-근대사 연구성과를 중심으로」,『도시연구: 역사·사회·문화』23, 2020, 61-85쪽.

11   박산향,「일제강점기 박화성 소설에 나타난 노동자에 대한 폭력성 고찰」,『한국문학이론과 비평』19-4, 2015 참고.

12   다음은 2025년 올해 벌어진 사건이다. 언론에 알려진 것보다 더 많이 사망 사고가 반복되고 있다. 박미라,「노동자 2명 사망 전주 제지공장 맨홀 사고 현장서 유독가스 검출」,『경향신문』, 2025.6.13; 조성호,「인천 맨홀 유독가스 사고 피해자 '5남매 아빠' 이용호 씨, 장기기증으로 3명 살려」,『강원일보』, 2025.9.11; 박상현,「폭염에 지하

유독 가스도 늘어 … 서울서 상수도 누수 작업자 1명 사망」,『조선일보』, 2025.7.29.
13   박화성,「하수도 공사」,『박화성 단편집』, 지식을만드는지식, 2012, 100쪽.
14   양문길,「공중변소근처」,『청맥』1966년 8월호, 228쪽.
15   1966년 겨울, 서울 시흥동 수재민촌에서 장티푸스가 집단 발병했다. 당시 언론 보도는 문제의 원인이 주민의 위생 관념 부재가 아닌, 국가가 제공해야 할 최소한의 기반 시설이 부재했기 때문임을 명확히 보여준다. 1만 3,000여 명의 주민들은 수도와 전기는 물론이고, 분뇨차나 쓰레기차의 방문조차 거의 없는 환경에 방치되었다. 식수용 우물 대부분이 말라버리자, 주민들은 쓰레기와 인분이 뒤섞인 계곡물을 마실 수밖에 없었다. 한 주민은 "밥 먹기보다 대소변 가리기가 더 힘든 곳이니 장티푸스가 발생하지 않으면 오히려 더 이상하지 않겠느냐"고 자조할 정도였다. 이 사건은 위생 문제를 개인의 정신력 문제로 환원하는 국가 담론이 은폐하는 구조적 실패와 국가의 방치를 드러낸 실제 사례다.(「病魔 부른 衛生零點 지대」,『조선일보』, 1966.12.20) 관련하여 그해 11월에 발생한 공업용 표백제 '롱갈리트(rongalite)' 파동도 기억해야 한다. 당시 박정희 정부는 이러한 위생 문제를 유해 첨가물이나 제도의 구조적 결함으로 접근하기보다, 국민의 위생 관념 부재와 제조업자의 부도덕성 문제로 규정했다. 한 연구에 따르면, 정부는 불결과 비위생을 "국민을 훈육해야 할 정신문제"로 간주하고 대대적인 계몽과 단속을 강조했다.(이은희,「1960년대 박정희 정부의 식품위생 제도화」,『의사학』26-2, 2016)
16   이장훈·강선홍,「대규모 아파트 단지주변 하수관로의 악취 발생과 대책 II. 주거지역 하수관로의 악취원인과 대책」,『대한상하수도학회』21-5, 2007 참고.

17　설재인,『그 변기의 역학』, 한겨레출판사, 2024, 35쪽.
18　설재인, 2024, 36쪽.
19　노수황,『(최신) 플랜트 배관설계편람』, 피앤피북, 2019, 85-86쪽.
20　Matthew Gandy, 2003, pp.233-237.
21　설재인, 2024, 45-46쪽.
22　배지영,「그것」(2012),『근린생활자』, 2019, 135쪽.
23　김성달,「아무도 모른다」,『이사간다』, 도화, 2021, 120-121쪽.
24　박홍근,「형제복지원과 생명정치: 1980년대 부랑인과 정신장애의 결합을 중심으로」,『역사문화연구』90, 2024, 123-154쪽.
25　소각 온도는 폐기물처리시설의 관리 기준(제24조 제1항)으로 정해져 있다. 완전 연소를 통해 유해 물질 배출을 최소화하고, 불완전 연소 시 발생하는 다이옥신과 같은 독성 물질의 생성을 억제하기 위해서다. 이원준,「도시쓰레기 소각로에서 발생되는 다이옥신과 Chlorinated Bezenes 및 Chlorinated Phenol의 관계」,『한국폐기물자원순환학회지』19-5, 2002 참고.
26　윤진현,『돼지 복지: 공장식 축산을 넘어, 한국식 동물복지 농장의 모든 것』, 한겨레출판사, 2004, 109-137쪽.
27　Matthew Gandy, *Natura Urbana: Ecological Constellations in Urban Space*, MIT Press, 2022, pp.167-170.
28　Matthew Gandy, 2022, pp.158-160
29　Matthew Gandy, 2022, p.50.
30　편혜영,「맨홀」,『아오이가든』, 문학과지성사, 2005, 80-81쪽.
31　한승태 노동 에세이 3부작은『퀴닝』으로 제목을 바꿔 2024년에 다시 출간된『인간의 조건』(시대의창, 2013),『고기로 태어나서』(시대의창, 2018),『어떤 동사의 멸종』(시대의창, 2024)이다. 이 중『고기로 태어나서』는 제59회 한국출판문화상 교양 부분 수상작이다.

32 한승태, 『고기로 태어나서』, 시대의창, 2018, 92-93쪽.
33 구광모·저소웅·임봉수, 「하수관로정비 지역의 분류식과 합류식 하수관로의 침입율 비교」, 『상하수도학회지』 34-3, 2020, 191-200쪽.
34 Matthew Gandy, 2022, p.145.
35 올리버 프랭클린 윌리스 저, 김문주 옮김, 『웨이스트 랜드: 쓰레기는 우리보다 오래 살아남는다』, 알에이치코리아(RHK), 2024, 442쪽.
36 홍재희, 「틈니를 찾아서」, 『아버지의 이메일』, 2015, 287쪽.

닫는 글 쓰레기 풍선의 기억

1 구체적으로 '삐라' 연구가 이 문제를 다룬다. 주로 태평양 전쟁 말기에서 한국전쟁 시기의 자료들을 다루고 있다. 이임하, 『적을 삐라로 묻어라-한국전쟁기 미국의 심리전』, 철수와영희, 2012; 정선태·김현식, 『삐라로 듣는 해방 직후의 목소리』, 소명출판, 2011; 전갑생·김용진·최윤원, 『당신이 보지 못한 한국전쟁, 삐라 심리전』, 뉴스타파, 2024. 1980년대 이후의 '선전용 풍선'과 '삐라'에 대한 연구는 아직 활발하지 못한 편이다. 비교적 최근 시기를 다룬 연구는 다음과 같다. 권오국, 「북한의 대남 심리전 사례연구: 2016년 살포된 '삐라'를 중심으로」, 『정치·정보연구』 27-1, 2024; 김성경, 「대북전단과 오물풍선」, 『문화/과학』 121, 2025.3.
2 신규진, 「김정은 "南, 동족 아닌 교전국… 전 영토 평정 준비"」, 『동아일보』, 2024.1.1.
3 손인혁, 「국가긴급권으로서 계엄제도의 현황과 개선방안」, 『헌법재판연구』 12-1, 2025 참고. 이 논문은 "계엄 등 국가긴급권의 행사에도 불구하고 다른 국가기관의 권한과 책임은 그대로 유지되고, 다만

비상사태의 극복을 위한 필요. 최소한의 범위에서 행정기능에 대한 개입을 허용할 뿐"이라고 강조하고 있다.
4 회색지대 분쟁(Gray Zone Conflict)은 전쟁과 평화 사이의 모호한 영역에서 발생하는 국가 간 경쟁을 의미한다. 직접적인 무력 충돌을 일으켜 전쟁으로 비화하는 것을 피하면서, 정치·경제·정보·군사 등 동원 가능한 모든 국가 역량을 통합적으로 활용하는 전략을 취한다. 양욱,「회색지대 분쟁 전략: 회색지대 분쟁의 개념과 군사적 합의」,『전략연구』27-3, 2020 참고. 이 논문에서는 회색지대 분쟁의 구체적인 수행 전략을 '내러티브 전쟁', '번영의 부정', '민간의 개입' 등으로 나눠 설명한다.
5 「북괴의 치졸한 전단공세」,『경향신문』, 1981.12.10.
6 「북한서 날려 보낸 듯 주택가 골목길에 풍선·건전지 추락」,『동아일보』, 1984.6.8.
7 「북한 풍선 상자 가정집에 추락」,『동아일보』, 1988.3.11.
8 「주한 영국 대사관서 북한 고무풍선 폭발」,『조선일보』, 1988.9.2.
9 「북한 대남공작용 풍선 일본남부서 5개 발견」,『동아일보』, 1985.6.11.
10 「임양 찬양 전단살포 북한 측서 풍선 띄워」,『조선일보』, 1989.7.14.
11 「김정일 타도 전단 풍선으로 살포 평양 주재 동유럽외교관이 목격」,『경향신문』, 1994.9.5.
12 「"꿈속에 그리던 한국" 여만철씨 북한탈출기(5) 정권비방-개방요구 유인물 나돌아」,『동아일보』, 1994.5.15.
13 「대북 전단용 풍선 폭발 대학생 4명 중화상」,『한겨레』, 1995.6.15.
14 「너희들 모습 1면 머릿기사에 담을게…」,『한겨레』, 1997.7.29.
15 「일본 상공에 잇단 怪氣球」,『조선일보』, 1996.7.16.
16 김성경,「대북전단과 오물풍선」,『문화/과학』121, 2025.3, 256쪽.
17 통일부 보도자료,「제1차 남북 장성급 군사회담 결과」, 통일부,

2004.5.28.

18 Justin McCurry, "Activists fly K-pop USB sticks into North Korea as 'poo balloon' row intensifies," The Guardian, 2025.6.6.
19 구현모, 「2년 전 대북전단금지법 위헌 이유는 … '과잉 처벌'이 문제, 행정력 활용 권고」, 『한국일보』, 2025.6.15; KIM TONG-HYUNG, "South Korea's Constitutional Court strikes down law banning anti-Pyongyang leafleting," AP, 2023.9.26.
20 임진수, 「'삐라' 살포가 불러온 충격전 … 남북관계 또 위기」, 『노컷뉴스』, 2014.10.11.
21 노지원, 「남북 '상설 대화창구' 21개월 만에 콘크리트 잔해만 남아」, 『한겨레』, 2020.6.17.
22 David Brennan and Ellie Kaufman, "South Korea threatens military response to North Korean 'trash balloons'," ABC NEWS, 2024.9.23.
23 강동완, 「북한이 오물풍선 도발을 하는 이유」, 『국제신문』, 2024.7.28.
24 "N. Korean Trash Balloon Causes Warehouse Fire," KBS WORLD, 2024.9.9.
25 Jack Kim, "Trash balloons sent by North Korea cause regular disruptions at Seoul's airports," Reuters, 2024.9.25.
26 "South Korea responds to North's trash balloons with loudspeaker broadcasts," Reuters, 2024.7.21.
27 Hyunsu Yim and Ju-min Park, "North Korea says South Korean drones scattered leaflets over Pyongyang," Reuters, 2024.10.12.
28 이보라, 「평양 무인기 침투에 윤석열 지시·군 개입 있었나 … '외환' 정조준한 특검」, 『경향신문』, 2025.7.14.
29 나채영, 「"부서진다" 우려에도 작년 봄 무인기 NLL 투입 … 합참 지

휘」,『노컷뉴스』, 2025.7.17.

30 고도예·손효주,「노무현 걸어서 넘었던 경의선 육로, 17년만에 北 폭파로 끊겨」,『동아일보』, 2024.10.16.

참고문헌

자료

경제기획원, 『83 한국사회지표』, 1983.
경제기획원, 『87 한국사회지표』, 1987.
국가법령정보센터, 「폐기물관리법」.
서울연구원, 『2014 경제발전경험모듈화사업: 난지도 생태공원 복원』, 서울특별시, 2014.
서울특별시, 「2030 하수도정비 기본계획 서울시 하수도 역사 조사」, 2018.
수도권매립지관리공사, 「통계연감」, 수도권매립지관리공사, 2021.
환경부, 『환경백서』, 2006.
_____, 『환경백서』, 2012.
_____, 『음식물쓰레기 저감과 자원화, 그 성과와 미래』, 2017.
환경처 폐기물관리국, 「폐기물관리법해설」, 『환경관리인연합회보』 61, 1991.

강영숙, 「문래에서」, 『아령하는 밤』, 창비, 2011.
김가람·한문인·전인류, 「고향의 의미」, 『한국문화인류학』 25-1, 1988.
김민정, 『홍보용 소설』, 실천문학사, 2016.
김새별·전애원, 『떠난 후에 남겨진 것들』, 청림출판, 2015.
김성달, 『이사간다』, 도화, 2021.
김숨, 「구덩이」, 『국수』, 창비, 2014.
김숨 외, 『기억하는 소설』, 창비, 2021.

김완, 『죽은 자의 집 청소』, 김영사, 2020.
김인숙, 『물 속의 입』, 문학동네, 2024.
박화성, 「하수도 공사」, 『박화성 단편집』, 지식을만드는지식, 2012.
배지영, 『근린생활자』, 한겨레출판, 2019.
설재인, 『그 변기의 역학』, 한겨레출판사, 2024.
양문길, 「공중변소근처」, 『청맥』 1966년 8월호.
염기원, 『인생 마치 비트코인』, 은행나무, 2022.
유재순, 『난지도 사람들』, 글수레, 1985.
윤대녕, 『도자기박물관』, 문학동네, 2013.
이광수, 『이광수 초기 문장집 Ⅱ (1916-1919)』, 소나무, 2015.
이상권, 『고양이가 기른 다람쥐』, 자음과모음, 2013.
정연희, 『난지도』, 정음사, 1984.
편혜영, 「맨홀」, 『아오이가든』, 문학과지성사, 2005.
하성란, 『옆집여자』, 창작과비평사, 1999.
한승태, 『고기로 태어나서』, 시대의창, 2018.
_____, 『어떤 동사의 멸종』, 시대의창, 2024.
홍재희, 『아버지의 이메일』, 바다출판사, 2015.
황석영, 『낯익은 세상』, 문학동네, 2011.
황지우, 「물질적 남자」, 『현대문학』 584, 2003.

학술서·논문

A. S. 바위치 저, 김홍표 옮김, 『냄새: 코가 뇌에게 전하는 말』, 세로, 2020.
NHK 무연사회 프로젝트 팀, 김범수 옮김, 『무연사회 – 혼자 살다 죽는 사회』, 용오름, 2012.
고미숙, 『한국의 근대성, 그 기원을 찾아서 – 민족, 섹슈얼리티, 병리학』, 책세상, 2001.
고아라·양승우, 「일제강점기 경성 '하수개수' 사업의 시행과 물리적 도시공간변화 연구」,『도시연구: 역사·사회·문화』30, 2022.
고인환,「1990년대 이후 서사의 자의식」,『문학과경계』18, 2005.
공영민,「영화인 구술 아카이브의 활용 방안 연-주제사 구술〈1960~1990년대 수입외화의 변화〉를 중심으로-」,『한국학연구』72, 2024.
구광모·저소웅·임봉수,「하수관로정비 지역의 분류식과 합류식 하수관로의 침입율 비교」,『상하수도학회지』34-3, 2020.
국가인권위원회,「가축매몰(살처분) 참여자 트라우마 현황 실태조사」, 2017.
권오국,「북한의 대남 심리전 사례연구: 2016년 살포된 '삐라'를 중심으로」,『정치·정보연구』27-1, 2024.
권종호,『고독사는 사회적 타살입니다』, 산지니, 2023.
권창규,「대중 투자 텍스트의 담론 구조: '경제적 자유'와 화폐 상상의 결합」,『한국문학연구』67, 2021.
그레이엄 허먼 저, 김효진 옮김,『네트워크의 군주: 브뤼노 라투르와 객체지향 철학』, 갈무리, 2020.
김동광,「우리에게 구제역은 무엇인가?: 국가 주도의 살처분 정책과 그 함의」,『민주사회와 정책연구』20, 2011.
김령주·신호정·강홍윤,「국내 도시광산산업 현황 조사·분석」,『자원리싸이클링』133, 2016.
김민정·최홍철·최현자,「한국 중산층 가계의 소비양식 변화: 1990-2016 통계청 가계동향조사 분석」,『소비문화연구』23-1, 2020.
김상민·김성윤,「물질의 귀환: 인류세 담론의 철학적 기초로서의 신유물론」,『문과과학』97, 2019.
김상은,「「조선오물소제령」 실시 전후의 경성부 청소행정의 구성과 운영」,『도시연구: 역사·사회·문화』21, 2019.
김성경,「대북전단과 오물풍선」,『문화/과학』121, 2025.
김성환,「하층민 서사와 주변부 양식의 가능성-1980년대 논픽션을 중심으로」,『현대문학의 연구』59, 2016.

김수근,「우리나라 도시가스사업의 현황과 전망」,『온돌난방』 4, 1988.

김영수,「일본의 도시위생사 연구동향과 전망 – 근대사 연구성과를 중심으로」,『도시연구: 역사·사회·문화』 23, 2020.

김영찬,「무라카미 하루키, 사라지는 매개자와 1990년대 한국문학」,『한국학논집』 72, 2018.

김정수,「구제역 정책실패로 인한 환경문제와 시민과학」,『환경사회학연구 ECO』 15-1, 2011.

김정애,「쓰레기 종량제 개선에 대한 평가 연구」, 조선대학교 석사학위논문, 2007.

김종근,「일제하 京城의 홍수에 대한 식민정부의 대응 양상 분석: 정치생태학적 관점에서」,『한국사연구』 157, 2012.

김종칠,「이란·이라크 8년 전쟁」,『石油協會報』 9, 1988.

김철하,「서울·목동 신시가지개발사업 현황」,『건축』 31-4, 1987.

김태웅,「1925년 일제의 京城府 二村洞 水害對策과 都市開發 構想」,『역사연구』 33, 2017.

김희국·현진희,「구제역 방역에 참여한 공무원의 외상후 스트레스 장애와 우울」,『정신보건과 사회사업』 40-4, 2012.

김희국·현진희,「구제역 방역에 참여한 공무원의 정신건강 – 추후조사를 중심으로」,『Crisisonomy』 14-4, 2018.

김희춘,「대한생명 63층 빌딩」,『建築士 = Korean architects』 181, 1984.

노성룡,「1910년대 식민지 가축방역체계 연구」,『사학연구』 142, 2021.

노수횡,『(최신) 플랜트 배관설계편람』, 피앤피북, 2019.

니콜라 부리오 저, 정은영·김일지 옮김,『엑스폼: 미술, 이데올로기, 쓰레기』, 현실문화A, 2022.

더킷 편집부,『duckit』 4, 페이퍼컴퍼니, 2020.

데보라 코웬 저, 권범철 옮김,『로지스틱스』, 갈무리, 2017.

도나 해러웨이 저, 최유미 옮김,『트러블과 함께하기: 자식이 아니라 친척을 만들자』, 마농지, 2021.

_____ 저, 황희선 옮김,『해러웨이 선언문 – 인간과 동물과 사이보그에 관한 전복적 사유』, 책세상, 2019.

라즈 파텔·제이슨 W 무어 저, 백우진·이경숙 역,『저렴한 것들의 세계사』, 북돋움, 2020.

렘 콜하스·프레데릭 제임슨 저, 임경규 옮김,『정크스페이스 미래 도시』, 문학과지성사, 2020.

류주희·성기문·김형우,「현대건축에 있어서 숭고의 표현방식에 관한 연구 – 에드먼드 버크의 숭고론을 중심으로 – 」,『대한건축학회연합논문집』 13-1, 2011.

마이크 데이비스, 김정아 옮김,『슬럼, 지구를 뒤덮다』, 돌베개, 2007.

메리 더글러스 저, 유제분·이훈상 역,『순수와 위험』, 현대미학사, 1997.

박병도,「국제환경법상 오염자부담원칙의 우리나라 환경법의 수용」,『환경법연구』34-1, 2012.

박산향,「일제강점기 박화성 소설에 나타난 노동자에 대한 폭력성 고찰」,『한국문학이론과 비평』19-4, 2015.

박윤재,「한국 근현대 도시위생사 연구의 성과와 전망」,『도시연구: 역사·사회·문화』23, 2020.

박은주,「기계도 행위할 수 있는가?: 브루노 라투르의 행위자네트워크 이론을 중심으로」,『교육철학연구』42-4, 2020.

박인석,『아파트 한국사회』, 현암사, 2013.

박종현,「구제역 백신접종 실시 청정국의 인증조건에 대한 고찰」,『대한수의사회지』48-7, 2012.

박홍근,「형제복지원과 생명정치: 1980년대 부랑인과 정신장애의 결합을 중심으로」,『역사문화연구』90, 2024.

배상희,「난지도 쓰레기 매립지의 형성과 재활용 위생매립기술의 발견과 적용을 중심으로」, 서울대학교 석사학위논문, 2020.

베르나르 스티글러 저, 김지현·박성우·조형준 역, 『자동화 사회 1』, 새물결 출판사, 2019.
베티나 파우제 저, 이은미 역, 『냄새의 심리학』, 북라이프, 2021.
브라이언 딜 저, 한유주 옮김, 『쓰레기』, 플레이타임, 2017.
사이토 고헤이 저, 추선영 옮김, 『마르크스의 생태사회주의 – 자본, 자연, 미완의 정치경제학 비판』, 두번째테제, 2020.
서울특별시 양천구의회 복지건설위원회, 「서울특별시 양천구 저장강박 의심가구 지원 조례안 검토보고서」, 의안번호 제2523호, 2020.
서정렬, 『부동산 인간, 호모 프라이디오룸』, 커뮤니케이션북스, 2016.
손민달, 「한국 생태주의 문학 담론 연구」, 고려대학교 박사학위논문, 2008.
손인혁, 「국가긴급권으로서 계엄제도의 현황과 개선방안」, 『헌법재판연구』 12-1, 2025.
송은영, 『서울 탄생기』, 푸른역사, 2018.
송인화, 「『난지도』에 나타난 생태의식과 젠더 윤리 – 욕의 배설(排泄)과 돌봄의 윤리」, 『여성문학연구』 33, 2014.
심승우, 「미학으로서 정치와 '도래할' 민주주의」, 『인문과 예술』 17, 2024.
심진경, 「무심결에 쓰는 소설」, 『작가세계』 81, 2009.
소준철, 『가난의 문법』, 푸른숲, 2020.
스티브 실버만 저, 강병철 옮김, 『뉴로트라이브: 자폐증의 잃어버린 역사와 신경다양성의 미래』, 알마, 2018.
아브라함 슈래그, 안혜진, 「한국 쓰레기 종량제 정책의 교재 개발 연구」, 기획재정부, 2014.
안상영, 「도시와 공영개발: 목동지구공영개발의 방향과 내용」, 『도시문제』 18-12, 1983.
안용모, 「대구 도시가스 폭발사고」, 『대한토목학회지』 43-6, 1995.
안지현, 『퍼센트: 통계로 읽는 한국 사회 숫자가 담지 못하는 삶』, 이데아, 2024.

알라이다 아스만 저, 변학수·채연숙 옮김, 『기억의 공간: 문화적 기억의 형식과 변천』, 그린비, 2011.

앤디 클라크 저, 윤초희·정현천 저, 『수퍼사이징 더 마인드』, 교육과학사, 2018.

야마노우치 카즈야 저, 노정연·천명선 옮김, 『우역의 종식: 근대 전염병 연구의 역사』, 학술정보, 2016.

양욱, 「회색지대 분쟁 전략: 회색지대 분쟁의 개념과 군사적 함의」, 『전략연구』 27-3, 2020.

에드워드 흄즈 저, 박준식 옮김, 『102톤의 물음』, 낮은산, 2013.

여인만, 「버블기 일본에서 나타난 투기·투자의 특징과 그 의미」, 『역사비평』 138, 2022.

연구모임 공간담화·도시사회학회, 『서울은 기억이다』, 서해문집, 2023.

염복규, 「차별인가 한계인가? – 식민지 시기 경성 하수도 정비의 '좌절'」, 『역사비평』 126, 2019.

옌롄커 저, 김태성 옮김, 『침묵과 한숨』, 글항아리, 2020.

올리버 프랭클린 윌리스 저, 김문주 옮김, 『웨이스트 랜드: 쓰레기는 우리보다 오래 살아남는다』, 알에이치코리아(RHK), 2024.

요시다 타이치·김석중, 『유품 정리인은 보았다』, 황금부엉이, 2019.

우찬제, 「'쓰레기-치유'를 위한 문학 윤리」, 『문학과 환경』 19-2, 2020.

원주영, 「의식 개선을 통한 환경관리: 1970년대 초 도시의 환경 문제와 도시 새마을운동」, 『한국과학사학회지』 45-1, 2023.

윤세의 외, 『을축년(1925년) 대홍수의 평가 및 홍수기록 복원 연구』, 국토해양부 한강홍수통제소, 2012.

윤진현, 『돼지 복지: 공장식 축산을 넘어, 한국식 동물복지 농장의 모든 것』, 한겨레출판사, 2004.

이경훈, 「냄새 맡는 인간, 냄새 나는 텍스트 – 한국 근대문학과 냄새」, 『구보학보』 23, 2019.

이광석,「'인류세' 논의를 둘러싼 쟁점과 테크노 – 생태학적 전망」,『문화과학』 97, 2019.

이기석 외,『고산자 김정호 기념사업 연구보고서』, 국립지리원, 2001.

이동학,『쓰레기책』, odos, 2020.

이동훈,「쓰레기 관리 현황과 종량제 시행실태 – 쓰레기 종량제 시행 1년을 맞이하며」,『도시문제』 31-330, 1996.

이번송 외,「쓰레기 종량제의 평가 및 개선방안」, 서울시정개발연구원, 1996.

이상록,「1980년대 중산층 담론과 호모 에코노미쿠스의 확산」,『사학연구』 130, 2018.

이선옥,「일상의 권태에서 재난의 상상력으로」,『창작과비평』 126, 2004.

이수철,「구제역 담론의 형성과 전파를 통해 본 한국 축산정책의 과제」,『한국위기관리논집』 8-2, 2012.

이승윤·박승호·김윤영,『한국의 불안정노동자』, 후마니타스, 2017.

이양숙,「대도시의 미학과 1990년대 한국 소설 - 하성란의 초기소설을 중심으로」,『한국현대문학연구』 47, 2015.

이연호,『전설의 낙인: 영화감독 김기영』, 한국영상자료원, 2007.

이영의,「확장된 마음 이론의 쟁점들」,『철학논집』 31, 2012.

이원준,「도시쓰레기 소각로에서 발생되는 다이옥신과 Chlorinated Bezenes 및 Chlorinated Phenol의 관계」,『한국폐기물자원순환학회지』 19-5, 2002.

이은희,「1960년대 박정희 정부의 식품위생 제도화」,『의사학』 26-2, 2016.

이임하,『적을 삐라로 묻어라 – 한국전쟁기 미국의 심리전』, 철수와영희, 2012.

이장훈·강선홍,「대규모 아파트 단지주변 하수관로의 악취 발생과 대책 II. 주거지역 하수관로의 악취원인과 대책」,『대한상하수도학회』 21-5, 2007.

이정임·동그라미,『경기도 생활폐기물 직매립 제로화 방안』, 경기연구원, 2015.

이호, 「난지도와 난지도 주민들의 주거권」, 『도시와 빈곤』 21, 1996.
이희선, 「쓰레기 수수료 종량제 성과평가 및 개선방안 마련 연구」, 한국환경정책 평가연구원, 2011.
장선우, 『장선우 창작시나리오집 성공시대』, 학민사, 1991.
전갑생·김용진·최윤원, 『당신이 보지 못한 한국전쟁, 삐라 심리전』, 뉴스타파, 2024.
전우용, 「서울 楊花津이 간직한 근대의 기억」, 『서울학연구』 36, 2009.
전중옥·이은경, 「'죽어도 못 버리는 사람의 심리': 저장강박행동의 심리적 기제」, 『마케팅연구』 28-6, 2013.
전혜자, 『한국 현대생태소설의 서사적 유형과 분석』, 새미, 2007.
정광호·서재호·홍준형, 「쓰레기 종량제 정책효과 실증분석: 광역시도를 중심으로」, 『한국행정학보』 41-1, 2007.
정기용, 「선유도 공원: 잊혀진 땅의 귀환」, 『문화/과학』 31, 2002.
정선태·김현식, 『삐라로 듣는 해방 직후의 목소리』, 소명출판, 2011.
정혜경, 「소통의 문제와 이야기하기의 방식」, 『문학과사회』 50, 2000.
정혜윤 외 34인 저, 이동시 엮음, 『절멸』, 워크룸프레스, 2021.
제임스 글릭 저, 박래선·김태훈 역, 『인포메이션』, 동아시아, 2017.
제프 페럴 저, 김영배 옮김, 『도시의 쓰레기 탐색자』, 시대의 창, 2013.
조균형, 「에너지 절약을 위한 아파트 단지 배치 계획에 관한 연구」, 『論文集』 4, 1986.
조디 헤어 저, 최인 옮김, 『바깥의 존재들 – 정상성의 경계를 허무는 신경다양성 운동』, 이상북스, 2025.
조르주 아감벤 저, 윤병언 옮김, 『행간』, 자음과모음, 2015.
주정민, 「도시화에 따른 하천 경관의 변화 연구」, 한국교원대학교 석사학위논문, 2006.
줄리아 크리스테바 저, 서민원 옮김, 『공포의 권력』, 동문선, 2001.
지그문트 바우만 저, 궁선영 옮김, 『소비하는 삶 소비되는 삶』, 새물결, 2024.

_____ 저, 정일준 옮김, 『쓰레기가 되는 삶들: 모더니티와 그 추방자들』, 새물결, 2008.

질 들뢰즈 저, 신지영 옮김, 『대담』, 갈무리, 2023.

질 들뢰즈·펠릭스 가타리 저, 김재인 옮김, 『천개의 고원』, 새물결, 2001.

채영근, 「폐기물 관련 법령체계의 문제점 및 개선방안」, 『환경법연구』 31-2, 2009.

천명선·심유정, 「근대 우역 개념 및 방역제도의 변화」, 『농업사연구』 14-1, 2015.

천현숙·김선희, 「도시재생사업지구 거주자 유형별 사회적 자본차이 분석 연구: 길음뉴타운사업구역을 중심으로」, 『국토연구』 63, 2009.

최강민, 「'옹시'의 미학, 숨은 그림을 찾아」, 『창작과비평』 117, 2002.

최민경, 「'도쿄 쓰레기 전쟁'과 해역: 희생과 재생의 착종」, 『일본문화연구』 89, 2024.

최성실, 「일본문학의 한국적 수용과 특징: 무라카미 하루키 소설과 문화번역」, 『아시아문화연구』 13, 2007.

최은아, 「쓰레기 이론의 유형학」, 『독일어문화권연구』 23, 2014.

최진석, 「생성과 그로테스크의 반(反) 문화론 – 미하일 바흐친의 『라블레론』 다시 읽기」, 『기호학 연구』 39, 2014.

티머시 모턴 저, 김지연 옮김, 『하이퍼객체』, 현실문화, 2024.

_____ 저, 안호성 옮김, 『어두운 생태학』, 갈무리, 2024.

카트린 드 실기 저, 이은진·조은미 옮김, 『쓰레기, 문명의 그림자』, 따비, 2014.

콘스탄스 클라센·데이비드 하워즈·앤소니 시노트 저, 김진욱 옮김, 『아로마: 냄새의 문화사』, 현실문화연구, 2002.

클리포드 기어츠 저, 문옥표 역, 『문화의 해석』, 까치, 2009.

폴 비릴리오 저, 배영달 역, 『정보과학의 폭탄』, 울력, 2002.

프랑코 베라르디 비포 저, 송섬별 옮김, 『죽음의 스펙터클: 금융자본주의 시대의 범죄, 자살, 광기』, 반비, 2016.
_____ 저, 유충현 옮김, 『봉기: 시와 금융에 대하여』, 갈무리, 2012.
_____ 저, 서창현 옮김, 『노동하는 영혼』, 갈무리, 2012.
프리드리히 키틀러 저, 유현주·김남시 역, 『축음기, 영화, 타자기』, 문학과지성사, 2019.
피터 에디 저, 임지원 옮김, 『공기』, 반니, 2015.
한종수·강희용, 『강남의 탄생』, 미지북스, 2016.
헤더 로저스 저, 이수영 역, 『사라진 내일』, 삼인, 2009.
홍재희, 「틈니를 찾아서」, 『아버지의 이메일』, 2015.
황교련, 「원진레이온 직업병과 두가지 과학적 삶: 이황화탄소 중독증의 인식 가능성과 판정을 둘러싼 논쟁을 중심으로」, 『과학기술학연구』 21-1, 2021.
후지하라 다쓰시 저, 박성관 옮김, 『분해의 철학』, 사월의책, 2002.

寄本勝美, 『ゴミ戦争地方自治の苦悩と実験』, 日本経済新聞社, 1974.
鈴木颯太, 「都市における相互扶助的処理としてのごみ集積所管理と町内会·自治会 - 浜松市の事例」, 『日本都市社会学会年報』 42, 2024.

Bolton, Kaila, "Hoarding as a 'Harmful Dysfunction': A Philosophical Examination of Hoarding as a Mental Disorder," *Philosophia*, 2014.
De Landa, Manuel, *A Thousand Years of Nonlinear History*, Zone Books, 1997.
Dirk, Nicholas, Geoff Eley, and Sherry Ortner eds., *Culture/Power/History: A Reader in Contemporary Social Theory*, Princeton: Princeton Univ. Press, 1993.
Duchamp, M., "The Creative Act," paper presented at the *American*

Federation of Arts, Houston, April 1957. Reprinted in *ARTnews* 56(4), Summer 1957.

Gandy, Matthew, *Concrete and Clay: Reworking Nature in New York City*, MIT Press, 2003.

_____, *Natura Urbana: Ecological Constellations in Urban Space*, MIT Press, 2022.

_____, *RECYCLING and the POLITICS of URBAN WASTE*, Earthscan, 1994.

Halbwachs, Maurice, *La mémoire collective*, Presses Universitaires de France, 1997.

Humes, Edward, *Garbology: Our Dirty Love Affair with Trash*, Avery, 2013.

Kim, D. H., "Common Mental Disorders in Primary Care," *Korean Journal of Family Practice*, vol. 11, no. 2, 2021.

Morton, Timothy, *Dark Ecology: For a Logic of Future Coexistence*, Columbia University Press, 2016.

_____, *Hyperobjects: Philosophy and Ecology After the End of the World*, U of Minneapolis, 2013.

_____, *The Ecological Thought*, Harvard University Press, 2010.

Parikka, Jussi, *A Geology of Media*, Univ Of Minnesota Press, 2015.

Proctor, Robert N. and Londa Schiebinger eds., *Agnotology: The Making and Unmaking of Ignorance*, Stanford:Stanford University Press, 2008.

Radstone, Susannah, *Memory and Methodology*, Routledge, 2000.

See, G. I., "An Interview with Choi Jeong Hwa," *The Artling (Artzine: Features & Interviews)*, Dec 18, 2018.

Singh, Ananya, "Hoarding Disorder is on the Rise. Is Capitalism to

Blame?," *The Swaddle*, 2022.

Sloterdijk, Peter, *Spheres II: Globes*, trans. Wieland Hoban, Semiotext(e), 2014.

Stiegler, Bernard, *Technics and Time, 1: The Fault of Epimetheus*, trans. Richard Beardsworth and George Collins, Stanford:Stanford University Press, 1998.

Suh, H. S., et al., "The neurobiology of hoarding disorder," *CNS Spectrums 17*, 2012.

Szasz, T. S, "The myth of mental illness," *American Psychologist 15*, 1960.

Vieira, L. S., et al., "Identifying psychiatric and neurological comorbidities associated with hoarding disorder through network analysis," *Journal of Psychiatric Research 156*, 2022.

T. St-Amour, et al., "Understanding Hoarding in Autistic Adults," *Autism in Adulthood 4*, 2022.

American Psychiatric Association(psychiatry.org).

찾아보기

ㄱ

가볼러지(Garbology) 150, 344
강명도 317
강박장애(OCD) 260, 265
강영숙 30, 61, 71, 179, 183, 186, 332, 350, 369
개성 남북공동연락사무소 319
게르하르트 리히터(Gerhard Richter) 269
경성하수개수공사(京城下水改修工事) 284
경제기획원 141, 341, 342, 369
계엄 309, 310, 312, 325, 326, 365, 374
고독사 30, 213, 217, 225~227, 243, 311, 326, 353, 354, 357, 371
고미숙 362, 370
고영란 32, 353
공장식 축산 364, 375
구제역 30, 180~183, 186, 189~192, 196, 201, 206, 347, 348, 351, 352, 371~373, 376
국가긴급권 309, 365, 374
국가인권위원회 181, 196, 348, 352, 371
군사 독재 279
귀환하는 기억 32
그레이엄 허먼(Graham Harman) 334, 371
그로테스크 378
기술적 숭고(technological sublime) 280, 282, 284~286, 306
기억 정치 28, 38, 42, 175, 308, 311
김기영 30, 109, 112, 113, 339, 376
김문옥 113, 118, 121
김민정 30, 234, 342, 353, 355, 356, 369, 371
김상민 337, 371
김새별 30, 213, 215, 353~355, 369
김성경 365, 366, 371
김성달 43, 281, 294, 330, 364, 369
김숨 30, 61, 179, 183, 187, 332,

351, 352, 369
김완 30, 213, 215, 217, 222, 353~355, 370
김인숙 30, 213, 232, 234, 250, 257, 353, 357, 370
김정은 309, 365
김정호 81, 334, 376
김종철 183
김현희 316

ㄴ

난지도 23, 25, 27, 29, 30, 65~69, 71, 75, 77~93, 95~105, 107, 109, 111~113, 115, 118~121, 123, 128, 136, 145, 147, 148, 156, 157, 164, 180, 315, 326, 332, 333~338, 340, 343, 369, 370, 373, 374, 377
난지도 쓰레기 매립장 24, 94, 117
내란 8, 308, 312, 324, 325, 327
〈너무 많은(Too Too-Much Much)〉 272
넝마주이 91, 101, 112, 115, 120
녹색 점(Der Grüne Punkt) 169
니콜라 부리오(Nicolas Bourriaud) 68, 333, 357, 372

ㄷ

대북전단금지법 319, 367
대항 기억(Counter-memory) 28, 29, 37, 43, 70, 113, 121, 282, 317, 329
더러움(dirt) 18, 57, 260, 315
데보라 코웬(Deborah Cowen) 350, 372
데이비드 찰머스(David Chalmers) 45
도나 해러웨이(Donna Haraway) 77, 334, 350, 352, 372, 373
도수관(conduit) 43, 44
도시 광산(Urban Mining) 92, 337
도시 신진대사/물질대사(urban metabolism) 9, 135, 159, 361

ㄹ

라즈 파텔(Raj Patel) 62, 64, 332, 373
렘 콜하스(Rem Koolhaas) 79, 80, 334, 373

ㅁ

마르셀 뒤샹(Marcel Duchamp) 269
마우리치오 라자라토(Maurizio

Lazzarato) 351
마이크 데이비스(Mike Davis) 373
망각의 인프라(infrastructure of forgetting) 10, 18, 22, 28, 29, 31, 32, 38~41, 44, 45, 49, 54, 70, 71, 82, 127, 156, 158, 159, 175, 260, 266, 279~282, 287, 288, 295, 299, 306, 310, 311, 325, 326
매력 자본 191, 351
매립가스(landfill gas) 28
매튜 간디(Matthew Gandy) 279, 280, 284, 290, 302, 328, 361
메리 더글러스(Mary Douglas) 57, 315, 332, 373
면역학적 패러다임(immunological paradigms) 297
모리스 알박스(Maurice Halbwachs) 60
무라카미 하루키(村上春樹) 342, 372, 378
무연사회(無緣社會) 353, 370
물질적 증인(material witness) 281, 299
민족개조론 283, 288
민주주의 325~327, 339, 360, 374

ㅂ

〈바보사냥〉 111
박정희 10, 11, 15, 83, 107, 288, 363, 376
박화성 31, 280, 281, 285, 286, 362, 363, 370, 373
반투명 종량제 봉투 30, 163, 174, 344, 345
발터 벤야민(Walter Benjamin) 269
방역 30, 161, 179, 181, 184, 187, 190, 191, 193, 196, 199, 200, 348, 351, 372, 378
배설 58, 187, 279, 289, 292, 297, 374
배지영 43, 50, 281, 293, 330, 331, 364, 370
베르나르 스티글러(Bernard Stiegler) 45, 330, 331, 374
베티나 파우제(Bettina Pause) 330, 374
보존적 망각(archival forgetting) 49, 128
봉수(封水) 289, 290, 292, 293, 295, 365, 371
부담 경감(Entlastung/relief) 45, 52, 53
부채인간 351

북침론 322
분뇨 58, 59, 84, 85, 282, 297, 335, 363
분류식 하수관 302
분리수거 10, 23, 76, 127, 139, 151, 152, 217, 233, 342
브라이언 딜(Brian Dille) 336, 374
브뤼노 라투르(Bruno Latour) 77, 174, 334, 336, 371
비국민 97
비인간 행위자(nonhuman actor) 19, 174, 175
삐라 309, 317, 349, 365, 367, 371, 376, 377

ㅅ

사이보그 도시화(cyborg urbanization) 280, 281, 288, 290, 292, 306
사이토 고헤이(斎藤 幸平) 374
산업폐기물(industrial waste) 18, 19, 23, 89
〈산타클로스는 있는가〉 114
살처분 30, 60, 61, 160, 161, 179~190, 192~203, 206, 296, 311, 326, 347~349, 352, 371
살처분 현장 189
삼풍백화점 사고 폐기물 147
삼풍백화점 사고 현장 146
새마을운동 11, 13, 15, 17, 329, 375
생명정치(biopolitics) 361, 364, 373
생활폐기물 8, 19~21, 163, 345, 347, 376
설재인 281, 288, 364, 370
〈성공시대〉 117
소각로 295, 296, 306, 364, 376
소독 66, 97~99, 191, 196, 219, 247, 338
소준철 329, 374
송은영 336, 374
수도권매립지관리공사 329, 369
수도권 쓰레기 매립지 7, 328
스티브 실버만(Steve Silberman) 360, 374
슬랫 바닥(slatted floor) 296~298
슬러리 피트(slurry pit) 296~298, 306
시뮬라시옹 356
시취(屍臭) 214, 218, 246, 250, 300
신경다양성(Neurodiversity) 267, 269, 360, 374, 377
신자유주의 142, 148, 204, 214, 242, 243, 249, 257

12·3 내란 8, 325
쑹둥(宋冬) 271
쓰레기 산(waste mountain) 7, 8, 22, 23, 29, 80, 100, 101, 104, 113, 148, 218, 341
쓰레기실명제 344
쓰레기 풍선 31, 308, 310~314, 323, 326, 365

ㅇ
아그노톨로지(agnotology) 41, 42, 63, 71
아나바다 운동 273
〈아버지의 이메일〉 305
아브젝트(abject) 58, 59, 72
아카이브/아카이빙(archive/archiving) 54, 121, 267, 273, 339, 371
아파트 20, 30, 107, 133, 135, 136, 138, 139, 142, 144, 149, 150, 153, 155, 160, 166, 168, 186, 188, 233~239, 242, 256, 262, 263, 281, 289, 301, 302, 306, 340, 341, 343, 363, 373, 376, 377
아현동 도시가스 폭발 사고 144
악취 22, 23, 97, 120, 121, 142, 151, 179, 188, 195, 213, 214, 227, 229, 231, 232, 235~237, 239, 246, 262, 268, 288, 290, 295, 338, 358, 363, 376
알고리즘적 통치성(algorithmic governmentality) 48, 49
알라이다 아스만(Aleida Assmann) 46, 49, 128, 129, 330, 331, 340, 375
앤디 워홀(Andy Warhol) 269
앤디 클라크(Andy Clark) 45, 47, 330, 331, 375
양문길 287, 363, 370
어두운 생태학(Dark Ecology) 334, 378
에릭 스윙게도우(Erik Swyngedouw) 328
S-BAT 무인기 324
엑스폼(exform) 68, 333, 357, 372
엘 아나추이(El Anatsui) 271
여만철 317, 366
연탄 89, 100, 133, 135, 137~139, 144, 341
염기원 30, 213, 234, 242, 353, 357, 370
염복규 362, 375
옌롄커(阎连科) 206, 208

오염자 부담 원칙(PPP) 163, 165
올바로(Allbaro) 시스템 21, 22, 329
외부화된 기억 10, 48, 54, 132,
 149, 151~153, 158, 216, 345
외상후 스트레스 장애(PTSD) 348,
 372
요리모토 가쓰미(寄本勝美) 333
요시타 슈이치(吉田太一) 353
〈욕〉119
용산 82, 93, 96, 284, 341
원진레이온 사태 18
월드컵공원(World Cup Park) 28,
 121, 156
월드컵공원 하늘공원 122
위생 11, 37, 42, 57, 59, 70, 71, 76,
 88, 138, 152, 180, 204, 213, 214,
 227, 235, 252, 260, 261, 279,
 282, 283, 288, 290, 293, 297,
 311, 332, 333, 335, 362, 363,
 372, 373, 376
유시 파리카(Jussi Parikka) 338
U자형 트랩 288, 290, 291, 295
유재순 29, 65, 66, 78, 90, 92, 98,
 99, 136, 141, 333, 337, 338, 370
63빌딩 111, 119
윤대녕 183, 186, 190, 193, 351, 370
윤석열 243, 309, 324~326, 367

을축년 대홍수 83
의도된 무지(intended ignorance)
 20, 21, 63, 71
의성 쓰레기산 8, 22, 329
이경훈 351, 356, 375
이광석 32, 376
이광수 282, 361, 362, 370
이동철 136, 141, 340
이상권 30, 179, 183, 184, 187,
 196, 202, 352, 370
이케다 미노루(池田実) 352
이탈로 칼비노(Italo Calvino) 89,
 336
인류세(Anthropocene) 77, 183,
 336, 337, 371, 376
인류외설(anthroobscene) 105
인지 외부화 330
임불마을 '마을 박물관' 275
임수경 316

ㅈ

자그레브 실연 박물관 276
자본주의 49, 62~64, 67, 81, 91,
 193, 214, 215, 227, 232, 264,
 265, 268, 328, 353, 356, 359,
 360, 378
자원순환기본법 37

자크 랑시에르(Jacques Ranciere)
120
자폐 스펙트럼 267, 359
장선우 30, 113, 115, 118, 121,
339, 377
장 폴 사르트르(Jean-Paul Sartre)
336
재자연화(Renaturalization) 80,
104
재활용 8, 20~23, 37, 69, 103, 139,
152, 165, 167~173, 180, 329,
332, 333, 337, 342, 373
저장강박증(Hoarding Disorder)
259~266, 268, 358
저장 공존자(Hoarder-Coexister)
259, 267~269, 273, 358, 359
전두환 107, 108
전애원 213, 215, 353~355, 369
전우용 334, 377
정연희 29, 65, 71, 78, 90, 91, 98,
99, 136, 141, 333, 337, 338, 349,
370
정치생태학(political ecology) 334,
372
정크 스페이스(Junkspace) 79, 80,
82, 103~105
정화조(septic tank) 10, 43, 44, 76,

127, 280, 294, 295
제3차 파지(tertiary retention) 45,
48
제이슨 W 무어(Jason W. Moore)
373
제임스 글릭(James Gick) 39, 48,
329, 331, 377
제프 페럴(Jeff Ferrell) 377
젠트리피케이션 186, 350
조르주 아감벤(Giorgio Agamben)
360, 377
존 서덜랜드(John Sutherland) 351
종량제 봉투 10, 19, 21, 28, 30, 51,
53, 76, 127, 131~133, 140, 143,
144, 149, 152, 155, 163, 166~
168, 171, 173, 174, 217, 266,
344, 345
줄리아 크리스테바(Julia Kristeva)
58, 332, 355, 377
지각 과민(sensory hypersensitivity)
359
지그문트 바우만(Zygmunt Bauman)
89, 336, 343, 356, 377, 378
직매립 7, 29, 31, 180, 347, 376
질 들뢰즈(Gilles Deleuze) 269,
355, 360, 378

ㅊ

차수벽(cutoff wall) 23
청결 이데올로기 10, 11, 18, 260
청계천 282
최민경 333, 378
최정화 269, 270
치도약론(治道略論) 335
친척(kin) 202, 263, 350, 372

ㅋ

카일라 볼튼(KailaBolton) 264
카트린 드 실기(Catherine de Silguy) 337, 378
캄보디아 326
캐서린 하킴(Catherine Hakim) 351
콘스탄스 클라센(Constance Classen) 355, 378
퀴어링(queering) 281, 303
크로톤 수로(Croton Aqueduct) 285
크시슈토프 포미안(Krzysztof Pomian) 49, 50
클로즈업 300
클리포드 기어츠(Clifford Geertz) 378

ㅌ

토마스 사스(Thomas Szasz) 266
토마스 허쉬호른(Thomas Hirschhorn) 271, 360
트라우마 179, 181, 183, 184, 196, 198, 199, 203, 280, 304, 348, 352, 354, 371
트랜섹트 퀴어링하기(queering the transect) 281
특수청소 30, 213~222, 224~228, 232~235, 238~241, 243, 244, 246, 247, 250, 256, 257, 269, 353, 354
티모시 모턴(Timothy Morton) 76, 334

ㅍ

파르마콘(pharmakon) 45
페터 슬로터다이크(Peter Sloterdijk) 52
펠릭스 가타리(Félix Guattari) 269, 360, 378
편혜영 31, 281, 295, 296, 306, 364, 370
폐기물관리법 11, 18~21, 37, 139, 165, 217, 329, 342, 344, 354, 369

폐기물 수수료(PAYT) 164, 173
폐로탐원(廢路探源) 281, 301, 303, 304, 306
포렌식 생태학(forensic ecologies) 281, 297, 299, 300
폴 비릴리오(Paul Virilio) 330, 378
프레드릭 제임슨(Fredric Jameson) 80, 334
프루스트 효과(Proust phenomenon) 330
프리드리히 키틀러(Friedrich Kittler) 53, 75, 129, 131, 331, 334, 340, 379
피터 에디(Peter Adey) 353, 379

ㅎ

하성란 30, 51, 55, 134, 142, 153, 159, 233, 331, 332, 342, 345, 370, 376
하수도 31, 54, 55, 64, 279~283, 286~288, 290, 292, 294, 301, 303~306, 361~363, 365, 369~371, 375, 376
하이퍼객체(Hyperobjects) 334, 340, 378
한국군 드론 320, 321
한승태 58, 71, 281, 296, 297, 300, 306, 332, 364, 365, 370
합류식 하수관 301, 302, 365, 371
행위자 연결망 이론(Actor-Network Theory) 174
향경(香景, smellscape) 214, 228, 229
헌법 309, 310, 319, 325, 365, 374
헤더 로저스(Heather Rogers) 68, 71, 333, 336, 379
형제복지원 295, 364, 373
호더(hoarder) 250, 252, 257
홍재희 31, 280, 281, 301, 305, 332, 365, 370, 379
확장된 마음(Extended Mind) 45, 330, 376
환경미화원(sanitation worker) 23, 216~218, 229, 344, 354
황석영 29, 65, 67, 78, 90, 97~99, 333, 338, 370
황지우 134, 156, 345, 370
회색지대 분쟁(Gray Zone Conflict) 312, 366, 375
후지하라 다쓰시(藤原辰史) 355, 379
후쿠시마현 소마시 코요 산업단지 노동자 숙소 207
후쿠시마현 소마시 코요 산업단지 유해조수소각장 205